司法試験・予備試験

伊藤 真の
速習 *Speed Complete*
短答過去問

第3版

民事訴訟

伊藤 真 監修

202
改正

第3版はしがき

　本ソクタンシリーズは，司法試験，予備試験における短答式試験に最速で合格することを目指す問題集として，学習のしやすさを一番に意識して作成し，第2版まで好評を得てきた。

　民事訴訟法は，現在の司法試験では短答式試験の範囲ではなく，学習の手が回らない者も多くいることであろう。本書は，そのような受験生のことを意識し，効率よく，最速で民事訴訟法の知識をインプットできるように工夫を重ね，作成した。

　また，これまで同様に本書の選定基準に従って掲載された問題及びその選択肢を学習すれば，2019年予備試験では，法律科目において7割の得点を超えることができるように問題を選定している。

　第3版では，新問登載に加えて，主に以下のような点を改めた。

1　重複する問題を削除するなど，改めて問題を精査した。
2　第2版の刊行後に出た判例や法改正などの新しい情報を盛り込んだ。
　　民事訴訟法については民法の債権法改正が影響してくる問題も存在する。そのため，改正に関わるものは，解説の内容等を含め修正した。
　　また，新判例も数多くあるが，重要なものは取りこぼすことなくEssential Noteにまとめた。
3　記載している参考文献のページを最新のものに更新した。
　　最新の情報を中心に対応させた本書は，いっそう短答式試験対策として有用なものになったと自負している。本書が，司法試験や予備試験のみならず各種試験においても知識の基礎固めに役立つことを願っている。

　今回の改訂にあたっては，2019年司法試験に合格された安部光陽さん，石垣千春さん，衛藤誠矢さん，大黒凌さんを中心に伊藤塾の誇る優秀なスタッフ，そして法学書院のみなさんの協力を得て刊行することができた。ここに改めて感謝する。

2020年1月

伊藤　真

第2版はしがき

　本書の初版を出版してから僅か1年余りではあるが，多くの受験生に利用していただき，幸い好評を得ることができた。そこで，第2版では，更に受験生の便宜を図るため，初版と同様の問題選定基準に従い，初版出版後に実施された2018（平成30）年の予備試験を加え，出版することとした。本書の選定基準に従って掲載された問題を学習すれば，例えば，2018年予備試験では，法律科目において7割の得点をし，加えて一般教養科目において受験者平均点をとれれば，合計して175点を得ることができるため，合格最低点の160点を軽く上回ることができる。

　新問登載に加えて，第2版では，主に以下のような点を改めた。

1　内容が実質的に重複する問題は，学習効率を損なわない限度で削除し，改めて問題を精査した。

2　初版の刊行後に出た判例や法改正などの新しい情報を盛り込んだ。

　　特に刑法，刑事訴訟法で重要な法改正があり，新判例も数多く出ている。

　　そこで，これらの法改正や新判例に関する問題も新たに掲載した。

3　記載している参考文献のページを最新のものに更新した。

　これらの修正により，ソクタンシリーズは，いっそう短答式試験対策として有用なものになったと思う。特に，新規の問題の追加や重複問題の削除によって，短答式試験で重要度の高い問題をより効率よく学習しやすくなるだろう。本書が，司法試験や予備試験のみならず各種試験においても知識の基礎固めに役立つことを願っている。

　今回の改訂に当たっては，2018年司法試験に合格された小林良也さん，佐藤雄貴さん，藤井啓輔さん，松田大輝さん，箕輪彩子さん，銘里拓士さんを中心に伊藤塾の誇る優秀なスタッフ，そして法学書院のみなさんの協力を得て刊行することができた。ここに改めて感謝する。

2019年3月

伊藤　真

はしがき

はしがき

❶ はじめに

　予備試験受験者にとって，避けて通ることができない関門が短答式試験である。ここでは，毎年80パーセントほどの受験者が振るい落とされ，論文式試験にたどり着けない。

　短答式試験受験者のなかには，短答式試験の過去問や一問一答形式の問題をただひたすらに解き続ける学習に嫌気がさして，短答式試験の学習が思うように進まないとか，短答式試験直前になり過去問を回す時間をとる余裕がなくなってしまったなどの悩みを抱えている者も多い。現在，予備試験開始から既に7年が過ぎ，過去問は毎年増えていくため，このような悩みを持っている受験生は年を追うごとに増加している。

　本書は，このような悩みを抱えている受験生のために，最速で短答式試験合格への道を切り開くものである。

　また，短答式試験の学習は，単調で分量が多いことから，受験生にとって，苦しいものであるという話をよく耳にする。本書はそのような受験生が短答式試験の学習において直面する問題に向き合い，制作したものである。短答式試験の学習に迷いがある受験生はぜひ一度手にとって学習してほしい。

❷ 本書の特長

【1】 今までにない短答式問題集

　従来，短答式試験の受験対策といえば，司法試験や予備試験の短答式試験の過去問をいちずに解き続ける方法や，短答式試験の過去問を一問一答形式にした問題をいちずに解き続ける方法の2つが存在していた。前者は，実践的ではあるものの効率が悪いとされ，後者は，学習しやすいものの実践的とはいえないとされ，一長一短であるといわれている。そのため，どちらの方法で短答式試験の対策を行うべきかについては悩ましい問題であった。加えて，過去問の問題数も年々増加するため，過去問学習による短答式試験対策の負担は増大している。

　本書は，このような従来の短答式試験の対策方法の問題や受験生の悩みを解決しようとするべく創意工夫を施した短答式問題集である。

　まず，短答式試験の実践的な学習をしたい者のために，平成18年から平成26年までの司法試験及び平成23年から平成26年までの予備試験については，受験者の正答率が80パーセント以上の問題を，法改正のない限りそのまま掲載した。また，平成27年から平成29年までの予備試験については，受験者の正答率が65パーセン

iii

ト以上の問題を，法改正のない限りそのまま掲載した。以下では，そのまま収録した問題を「フル問題」と記述する。なお，受験者の正答率に関しては，伊藤塾が毎年本試験後に行っている解答調査を基準としている。

次に，冒頭で示したように短答式試験の学習が捗らないと悩みを抱えている受験者のために，Essential Note というものを各章又は節ごとに設けている。

「Essential Note」とは，司法試験と予備試験の問題の各記述（以下「選択肢」という）ごとに分けたうえで，その選択肢の正誤を判断するために必要な知識は何かを分析し，習得すべき知識のみを抽出したものである。具体的には，平成18年から平成26年までの司法試験及び平成23年から平成26年までの予備試験については，合格に必要十分な点数を確保できるように，受験者の正答率が60パーセント以上80パーセント未満の問題を採用した。そして，平成27年から平成29年までの予備試験については，受験者の正答率が65パーセント未満の問題であっても，フル問題と合わせて当該年度の得点率が7割に届くように正答率が高いものから順番に採用した。これにより，各年度共通して問われる知識が何であるのかが明確となり，短答式試験の合格に必要な知識を効率よく習得することができるようになっている。

加えて，知識の習得を促進させるため，**ビジュアル**で覚えるというコーナーを設けている。このコーナーは，短答式試験において必要不可欠であると考えられる知識を図表化し，掲載している。

ビジュアルで覚えるには，短答式試験に直結する知識だけではなく，その周辺知識まで網羅し，汎用性の高い知識を習得できるように工夫している。

【2】 予備試験の短答式試験合格のために必要な知識を網羅

予備試験については，一般教養科目の出題もあり，かつ，短答式試験の合格率も20パーセント前後と低いため，特に慎重に戦略を考える必要がある。そこで，予備及び司法試験合格者が検討を重ねた結果，予備試験の短答式試験合格に必要な得点率を基準として，司法試験及び予備試験の過去問を厳選している。具体的には，すべての法律科目で7割の得点を獲得し，一般教養科目で受験者の平均点を獲得するというものである。例えば，平成29年予備試験をみると，法律科目で7割，一般教養科目で受験者平均点をとれば，合計で171点を獲得でき，合格最低点の160点を上回ることができる。

本書では，前述した基準をもとに各年度の問題を厳選することで，本試験における得点率の7割超えを狙えるように，フル問題及びEssential Noteを作成している。よって，本書は，予備試験の短答式試験に合格するために十分な知識を身に付けることができるものであると考える。

③ 本書の構成と利用法

本書は，前述の基準で選定した問題を伊藤塾で教えている体系順に並べて登載し

はしがき

ている。そして，各章の終わりに Essential Note，ビジュアルで覚えるを置いた。章中の分野が多岐にわたり，当該章の「フル問題」，Essential Note が多い場合には，学習の便宜を考慮し，各節ごとに Essential Note，ビジュアルで覚えるを置いた。

【1】 フル問題　☞A（後掲レイアウト見本参照。以下同じ）

(1)　問題　☞ⓐ

　繰り返しになるが，フル問題は，司法試験と予備試験の問題のうち，平成18年から平成26年までの司法試験及び平成23年から平成26年までの予備試験については，受験者の正答率が80パーセント以上の問題を掲載し，平成27年から平成29年までの予備試験については，受験者の正答率が65パーセント以上の問題を掲載している。短答式試験は，制限時間との戦いである。短答式試験に合格するためには，フル問題にあるような問題は，できるだけ短時間で解答し，正答率の低い，難しい問題に時間を割くべきである。

　では，短時間で解答するにはどのような工夫が必要なのだろうか。それは，問題文の各選択肢を素早く読み，**確実に正誤が分かるものか，確実とはいえないが正誤の区別はつくものか，知らない内容か**をいち早く見極め，確実に正誤が分かる選択肢から正解を探していくことである。このように解答していく能力は，形式も本試験と同一の過去問を実際に解くことでしか身に付けることはできない。したがって，そのような能力を身に付けてもらうことができるよう，フル問題を掲載している。

　そのほかにも，受験生の学習の効率化を考え，次のような工夫をしている。

ア　出題分野，出題年　☞ⓑ

　各問題の冒頭におおまかな出題分野を示すタイトルを付した。これにより，各自の学習状況に合わせて必要な分野を重点的に学習することができるだろう。また，タイトルの下には司法試験，予備試験の出題年番号を付した。司法試験の単体問題及び，司法試験と予備試験の共通問題については，司法試験の出題年番号を記載している。予備試験の単体問題については「予」という記載の後に，出題年番号を記載している。

イ　論点マーク　☞ⓒ

　論点マークは，当該問題の選択肢の過半数が論文式試験において出題可能性のある論点である場合に付している。論の付いている問題を復習する際には，論文式試験で出題がされた場面を想定しながら学習することをお勧めする。

ウ　チェック欄　☞ⓓ

　出題テーマ・出題年番号の記載の横に，当該問題を解いたかどうかと，月日を記入するチェック欄を設けている。短答式試験を突破するためには，**ゴールからの視点**が必要である。短答式試験の日程から逆算をし，計画的に学習を行う必要がある。当初立てた計画通りに学習が進んでいるか否かを確認するのに役立ててほしい。

v

はしがき

　また，各選択肢の横にもチェック欄を設けている。短答式試験の問題自体を解答するためには，すべての選択肢を完全に理解している必要はなく，各自がストックしている**確実に正誤が分かる知識**を使って，一応の正解を導き出すことができればよいのである。しかし，本試験で出題された知識は，**確実に正誤が分かる知識**としてストックしておくべきである。そこで，選択肢ごとのチェック欄には，各選択肢上の知識の理解が正確か否か，印を付けるとよいだろう。知識が不正確であった選択肢にチェックを付ければ，復習の際に，そこだけ見直すことによって，短時間で不正確な知識の確認ができる。　　☞ⓔ

(2)　解説　　☞ⓕ

　解説は，当該問題を解答するために必要かつ十分な知識をコンパクトに示すことに重点を置き，作成している。これも速習において重要である。なお，解説中のカギ括弧内は，条文や判例を原文のまま引用した箇所である。

　また，正解欄の横にワンポイントアドバイスを付した。当該問題に正解するためには，どのような知識が必要か，あるいはどのような方法が必要かなど，簡潔にアドバイスしている。復習の指針にもなるため，参考にしてほしい。　　☞ⓖ

　その他，末尾にある[文献]に，拙著ではあるが「伊藤真試験対策講座」，「伊藤真の判例シリーズ」を挙げた。更に理解を深めて，確実な知識としたいときに参照してほしい。　　☞ⓗ

【2】　Essential Note　　☞**B**

　Essential Note には，司法試験と予備試験の問題のうち，平成18年から平成26年までの司法試験及び平成23年から平成26年までの予備試験については，合格に必要十分な点数を確保できるように，受験者の正答率が60パーセント以上80パーセント未満の問題を掲載した。そして，平成27年から平成29年までの予備試験については，これに加えて，受験者の正答率が65パーセント未満の問題であっても，フル問題と合わせて当該年度の得点率が7割に届くように，正答率が高いものから順番に掲載している。

　短答式試験の成績を伸ばし，合格するためには，**確実に正誤が分かる選択肢をいかに増やしていくかが大切**である。確実に正誤が分かるための知識とは，問題内の各選択肢を見たら反射的に正誤が判定できるほどの質の高い知識である。そのような知識をストックするために利用してほしいのが，このEssential Noteである。

　Essential Note は，問題の各選択肢を解答するために必要な知識が何かを分析し，抽出したものであり，司法試験や予備試験に出題される問題に対応できるように汎用性の高い知識にしてある。そのため，Essential Note を繰り返して学習することで，膨大な司法試験の過去問をすべて学習した場合と同様の知識を短期間で習得することができる。

　また，知識としてストックしやすいように次のような工夫をした。

まず，判例知識が求められている問題は，できるだけ判例の文言を引用して記載している。各自が判例集などで復習する際に分かりやすいと考えたからである。

次に，条文知識が求められている問題は，条文番号のみの記載にせずに，紙幅が許す限り法文を引用している。学習において，自分で条文を引くことは大切であるが，本書のみを繰り返し学習したとしても足りるように丁寧に引用した。

さらに，学説の理解が求められている問題は，単に知識を記載するだけではなく，学説から導かれる帰結までの思考過程を端的に示すようにしている。学説の理解が求められる問題は，学説を知っているかどうかだけではなく，学説を踏まえた帰結までの思考ができるかまで求められることが多いからである。

加えて，知識だけでなく，具体的事例に沿った検討までも求められている問題については，知識を示したうえで，具体的事例を挙げ帰結まで示している。なお，判例の事案と同様の場合には判例のみの記載にとどめている。

Essential Note を効率よく活用し，短答式試験の過去問学習をコンパクトかつ質の高いものにしてほしい。

【3】 ビジュアルで覚える　☞C

ビジュアルで覚えるは，前述のとおり，短答式試験において必要不可欠であると考えられる知識を図表化したものである。短答式試験の過去問だけでなく，その周辺知識までを網羅し，汎用性の高い知識を習得できるように工夫している。

また，一般的な短答式試験対策本のなかには，掲載されている図表の数が多すぎて，どれが重要な図表か分からず，受験生を悩ませるものもあるだろう。本書は，効率よく学習ができるように，予備試験及び司法試験合格者が厳選した図表であり，かつコンパクトにしているため，ビジュアルで覚えるにある図表を，確実に理解し，記憶することが望ましい。

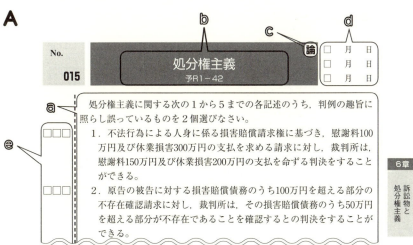

はしがき

3編 訴訟の開始

| No. 018 | 正解 4 | 論文式試験においても重要な判例ばかりなので，各判例の事案と判旨をおさえよう。 |

1　誤り。
　判例は，1個の債権の数量的な一部についてのみ判決を求める旨を**明示して訴えが提起された場合**は，**訴訟物**となるのは当該債権の一部の存否のみであって，全部の存否ではないため，当該一部の請求についての確定判決の**既判力**は**残部の請求に及ばない**としている（最判昭37. 8. 10）。
　もっとも，判例は，金銭債権の数量的一部請求の棄却判決が確定した後に原告が残部請求の訴えを提起することは，実質的には前訴で認められなかった請求及

文献　試験対策講座6章4節①・②・④。判例シリーズ28事件，53事件，61事件

B Essential Note

03　口頭弁論の実施

□第1回口頭弁論期日の前において，著しい遅滞を避けるための移送の申立てがあったときは，裁判所は訴訟の全部又は一部を他の管轄裁判所に移送することができるが（17条），著しい遅滞を避けるための移送の申立てがあったときは訴訟手続を停止しなければならないとする規定は存在しない。予R1-45-2

□**当事者**が**訴訟係属中**（被告に対する訴状送達後から判決の言渡し前までの間）に**死亡**した場合，当事者に**訴訟代理人**がいるときを除き，**訴訟手続は中断する**（124条1項1号，2項）。そして，訴訟手続の中断中は，**裁判所及び当事者**は，原則として，**有効に訴訟行為をすることができない**が（132条1項反対解釈），裁判所は**例外的に判決を言い渡すことができる**（同項）。H24-59-3, H20-60-3, 予H29-36-ア・ウ・エ

C ビジュアルで覚える

●当事者の欠席と訴訟の展開

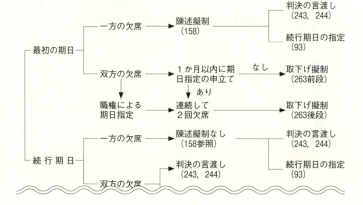

viii

４ おわりに

　短答式試験に合格するために**必要な知識はすべて本書に記載**している。一般の短答式試験対策問題集と比べてコンパクトであるため，知識量がこれで足りるのか不安になる受験生もいるかもしれない。しかし，短答式試験合格に必要なものは**膨大な知識量ではなく，質の高い知識**である。短答式試験は時間との戦いである。膨大な知識があったとしても，試験本番に正誤を迷っていたのでは，短答式試験で使うことができる知識とはいえない。短答式試験で使うことができる知識とは，その選択肢を見たら反射的に正誤が判定できるほどの質の高い知識である。そして，反射的に正誤を判定することができる知識は過去問で問われたことのある知識で十分であり，それ以上に知識量を増やす必要はない。その点で，本書を可能な限り繰り返し，記載してある知識を反射的に記憶から呼び起こし解答できるほどに質を高めてほしい。

　本書を通して，最短で予備試験の短答式試験の対策を完成させ，１人でも多くの受験生が，予備試験の短答式試験に合格されることを願っている。

　法律家は，既存の分野に捉われず，世の中に潜在する法的なニーズに応える力が必要である。こうした力を身に付けるためには様々な学習をしなければいけない。短答式試験の学習だけにとどまらず，合格後を見据え，更に前進されることを期待している。

　なお，本書は，2015年の司法試験合格者である田中龍也さん，花澤京太さん，司法試験受験生の立場から2017年に司法試験に合格された，熱田莉奈さん，遠藤裕樹さん，橘川泰拡さん，楠本康太さんに，彼らの合格した力をもって，そのノウハウを惜しみなく注いでいただいた。また，伊藤塾の誇る優秀なスタッフと法学書院のみなさんの協力を得て，はじめて刊行することができた。ここに改めて感謝する。

2017年9月

伊藤　真

も く じ

はしがき
凡　例

第 1 編 ◆ 民事訴訟法のかたち

第1章　民事訴訟法とは

第1節　民事訴訟法の意義
第2節　民事紛争の処理方法 …………………………………… 3
第3節　民事訴訟法の全体像とメリハリ
第4節　民事訴訟制度の目的と基本理念
Essential Note …………………………………………………… 5

第2章　民事訴訟の流れと重要基本概念

第1節　民事訴訟の流れ
第2節　重要基本概念 …………………………………………… 9
Essential Note ………………………………………………… 13

第 2 編 ◆ 民事訴訟の主体

第3章　裁判主体に関する問題

第1節　裁判権・管轄 …………………………………………… 17
第2節　裁判所の構成
Essential Note ………………………………………………… 21

第4章　当事者に関する問題

第1節　当事者とその確定 ……………………………………… 27
第2節　当事者能力
第3節　訴訟能力 ………………………………………………… 29
第4節　訴訟上の代理人 ………………………………………… 31
Essential Note ………………………………………………… 35

x

もくじ

第3編 ◆ 訴訟の開始

第5章　訴え提起

第1節　訴えの概念と種類 …………………………………………41
第2節　訴えの手続 …………………………………………………43
第3節　訴え提起の効果 ……………………………………………47
Essential Note …………………………………………………49

第6章　訴訟物と処分権主義

第1節　訴訟物とその特定基準 ……………………………………55
第2節　処分権主義 …………………………………………………59
第3節　一部認容 ……………………………………………………61
第4節　一部請求 ……………………………………………………63
Essential Note …………………………………………………65

第7章　訴訟要件

第1節　訴訟要件総論
第2節　訴えの利益 …………………………………………………67
第3節　当事者適格 …………………………………………………71
Essential Note …………………………………………………77

第4編 ◆ 訴訟の審理

第8章　訴訟の審理と口頭弁論

第1節　口頭弁論の意義と諸原則
第2節　口頭弁論の準備 ……………………………………………85
第3節　口頭弁論の実施 ……………………………………………97
Essential Note ……………………………………………… 101

第9章　審理の進行と当事者の訴訟行為

第1節　審理の進行 ……………………………………………… 107
第2節　当事者の訴訟行為 ……………………………………… 109
Essential Note ……………………………………………… 113

第10章　弁論主義

第1節　弁論主義と職権探知主義

xi

もくじ

第2節　弁論主義の適用対象
第3節　弁論主義の修正・補充 ……………………………………… 115
Essential Note……………………………………………………… 117

第11章　証　　拠

第1節　証拠総則
第2節　証明対象と不要証事実 ……………………………………… 119
第3節　自由心証主義…………………………………………………… 123
第4節　証明責任 ……………………………………………………… 127
第5節　証拠調べ手続………………………………………………… 131
Essential Note……………………………………………………… 145

第5編◆訴訟の終了

第12章　当事者の意思による訴訟終了

第1節　訴えの取下げ………………………………………………… 159
第2節　請求の放棄・認諾
第3節　訴訟上の和解………………………………………………… 163
Essential Note……………………………………………………… 169

第13章　終局判決による訴訟終了

第1節　裁　判………………………………………………………… 173
第2節　判決の効力
第3節　既判力………………………………………………………… 177
第4節　執行力
第5節　形成力
Essential Note……………………………………………………… 190

第6編◆複雑訴訟

第14章　複雑請求訴訟

第1節　訴えの客観的併合…………………………………………… 199
第2節　訴えの変更
第3節　反訴
第4節　中間確認の訴え
Essential Note……………………………………………………… 203

もくじ

第15章　多数当事者訴訟

第1節　共同訴訟 ································· 207
第2節　補助参加訴訟 ························· 217
第3節　三面訴訟 ····························· 219
第4節　当事者の交替 ························· 223
Essential Note ····························· 227

第7編 ◆ 不服申立手続と略式手続

第16章　上　　訴

第1節　上訴総説 ····························· 235
第2節　控訴 ··································· 237
第3節　上告 ··································· 247
第4節　抗告・特別上訴
Essential Note ····························· 249

第17章　再　　審

第1節　再審
Essential Note ····························· 251

第18章　特別手続

第1節　特別手続 ····························· 253
Essential Note ····························· 255

第8編 ◆ 総合問題

第19章　総合問題

総合問題 ····································· 261

※掲載している項目に該当する問題がない場合はページ数を入れていません。

xiii

凡　例

1　法令名の表記

問題文中を除き，括弧内の法令名については，以下のとおり略記しました。

なお，紛らわしくない場合は「（民訴）」を省略し，条文（項・号）番号のみ表示しています。

憲法 …… 憲

民法 …… 民

刑法 …… 刑

刑事訴訟法 …… 刑訴

刑事訴訟規則 …… 刑訴規

民事訴訟法 …… 民訴

民事訴訟規則 …… 民訴規

民事執行法 …… 民執

民事保全法 …… 民保

民事訴訟費用等に関する法律 …… 民訴費

借地借家法 …… 借地借家

会社法 …… 会社

会社更生法 …… 会更

商法 …… 商

人事訴訟法 …… 人訴

家事事件手続法 …… 家事

裁判所法 …… 裁

非訟事件手続法 …… 非訟

一般社団法人及び一般財団法人に関する法律 …… 一般法人

宗教法人法 …… 宗法

2　条文の表記

条文（項・号）番号の表記については，番号を併記するときは〈,〉で，準用条文を表すときは〈・〉で区切っています。

図表内において，アラビア数字は条文番号，ローマ数字（Ⅰ，Ⅱ，Ⅲ……）は項，丸数字（①，②，③……）は号を表しています。

3　判例の表記

①　最高裁については，大法廷を「最大」，その他を「最」

②　大審院については，連合部を「大連」，その他を「大」

③ 判決を「判」，決定を「決」
④ 元号の明治・大正・昭和・平成をそれぞれ「明・大・昭・平」，年月日を「○.○.○」，と略記します。

例えば，「最高裁判決昭和32年11月14日」は「最判昭32.11.14」といった表記になります。

4 過去問の表記

過去の司法試験及び予備試験問題は，以下のように略記しています。

司法試験の出題年度－問題番号－記述番号

例えば，「H26-62-4，H24-56-4，予R1-35-オ」は，平成26年司法試験の第62問の4，平成24年司法試験の第56問の4，令和元年予備試験の第35問のオとなります。

なお，司法試験と予備試験と同一の問題は，司法試験問題番号のみ表記してあります。

5 参考文献

伊藤真・伊藤真試験対策講座11民事訴訟法〔第3版〕（弘文堂）→試験対策講座
伊藤眞・民事訴訟法〔第6版〕（有斐閣）
新堂幸司・新民事訴訟法〔第6版〕（弘文堂）
高橋宏志・重点講義民事訴訟法（上）・（下）〔第2版補訂版〕（有斐閣）
裁判所職員総合研修所・民事訴訟法講義案〔三訂版〕（司法協会）
司法研修所編・改訂紛争類型別の要件事実（法曹会）
司法研修所編・新問題研究要件事実（法曹会）
秋山幹男＝伊藤眞＝加藤新太郎ほか著・コンメンタール民事訴訟法Ⅰ〔第2版追補版〕・Ⅱ～Ⅳ〔第2版〕・Ⅴ～Ⅶ（日本評論社）
兼子一＝松浦馨＝新堂幸司＝竹下守夫ほか著・条解民事訴訟法〔第2版〕（弘文堂）
高橋宏志＝高田裕成＝畑瑞穂編・民事訴訟法判例百選〔第5版〕（有斐閣）→百選
伊藤真の判例シリーズ6民事訴訟法（弘文堂）→判例シリーズ

6 法改正に関して

民事訴訟法は，2017年5月26日に「民法の一部を改正する法律の施行に伴う関係法律の整備等に関する法律（平成29年法律第45号）」によって改正されました。これは，いわゆる民法の債権法改正に伴う整備法です。この改正は2020年4月1日に施行され，2020年司法試験及び予備試験の出題範囲となります。本書では，この改正後の条文に沿った問題を掲載しています。

なお，各種試験においては，出題範囲が異なる場合もあるため，ご注意下さい。

伊藤真・伊藤塾を探そう！

　ソクタンシリーズに掲載されている問題やここで記述したような学習方法は，伊藤真塾長や伊藤塾で開発した数多いテキストや講義のうちの一部を紹介したにすぎません。「伊藤真塾長ってどんな人かな」「伊藤塾の講義を体験してみたい」「直近合格者の勉強方法を知りたい」「伊藤塾テキストを見たい」……。そう思ったら，**伊藤塾ホームページ**にアクセスしてください。**無料でお得な情報**が溢れています。

　スマホ・パソコン共通 URL　→　https://www.itojuku.co.jp/

伊藤塾ホームページにある情報の一例

塾長雑感（塾長エッセイ）
無料体験講座
合格者の声 ― 合格体験記・合格者メッセージ ―
合格後の活躍 ― 実務家レポート ―
講師メッセージ
伊藤塾の書籍紹介

　講座は，受験生のライフスタイルに合わせ，**在宅（通信）受講**と**通学（校舎）受講**，インターネット受講を用意しています。どの受講形態でも**学習フォローシステム**が充実しています。

第1編

民事訴訟法のかたち

No.			□	月	日	1章
001	**夫婦の同居を命じる審判** H19-54		□	月	日	民事訴訟法とは
			□	月	日	

1節　民事訴訟法の意義／2節　民事紛争の処理方法

夫婦の同居を命じる審判に関する次の1から5までの各記述のうち，誤っているものを2個選びなさい。

□□□　1．夫婦の同居を命じる審判は，判例によれば，同居の時期，場所，態様等について具体的内容を定めるものとして，本質的に非訟事件の裁判である。

□□□　2．夫婦の同居を命じる審判の手続は，非公開である。

□□□　3．夫婦の同居を命じる審判の手続においては，職権探知主義により審理が行われる。

□□□　4．判例によれば，同居の時期，場所，態様等について具体的内容を定める夫婦の同居を命じる審判の確定後は，もはや訴えにより同居義務自体の不存在の確認を求めることはできない。

□□□　5．同居の時期，場所，態様等について具体的内容を定める夫婦の同居を命じる審判が確定すれば，強制執行によってその内容を実現することができる。

1編　民事訴訟法のかたち

No. 001　正解　4, 5

問われている条文・判例を確認して，訴訟と非訟の違いを整理しよう。

1　正しい。

判例は，夫婦の同居を命じる審判は，「夫婦同居の義務等の実体的権利義務自体を確定する趣旨のものではなく，これら実体的権利義務の存することを前提として，……その同居の時期，場所，態様等について具体的内容を定める処分」であるとしている（最大決昭40.6.30百選2事件）。その理由として，同決定は，「民法は同居の時期，場所，態様について一定の基準を規定していないのであるから，家庭裁判所が後見的立場から，合目的的見地に立って，裁量権を行使してその具体的内容を形成することが必要であり，かかる裁判こそは，本質的に非訟事件の裁判」であることを挙げている。

2　正しい。

夫婦の同居を命じる審判の手続は，非公開である（家事別表第二1項，33条本文）。

3　正しい。

夫婦の同居を命じる審判の手続においては，職権探知主義により審理が行われる（家事別表第二1項，56条1項）。

4　誤り。

前掲最大決昭40年（百選2事件）は，「家事審判法による審判は形成的効力を有し，また，これに基づき給付を命じた場合には，執行力ある債務名義と同一の効力を有する……が，同法25条3項の調停に代わる審判……に確定判決と同一の効力を認めているところより考察するときは，その他の審判については確定判決と同一の効力を認めない立法の趣旨と解せられる」として，「審判確定後は，審判の形成的効力については争いえないところであるが，その前提たる同居義務等自体については公開の法廷における対審及び判決を求める途が閉ざされているわけではない」とする。したがって，夫婦の同居を命じる審判の確定後であっても，訴えにより同居義務自体の不存在の確認を求めることができる。

5　誤り。

夫婦間における同居義務は，債務者がこれを任意に履行するのでなければ，債権の目的を達することができないことは明らかであるから，その性質上，強制履行をすることが許されないと解されている（大決昭5.9.30）。したがって，同居の時期，場所，態様等について具体的内容を定める夫婦の同居を命じる審判が確定しても，強制執行によってその内容を実現することはできない。

文献 試験対策講座1章2節⑤, 13章3節①【4】(3)

〈Essential Note〉1　民事訴訟法の意義／2　民事紛争の処理方法

Essential Note

1章
民事訴訟法とは

01　民事訴訟法の意義

□仮差押命令を発することができるのは，金銭の支払を目的とする債権を被保全権利とする場合に限られ，所有権移転登記抹消登記請求権を被保全権利として，仮差押命令の申立てをすることはできない（民保20条1項）。H18-57-5

02　民事紛争の処理方法

ビジュアルで覚える

●訴訟と非訟の比較

	訴　訟	非　訟
事　件	二当事者対立構造　**必要**	二当事者対立構造　**不要**
目　的	権利関係の存否を確定判決から生じる既判力をもって確定（民訴114）	権利の具体的態様を定める（決定〔非訟54〕によるため，その判断は確定力を持たない）
裁判手続	口頭弁論（憲32, 82，民訴87 I 本文） ○ 公開 ○ 対審	非口頭弁論（非訟30） ○ 非公開 ○ 審問
裁判資料	弁論主義（原則）	職権探知主義（原則）

5

〈Essential Note〉3　民事訴訟制度の目的と基本理念

03　民事訴訟制度の目的と基本理念

ビジュアルで覚える

● 民事訴訟の4段階構造モデル

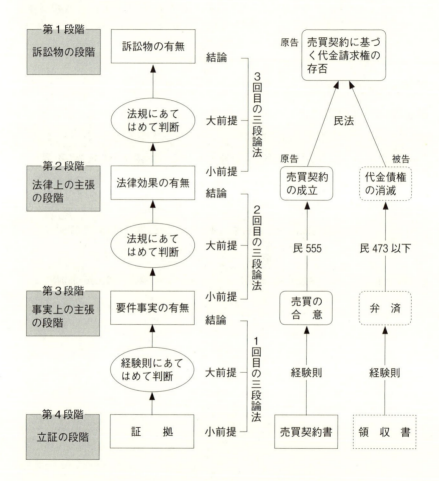

〈Essential Note〉3　民事訴訟制度の目的と基本理念

● 第一審訴訟手続の過程　　　　　　　　　■法令名なき条文は民訴を指す

1章　民事訴訟法とは

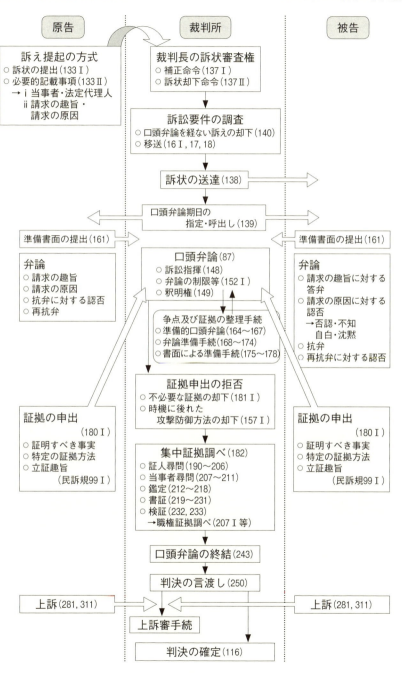

1編　民事訴訟法のかたち

Memo

1節　民事訴訟の流れ／2節　重要基本概念

| No. 002 | 否認と抗弁の区別 H24-68 | 論 | □ 月 日
□ 月 日
□ 月 日 |

2章
民事訴訟の流れと
重要基本概念

　　XがYに対し，絵画の売買代金の支払を求める訴えを提起した場合において，次のアからオまでのYの各陳述のうち，当該訴えの請求原因に対する抗弁となり得るものを組み合わせたものは，後記1から5までのうちどれか。

□□□　　ア．その絵画は，Aから買ったものであり，代金もAに支払っています。

□□□　　イ．その絵画は，Xから買ったものですが，まだ，引渡しを受けていません。

□□□　　ウ．その絵画は，XからBが買い，Bから私が買ったものです。

□□□　　エ．その絵画は，Xから買ったものですが，既にXには代金全額を支払いました。

□□□　　オ．その絵画は，Xから贈与されたものです。

1．ア　ウ　　2．ア　エ　　3．イ　エ　　4．イ　オ　　5．ウ　オ

9

1編　民事訴訟法のかたち

No.
002　　　　　正解　3　　　　　具体的な事例で抗弁と否認の区別ができる
ように，抗弁の定義を正確に理解しよう。

　本問におけるＸの訴えは，売買契約に基づく代金支払請求訴訟であり，Ｘが主張すべき請求原因事実は，「ＸがＹとの間で売買契約を締結したこと」である。そして，抗弁とは，**請求原因事実と両立**し，**請求原因から生じる法律効果を障害**，**消滅又は阻止する事実**をいう。

ア　抗弁となり得ない。

　「その絵画は，Ａから買ったものであり，代金もＡに支払っています。」とのＹの陳述は，当該絵画の売買契約がＡＹ間で締結された旨の主張であり，請求原因事実と両立しない事実を主張するものであるから，積極否認に当たる。

イ　抗弁となり得る。

　「その絵画は，Ｘから買ったものですが，まだ，引渡しを受けていません。」とのＹの陳述は，当該絵画の売買契約がＸＹ間で締結されたことを認めたうえで，Ｘの履行がいまだなされていない旨の主張であり，請求原因と両立する事実を主張するものである。売買契約は，双務契約であり，代金支払債務と目的物引渡債務は，原則として同時履行の関係にあるため（民533条本文），Ｙとしては，代金支払請求に対し，Ｘが目的物の引渡しをするまで代金の支払を拒絶する旨の権利主張（権利抗弁）をすることができる（同時履行の抗弁）。

ウ　抗弁となり得ない。

　「その絵画は，ＸからＢが買い，Ｂから私が買ったものです。」とのＹの陳述は，当該絵画の売買契約がＸＹ間で締結されたものではない旨の主張であり，請求原因事実と両立しない事実を主張するものであるから，積極否認に当たる。

エ　抗弁となり得る。

　「その絵画は，Ｘから買ったものですが，既にＸには代金全額を支払いました。」とのＹの陳述は，当該絵画の売買契約がＸＹ間で締結されたことを認めたうえで，既に債務の弁済をした旨の主張であり，請求原因事実と両立する事実を主張するものである。弁済とは，債務の内容たる給付を実現させる債務者等の行為をいい，これにより債権はその目的を達して消滅するという効果を生じる。したがって，Ｙの弁済の主張は，売買契約に基づく代金支払請求権の消滅原因として，抗弁となる（弁済の抗弁）。

オ　抗弁となり得ない。

　「その絵画は，Ｘから贈与されたものです。」とのＹの陳述は，当該絵画についてＸＹ間で贈与契約が締結された旨の主張であり，請求原因事実と両立しない事実を主張するものであるから，積極否認に当たる。

文献　試験対策講座２章３節②【6】(3)，２章７節①・②【3】，９章２節②【2】(2)

10

2節　重要基本概念

No.

003

抗　弁
H25-63

☐　月　日
☐　月　日
☐　月　日

2章 民事訴訟の流れと重要基本概念

　Xは，甲土地を前所有者であるAから買い受けたところ，Yが同土地を占有しているとして，Yに対し，所有権に基づく甲土地の明渡しを求める訴えを提起した。

　これに対し，Yが次のアからオまでの各主張をした場合において，その主張がXの請求原因に対する抗弁を含まないものの組合せとして正しいものは，後記1から5までのうちどれか。

☐☐☐　ア．Xが甲土地をAから買い受けたことはなく，甲土地は，現在もAが所有している。

☐☐☐　イ．Xは，甲土地をAから買い受けた後，Bに売り渡した。

☐☐☐　ウ．Xは，甲土地をAから買い受けたが，Yも，甲土地をAから買い受けた上で自らに対する所有権移転登記を経由した。

☐☐☐　エ．Yの占有は，Xが甲土地を買い受ける前から，同土地をAから無償で借り受けていることに基づく。

☐☐☐　オ．Yの占有は，Xが甲土地を買い受けた後，同土地をXから賃借していることに基づく。

1．ア　ウ　　2．ア　エ　　3．イ　エ　　4．イ　オ　　5．ウ　オ

11

1編　民事訴訟法のかたち

No.
003　　　　正解　2　　　　ある主張が抗弁に当たるか否かを判断できるように，抗弁の定義を理解しよう。

　本問におけるXの訴えは，所有権に基づく返還請求としての土地明渡請求訴訟であり，Xの主張する請求原因事実は，①Aが甲土地を所有していたこと，②XがAから甲土地を買い受けたこと，③Yが現在甲土地を占有していることである。そして，**抗弁とは，請求原因事実と両立し，請求原因から生じる法律効果を障害，消滅又は阻止する事実**をいう。

ア　抗弁を含まない。
　アの主張は，Xが証明責任を負うべき請求原因事実②を否定するものであり，単純否認に当たる。
イ　抗弁を含む。
　イの主張は，請求原因事実①②を認めたうえで，XがBに甲土地を売り渡したことでその所有権を喪失したことを主張するものであるが，これは，請求原因と両立しながら，請求原因によって生じる法律効果（所有権に基づく返還請求権）の消滅をもたらす事実の主張であるため，抗弁に当たる（所有権喪失の抗弁）。
ウ　抗弁を含む。
　ウの主張は，請求原因事実①②を認めたうえで，自己もAから甲土地を買い受けており，更に所有権移転登記を経由したことで，確定的に所有権を取得した（民177条）ことを主張するものであるが，これは，請求原因と両立しながら，請求原因によって生じる法律効果（所有権に基づく返還請求権）の発生の障害をもたらす事実の主張であるため，抗弁に当たる（対抗要件具備による所有権喪失の抗弁）。
エ　抗弁を含まない。
　エの主張は，請求原因事実①②③を認めたうえで，自己の占有がAとの間の使用貸借（593条）に基づくものであることを主張するものである。もっとも，使用借権は，第三者に対抗することができないため，Yが，Aから甲土地を買い受けた第三者Xからの明渡し請求に対して，Aとの間の使用貸借の事実を主張しても，請求原因によって生じる法律効果（所有権に基づく返還請求権）の発生の障害，消滅又は阻止をもたらす事実の主張とはならず，主張自体失当となる。
オ　抗弁を含む。
　オの主張は，請求原因事実①②③を認めたうえで，自己の占有がXとの間の賃貸借（601条）に基づくものであることを主張するものであるが，これは，請求原因と両立しながら，請求原因によって生じる法律効果（所有権に基づく返還請求権）の阻止をもたらす事実の主張であるため，抗弁に当たる（占有権原の抗弁）。

文献　試験対策講座2章3節②【6】(3)，2章7節①・②【3】，9章2節②【2】(2)

〈Essential Note〉1　民事訴訟の流れ

Essential Note

ビジュアルで覚える

● 訴状見本

2章　民事訴訟の流れと重要基本概念

訴　　　状

令和2年2月1日

東京地方裁判所　民事部　御中

〒100-0013　東京都千代田区霞が関○丁目×番△号
原　告　　甲　野　一　郎
（事務所及び送達場所）
〒100-0006　東京都千代田区有楽町△丁目×番○号
南ビル○○○号
上記原告訴訟代理人弁護士　乙山花子　㊞
電　話 03-1234-5678
F A X 03-1234-5679

〒103-0006　東京都中央区瓦町×丁目○番△号
被　告　　株式会社　ヘイカワ
上記代表者代表取締役　丙　川　三　郎

賃金請求事件
訴訟物の価格　　金2億円
貼用印紙額　　　金62万円

第1　請求の趣旨
1　被告は原告に対し，金2億円及びこれに対する平成27年12月1日から支払済まで年8分の割合による金員を支払え。
2　訴訟費用は被告の負担とする。
との判決並びに仮執行宣言を求める。

第2　請求の原因
1　原告は，平成27年10月11日，被告との間で，次の約定にて，金銭消費貸借契約を締結し，被告に対し，被告の事業の運転資金として金2億円を貸し付けた（甲第1号証）。
(1) 被告は，平成28年11月30日までに元金を返済する。
(2) 利息は年8分とし，上記期日までに元金と共に支払う。
2　ところが，被告は利息の支払をしたのみで元金の返済をしない（甲第2号証）。
3　よって原告は被告に対し，賃金元金2億円及びこれに対する約定の返済翌日である平成28年12月1日から支払済まで約定利率の年8分の割合による遅延賠償金の支払を求める。

以上

証拠方法
1　甲第1号証（借用書）　　　　　　　　　　1通
2　甲第2号証（内容証明郵便）　　　　　　　1通

添付書類
1　商業登記簿謄本　　　　　　　　　　　　　1通
2　訴訟委任状　　　　　　　　　　　　　　　1通

〈Essential Note〉1　民事訴訟の流れ

●当事者の訴訟行為

	意　義	内　容	効果（相手方当事者の態度）
法律上の主張	当事者が自ら事実に対して法律を適用した法律効果を述べること	解除の主張等	○反論する場合 →答弁書に「争う」と記載するのが一般的 ○認める場合 →権利自白の問題
事実上の主張	事実の存否に関する当事者の認識又は判断の報告	**請求原因事実** ＝原告が権利の発生を主張する場合に，その発生を基礎付ける根拠規定に該当する具体的な事実（主要事実）の主張 **抗弁** ＝請求原因事実と両立し，請求原因事実から生じる法律効果の発生を障害，消滅又は阻止する法律効果を持つ事実で，被告が証明責任を負うもの	**否認** ＝相手方の主張を認めないとの陳述 **不知** ＝相手方の主張を知らないとの陳述。否認と推定（159 II）される **自白** ＝相手方の主張する自己に不利益な事実を認めて争わない旨の陳述 **沈黙** ＝相手方の主張する事実に対する認否を明らかにしないこと。弁論の全趣旨から事実を争うものと認められない場合には，自白とみなされる（擬制自白，159 I）

●中断事由

■法令名なき条文は民訴を指す

事　由		中断の有無
当事者の死亡 （124 I①）	原　則	中断する
	一身専属的権利に関する訴訟	**訴訟終了**
当事者の解散 （124 I②）	合併による解散	中断する*1
	合併以外の事由による解散	**中断しない**
訴訟能力喪失 （124 I③）	後見開始の審判	中断する
	保佐・補助開始の審判	**中断しない*2**
	未成年者の営業の許可取消し	中断する
法定代理人の死亡・代理権の消滅（124 I③）		中断する
受託者の任務終了（124 I④）		中断する
一定の資格を有する者で自己の名で他人のために訴訟の当事者となるものの資格の喪失（124 I⑤）		中断する
選定当事者の資格喪失（124 I⑥）	全　員	中断する
	一　部	**中断しない**
当事者の破産手続の開始決定（破44 I）		中断する

＊1　合併をもって相手方に対抗することができない場合は，中断しない（124IV）。

＊2　32条2項の反対解釈により，同条2項所定の訴訟行為以外は，被保佐人は単独で行うことができるため，訴訟手続を中断させる必要はない。

第2編

民事訴訟の主体

1節　裁判権・管轄

No.	管　轄	□　　月　　日
004	予R1−31	□　　月　　日
		□　　月　　日

　管轄に関する次の1から5までの各記述のうち，判例の趣旨に照らし誤っているものを2個選びなさい。

□□□　　1．管轄の有無は，口頭弁論の終結の時を基準に判断される。

□□□　　2．原告が特定の裁判所を専属的な管轄裁判所とする合意に反して，当該裁判所以外の裁判所に訴えを提起した場合であっても，被告が応訴すれば，応訴管轄が生ずる。

□□□　　3．当事者は，合意により特定の高等裁判所を控訴審の管轄裁判所と定めることができる。

□□□　　4．裁判所は，管轄に関する事項について，職権で証拠調べをすることができる。

□□□　　5．被告が第一審裁判所において管轄違いの抗弁を提出した後に本案について弁論をした場合には，応訴管轄は生じない。

3章
裁判主体に関する問題

17

2編　民事訴訟の主体

No.
004　　　正解　1，3　　　管轄に関する問題では条文知識が重要である。条文をしっかり読み込もう。

1　誤り。

　管轄の有無は訴え提起の時を基準に判断される（15条）。これは，訴え提起の時に存在した管轄権を，その後の事情の変動によって失わせないようにして，手続の安定を図ったものである。したがって，口頭弁論の終結の時を基準に判断されるわけではない。

2　正しい。

　特定の裁判所だけを管轄裁判所として法定管轄を排除する専属的合意がなされても，法定の専属管轄とは異なり，公共目的の実現とは関係ない。そのため，原告がその専属的合意がなされた裁判所以外に訴えてしまった場合であっても，被告がこれに応訴したときには，その裁判所に管轄が生じることになる（12条，大判大10. 5. 18）。

3　誤り。

　当事者は，**第一審**に限り，**合意**により**管轄裁判所**を決定できる（11条1項）。そのため，当事者は，合意により特定の高等裁判所を控訴審の管轄裁判所と定めることはできない。

4　正しい。

　管轄権の存在は極めて公益的要請の強い訴訟要件であるから，職権で調査を開始し（職権調査事項，14条），又職権で事実や証拠を探知することもできる（職権探知主義）。それゆえに，裁判所は，管轄に関する事項について，職権で証拠調べをすることができる。

5　正しい。

　応訴管轄は管轄違いの抗弁を提出しないで本案について弁論した場合に生じる（12条）ことからすれば，管轄違いの抗弁を提出した後，本案について答弁しても，管轄違いの抗弁が撤回されたと認められる特別の事情がある場合を除き，応訴管轄は生じない。

文献　試験対策講座3章1節②【3】(1)(a)・(c)・(2)・③

18

1節　裁判権・管轄

No. 005	合意管轄 H19−55	論	□ 月 日 □ 月 日 □ 月 日

　売買契約書中に，当該契約に関する紛争についてＡ裁判所に専属管轄があると定める合意管轄条項がある場合の訴えに関する次の１から５までの各記述のうち，正しいものを２個選びなさい。

□□□　1．訴えがＢ裁判所に提起され，被告が管轄違いの抗弁を提出しないで本案について弁論をした場合であっても，Ｂ裁判所は，当該訴訟をＡ裁判所に移送しなければならない。

□□□　2．訴えがＡ裁判所に提起された場合であっても，事件の証人が法定管轄のあるＢ裁判所の管轄区域内に集中しており，訴訟の著しい遅滞を避ける必要があると認めるときには，Ａ裁判所は，当該訴訟をＢ裁判所に移送することができる。

□□□　3．債権者代位権に基づいて，売主の債権者が買主に対して売買代金の支払を求める訴えを提起する場合，売主の債権者に対しても管轄の合意の効力が及ぶ。

□□□　4．買主の債務不履行のため売主が売買契約を解除した場合には，解除により管轄の合意の効力も失われるので，売主は，解除を理由とする目的物の返還を求める訴えを法定管轄のあるＢ裁判所に提起することができる。

□□□　5．未成年者があらかじめ法定代理人の同意を得た上で売買契約を締結した場合には，管轄の合意は有効であり，法定代理人による追認の対象とはならない。

3章　問題　裁判主体に関する

2編　民事訴訟の主体

No. 005　正解　2, 3

管轄は条文知識が重要なので，4条から22条まで素読しよう。

1　誤り。

被告が第一審裁判所において管轄違いの抗弁を提出しないで本案について弁論をしたときは，その裁判所は，管轄権を有する（応訴管轄，12条）。もっとも，判例（前掲大判大10年）は，「訴えについて法令に専属管轄の定めがある場合」には，12条は適用されないが（13条1項），専属的合意管轄（11条）は「法令に専属管轄の定めがある場合」に当たらないとしている。したがって，本記述の場合，B裁判所は，管轄権を有しているので，訴訟をA裁判所に移送する必要はない。

2　正しい。

第一審裁判所は，訴訟がその管轄に属する場合においても，尋問を受けるべき証人の住所その他の事情を考慮して，訴訟の著しい遅滞を避けるため必要があると認めるときは，申立てにより又は職権で，訴訟の全部又は一部を他の管轄裁判所に移送することができる（17条）。そして，17条は，専属的合意管轄（11条）がある場合にも適用される（20条1項括弧書参照）。したがって，本記述の場合，A裁判所は，訴訟をB裁判所に移送することができる。

3　正しい。

債権者代位訴訟における代位債権者は，合意当事者の権利を行使するのであるから，管轄の合意の効力が及ぶ。

4　誤り。

契約における管轄の合意には，原則として，契約解除によって生じる権利義務に関する訴訟についての管轄の合意も含まれると解される。そのため，管轄の合意は，契約解除による影響を受けない。したがって，本記述の場合，管轄の合意の効力は失われないので，売主は，解除を理由とする目的物の返還を求める訴えを法定管轄のあるB裁判所に提起することはできない。

5　誤り。

未成年者による訴訟行為は，原則として無効であり，法定代理人の追認によって遡及的に有効となる（34条2項）。もっとも，「未成年者が独立して法律行為をすることができる場合」には，その者による訴訟行為は当初から有効であるが（31条ただし書），この「独立して法律行為をすることができる場合」とは，婚姻による成年擬制（民753条），営業の許可（6条1項）等を指し，法定代理人による個別的な許可は，これに当たらない。そして，管轄の合意は訴訟行為であるから，本記述の場合であっても，当該合意は無効であり，法定代理人による追認の対象となる。

文献　試験対策講座3章1節[2]【3】，4章3節[2]【1】・[4]【1】

20

〈Essential Note〉 1　裁判権・管轄

Essential Note

01　裁判権・管轄

☐被告の住所の所在地を管轄する裁判所には，常に管轄権が生じる（普通裁判籍，民訴4条1項，2項）。予H30-31-2・3

☐職分管轄は，司法制度全体の運用という公益にかかわるものであり，専属管轄とされるので，当事者双方の合意によって異なる管轄裁判所を定める余地はない。H24-57-イ

☐訴訟の目的の価額が**140万円を超えない請求**が**簡易裁判所**の管轄となり，それを超える請求は地方裁判所の管轄となる（裁24条1号，33条1項1号）。そして，**1つの訴え**で数個の請求を行う場合には，その**価額**を**合算**したものを**訴訟**の**目的**の**価額**としなければならない（民訴9条1項本文）。予H29-31-2

☐株式会社がその事業を停止し，その事務所又は営業所が存在しなくなったときは，当該株式会社の普通裁判籍は，代表者その他の主たる業務担当者の住所により定まる（4条4項）。H25-59-1

☐裁判所の管轄は，訴えの提起時を基準として定められるが，請求が拡張されたり，追加変更されたりする場合など訴訟物に変動が生じるときには，その時点で改めて事物管轄を定めることになる。したがって，例えば，50万円の損害賠償を求める訴えを簡易裁判所に提起した後に請求額を150万円に拡張した場合，簡易裁判所は訴訟を地方裁判所に移送する必要がある。H21-57-オ

☐**地方裁判所は，訴訟がその管轄区域内の簡易裁判所の管轄に属する場合においても，相当と認めるときは，申立てにより又は職権で，訴訟の全部又は一部について自ら審理及び裁判をすることができる**（自庁処理，16条2項本文）。H25-56-4，H24-57-エ

☐訴訟がその管轄区域内の簡易裁判所の専属管轄に属する場合には，自庁処理をすることができないが（16条2項ただし書），この専属管轄には，専属的合意管轄（11条）は含まれない（16条2項ただし書括弧書）。H25-56-5

☐当事者が専属的合意管轄を定めた場合には，法定管轄のある他の裁判所に訴えを提起することは管轄違いであるが，合意管轄裁判所での審理が訴訟に著しい遅滞をもたらしたり，当事者間の衡平を害するおそれがあるときは，裁判所は訴訟を移送しないこともできる（17条類推適用，東京高決平22.7.27，名古屋高決平28.8.2等参照）。H21-57-エ

3章　裁判主体に関する問題

21

〈Essential Note〉1 裁判権・管轄

□簡易裁判所は，訴訟がその管轄に属する場合においても，相当と認めるときは，申立てにより又は職権で，訴訟の全部又は一部をその所在地を管轄する地方裁判所に移送することができる（18条）。H25-56-1

□第一審裁判所は，訴訟がその管轄に属する場合においても，当事者の申立て及び相手方の同意があるときは，申立てに係る地方裁判所又は簡易裁判所に移送しなければならない（19条1項本文）。もっとも，この場合であっても，移送により著しく訴訟手続を遅滞させるときは，移送する必要はないとされている（同項ただし書）。H25-56-2

□簡易裁判所は，その管轄に属する不動産に関する訴訟につき被告の申立てがあるときは，申立ての前に被告が本案について弁論をした場合を除いて，訴訟の全部又は一部をその所在地を管轄する地方裁判所に移送しなければならない（19条2項）。予H29-31-4

□第一審裁判所は，訴訟が法令の定めによりその専属管轄に属する場合において，当事者の申立て及び相手方の同意があるとしても，訴訟の全部又は一部を申立てに係る地方裁判所又は簡易裁判所に移送する必要はない（20条1項，19条1項本文）。H26-65-ア

□**確定した移送の裁判は，移送を受けた裁判所を拘束する**（22条1項）。そして，移送を受けた裁判所は，更に事件を**他の裁判所に移送**することが**できない**（同条2項）。H25-56-3，H21-57-ウ

□**簡易裁判所は，被告が反訴で地方裁判所の管轄に属する請求をした場合において，相手方の申立てがあるときは，決定で，本訴及び反訴を地方裁判所に移送しなければならない**（274条1項前段）。H24-57-オ，H21-57-イ

□判例は，簡易裁判所から地方裁判所へ18条により移送された事件について，移送された事由とは別個の事由によって再移送することは妨げられないと解されることを理由として，17条により更に他の地方裁判所に移送することが許されるとしている（東京地決昭61.1.14）。予H29-31-1

□移送の決定及び移送の申立てを却下した決定に対しては，即時抗告をすることができる（21条）。予H29-31-5

□移送の裁判が確定したときは，訴訟は，初めから受移送裁判所に係属していたものとみなされる（22条3項）。したがって，消滅時効の満了前に訴えが提起され，当該期間の経過後に移送の裁判が確定してとしても，時効の完成猶予の効力（147条）は影響を受けない。予H29-31-3改題

22

〈Essential Note〉1　裁判権・管轄

ビジュアルで覚える

● 裁判籍の種類

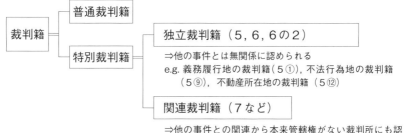

● 管轄の種類

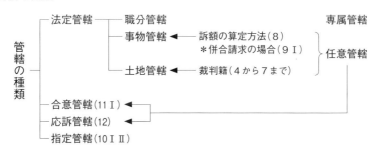

〈Essential Note〉1　裁判権・管轄

● 土地管轄　特別裁判籍（財産権上の訴え，5条）

1号	財産権上の訴え	義務履行地
2号	手形又は小切手による金銭の支払の請求を目的とする訴え	手形又は小切手の支払地
3号	船員に対する財産権上の訴え	船舶の船籍の所在地
4号	**日本国内に住所（事務所又は営業所）がない者又は住所が知れない者に対する財産権上の訴え**	○ 請求又はその担保の目的の所在地 ○ 差し押さえることができる被告の財産の所在地
5号	**事務所（営業所）を有する者に対する訴えでその事務所（営業所）における業務に関するもの**	当該事務所（営業所）の所在地
6号	船舶所有者（その他船舶を利用する者）に対する船舶又は航海に関する訴え	船舶の船籍の所在地
7号	船舶債権その他船舶を担保とする債権に基づく訴え	船舶の所在地
8号	会社・社団・財団に関する訴えで次に掲げるもの イ　会社（その他の社団）からの社員（社員であった者）に対する訴え 　社員からの社員（社員であった者）に対する訴え・社員であった者からの社員に対する訴えで，社員としての資格に基づくもの ロ　社団・財団からの役員（であった者）に対する訴えで役員としての資格に基づくもの ハ　会社からの発起人（であった者）又は検査役（であった者）に対する訴えで発起人又は検査役としての資格に基づくもの ニ　会社（その他の社団）の債権者からの社員（であった者）に対する訴えで社員としての資格に基づくもの	社団又は財団の普通裁判籍の所在地
9号	**不法行為に関する訴え**	**不法行為があった地**
10号	船舶の衝突その他海上の事故に基づく損害賠償の訴え	損害を受けた船舶が最初に到達した地
11号	海難救助に関する訴え	海難救助があった地又は救助された船舶が最初に到達した地
12号	**不動産に関する訴え**	**不動産の所在地**
13号	登記又は登録に関する訴え	登記又は登録をすべき地
14号	相続権・遺留分に関する訴え 遺贈（その他死亡によって効力を生ずべき行為）に関する訴え	相続開始の時における被相続人の普通裁判籍の所在地
15号	相続債権（その他相続財産の負担）に関する訴えで前号に掲げる訴えに該当しないもの	同号に定める地

24

〈Essential Note〉2　裁判所の構成

02　裁判所の構成

☐裁判所書記官は，忌避及び除斥の対象となる（27条前段）。H23-56-ア

☐合議体の構成員である裁判官の除斥については，その裁判官の所属する裁判所が，決定で，裁判をする（25条1項）。H21-56-3

☐裁判官が自らに除斥の原因があることを知らずに合議体の構成員として訴訟手続に関与した場合，除斥の原因のない裁判官によって構成される裁判所が当該手続をやり直す必要がある。H23-56-エ

☐判例によれば，裁判官は，前審において口頭弁論を指揮し，証拠調べをした場合であっても，その裁判の評決に加わったことがなければ，「前審の裁判に関与したとき」（23条1項6号）に当たらず，その事件の上訴審において，職務の執行から除斥されない（最判昭28.6.26）。H21-56-1

☐終局判決が確定したときは，その判決に関与した裁判官について除斥の原因があることを理由として，その判決に対し，再審の訴えをもって不服を申し立てることができる（338条1項2号）。H23-56-オ

☐裁判官について忌避の原因があるときであっても，裁判所は，当事者の申立てがない場合，当該裁判官を職務の執行から排除する旨の決定をすることができない（24条1項参照）。H23-56-ウ

☐当事者が忌避の原因のある裁判官の面前において弁論をし，又は弁論準備手続において申述をしたときであっても，忌避の原因があることを知らなかった場合は，その裁判官を忌避することができる（24条2項ただし書）。H21-56-2

☐忌避の原因のある裁判官（24条1項）が訴訟行為を行っても，忌避の裁判がなければ，その裁判官が終局判決に関与したことは，上告理由及び再審事由には該当しない（312条2項2号，338条1項2号）。H21-56-5

☐除斥又は忌避の申立てがあったときは，急速を要する行為を除いて，その申立てについての決定が確定するまで訴訟手続を停止しなければならない（26条）。H21-56-4

☐専門委員について除斥の申立てがあったときは，その専門委員は，その申立てについての決定が確定するまでその申立てがあった事件の手続に関与することができない（92条の6第2項）。予H29-35-ア

☐裁判所は，当事者双方の申立てがあるときは，専門委員を手続に関与させる決定を取

〈Essential Note〉2　裁判所の構成

り消さなければならない（92条の4ただし書）。予H29-35-ウ

□裁判所は，争点及び証拠の整理をするに当たり，**訴訟関係を明瞭にするため必要があると認める場合**において，専門的な知見に基づく説明を聴くために**専門委員を手続に関与させるときは，当事者の同意を得る必要はなく，当事者の意見を聴けば足りる**（92条の2第1項前段）。H26-65-ウ，予H30-36-4，予H29-35-イ

□裁判長が，証拠調べの手続に関与している専門委員が証拠調べの期日において証人に対して直接に問いを発することを許すためには，当事者の同意を得る必要がある（92条の2第2項後段）。予H29-35-エ

□裁判所が和解を試みるに当たり必要であると認める場合，和解を試みる期日において専門委員を手続に関与させるためには，当事者の同意を得る必要がある（92条の2第3項）。予H29-35-オ

1 節　当事者とその確定

No.

006

当事者
予H30-32

☐　月　日
☐　月　日
☐　月　日

　当事者に関する次の1から5までの各記述のうち，判例の趣旨に照らし正しいものを2個選びなさい。

☐☐☐　1．訴訟能力を欠く当事者がした訴訟行為は，これを有するに至った当該当事者の追認により，行為の時にさかのぼってその効力を生ずる。

☐☐☐　2．遺言で遺言執行者が定められている場合に，既に完了している遺贈による登記について，相続人が原告となって抹消登記手続を求める訴えを提起するときは，受遺者ではなく，遺言執行者を被告としなければならない。

☐☐☐　3．係属中の訴訟の原告と共同の利益を有する者がその原告を自己のためにも原告となるべき者として選定するためには，自ら訴えを提起して係属中の訴訟との併合を求め，共同訴訟関係を成立させなければならない。

☐☐☐　4．権利能力のない社団は，構成員全員に総有的に帰属する不動産について，その所有権の登記名義人に対し，当該社団の代表者の個人名義に所有権移転登記手続をすることを求める訴訟の原告適格を有する。

☐☐☐　5．未成年者が両親を法定代理人として訴えを提起した後に婚姻した後であっても，その両親は，法定代理人として訴訟行為をしなければならない。

4章

当事者に関する
問題

27

2編　民事訴訟の主体

No. 006　正解　1,4

当事者能力・訴訟能力に関する民事訴訟法
28条から37条までは，正確に理解しよう。

1　正しい。

　訴訟能力を欠く者がした訴訟行為は，これを有するに至った当事者の**追認**により，**行為の時に遡ってその効力を生ずる**（34条2項）。これは，追認がなされた場合，相手方の手続保障上の地位を害さず，無能力者保護の趣旨にも反しないため，追認によりその本来の効力を認めて，従来の訴訟の成果を活かす趣旨である。

2　誤り。

　判例は，本記述と同様の事案において，「相続人は，遺言執行者ではなく，受遺者を被告として訴を提起すべき」としている（最判昭51.7.19百選12事件）。その理由について，判例は，「遺言執行者において，受遺者のため相続人の抹消登記手続請求を争い，その登記の保持につとめることは，……それ自体遺言の執行ではないし，一旦遺言の執行として受遺者宛に登記が経由された後は，右登記についての権利義務はひとり受遺者に帰属し，遺言執行者が右登記について権利義務を有すると解することはできない」としている。

3　誤り。

　係属中の訴訟の原告と共同の利益を有するが当事者でない訴訟外の第三者も，原告となっている者を選定当事者に選定することができる（30条3項）。

4　正しい。

　判例は，本記述と同様の事案において，「実体的には権利能力のない社団の**構成員全員に総有的に帰属する不動産**については，**実質的には当該社団が有している**とみるのが事の実態に即していることに鑑みると，**当該社団が当事者として当**該不動産の登記に関する訴訟を追行し，**本案判決を受けることを認めるのが，簡明であり，かつ，関係者の意識にも合致している**」としたうえで，当該不動産について「当該社団の代表者が自己の個人名義に所有権移転登記手続をすることを求める訴訟……が許容されるからといって，**当該社団自身が原告となって訴訟を追行することを認める**実益がないとはいえない」として，権利能力のない社団に原告適格を認めている（最判平26.2.27百選10事件）。

5　誤り。

　未成年者が婚姻をしたときは，成年擬制（民753条）によって行為能力を取得し，「独立して法律行為をすることができる」（民訴31条ただし書）こととなるから，当該未成年者は，法定代理人によらなくても単独で訴訟行為をすることができる。そして，これによって両親の法定代理権は消滅するから，本記述の場合，両親は法定代理人として訴訟行為をすることはできない。

文献　試験対策講座4章1節②【1】，3節②【1】(2)・④【1】，7章3節⑤【2】(3)。判例シリーズ10事件

28

2節　当事者能力／3節　訴訟能力

No.	訴訟能力，法定代理人及び法人の代表者	☐	月	日
007	予H27−32	☐	月	日
		☐	月	日

　　訴訟能力，法定代理人及び法人の代表者に関する次の1から5までの各記述のうち，判例の趣旨に照らし正しいものを2個選びなさい。

☐☐☐　　1．成年被後見人が意思能力のある状態で離婚の訴えを提起した場合，この訴え提起は無効であり，補正命令の対象となる。

☐☐☐　　2．被保佐人が相手方の提起した控訴につき控訴棄却を求める答弁をするには，保佐人又は保佐監督人の同意を要しない。

☐☐☐　　3．未成年者を被告とする訴状等を当該未成年者宛てに送達し，未成年者本人がこれを受領した場合，その後，法定代理人が追認したとしても，法定代理人に対し更にこれを送達しなければならない。

☐☐☐　　4．株式会社の代表取締役の職務の執行を停止し，その職務を代行する者を選任する旨の仮処分が発令されている場合，その取締役を選任した株主総会決議が無効であることの確認を請求する本案訴訟において，当該株式会社を代表すべき者は，当該職務を代行する者である。

☐☐☐　　5．法定代理人の無権代理行為の瑕疵を看過してなされた本案判決が確定した場合，訴訟能力を取得した本人がこの判決の存在を知った日から30日を経過した後は，再審の訴えを提起することができない。

4章
当事者に関する問題

2編　民事訴訟の主体

No.
007

正解　**2, 4**

民事訴訟は実体法の実現過程であるから，実体法との関係もチェックしよう。

1　誤り。

　成年被後見人には，原則，**訴訟能力**が**認められない**（31条本文）。そして，訴訟能力の存在は，個々の訴訟行為の有効要件であるため，訴訟能力を欠く者がした訴訟行為は当然に無効である。もっとも，例外的に，婚姻その他の身分関係の行為については，意思能力を有する限り，成年被後見人にも訴訟能力が認められる（人訴13条1項）。そして，離婚の訴えは人事訴訟である（2条1号）。したがって，本記述の場合，訴え提起は有効であり，補正命令の対象とはならない。

2　正しい。

　被保佐人が訴訟行為をするには，原則として，保佐人等の同意が必要であるが（民訴32条1項反対解釈，民13条1項4号），被保佐人が相手方の提起した訴え又は上訴について訴訟行為をするには，保佐人又は保佐監督人の同意を要しない（民訴32条1項）。したがって，本記述の場合，保佐人又は保佐監督人の同意を要しない。

3　誤り。

　未成年者には，**訴訟能力**が**認められない**（31条本文）。そして，訴訟能力の存在は，個々の訴訟行為の有効要件であるため，訴訟能力を欠く者がした訴訟行為は，当然に無効であるが，その法定代理人が**追認**した場合には，**行為の時に遡ってその効力を生ずる**とされている（34条2項）。したがって，本記述の場合，未成年者宛の送達は，法定代理人の追認により，遡って有効となるため，法定代理人に対し更にこれを送達する必要はない。

4　正しい。

　判例は，取締役選任決議の無効確認請求訴訟を本案とする取締役の職務執行停止，職務代行者選任の仮処分が行われている場合において，本案たる決議無効確認訴訟において被告会社を代表すべき者は，職務執行を停止された代表取締役ではなく，職務代行者であるとしている（最判昭59.9.28）。

5　誤り。

　法定代理権，訴訟代理権又は代理人が訴訟行為をするのに必要な授権を欠いたことは再審事由となる（338条1項3号）。そして，再審の訴えは，原則として，当事者が判決の確定した後再審の事由を知った日から30日の不変期間内に提起しなければならないが（342条1項），338条1項3号に掲げる事由のうち，代理権の欠缺を理由とする再審の訴えについては，当該出訴期間の制限はない（342条3項）。したがって，本記述の場合，再審の訴えを提起することができる。

文献　試験対策講座4章3節②【1】・【2】，17章1節②【1】・③【3】

4節　訴訟上の代理人

No.
008

訴訟代理人
H25-60

☐　月　日
☐　月　日
☐　月　日

　　訴訟代理人（訴訟委任に基づく訴訟代理人に限る。以下同じ。）に関する次の1から5までの各記述のうち，誤っているものはどれか。

☐☐☐　　1．訴訟代理人の権限は，書面で証明しなければならない。

☐☐☐　　2．解任による訴訟代理権の消滅は，本人又は解任された訴訟代理人から相手方に通知しなければ，その効力を生じない。

☐☐☐　　3．当事者が死亡しても，訴訟代理人の訴訟代理権は消滅しない。

☐☐☐　　4．当事者に複数の訴訟代理人がいる場合には，各訴訟代理人は，単独で訴訟行為をすることができない。

☐☐☐　　5．訴訟代理人の代理権の存否に疑義が生じたときは，裁判所は，職権で調査をしなければならない。

4章

当事者に関する問題

31

2編　民事訴訟の主体

| No. 008 | 正解　4 | 訴訟代理人の権限について，民事訴訟法の条文を中心に確認しておこう。 |

1　正しい。

訴訟代理人の権限は，**書面で証明**しなければならない（民訴規23条1項）。これは，書面で証明させることにより，訴訟手続を明確かつ安定的に行うためのものである。

2　正しい。

訴訟代理権の消滅は，本人又は代理人から**相手方**に**通知**しなければ，その**効力を生じない**（民訴59条・36条1項）。これは，代理権の消滅につき，効果の発生時期に関する紛争を避け，訴訟手続の安定と明確を期するための規定である。

3　正しい。

訴訟代理権は，当事者の死亡又は訴訟能力の喪失によっては，消滅しない（58条1項1号）。これは，訴訟手続の迅速・円滑な進行の要請があること，また，訴訟委任はその目的範囲が明確であり，通常は資格のある弁護士に対してなされるもので，委任者又はその承継人の信頼が裏切られる懸念が少ないことを考慮して，一定の場合には訴訟代理権が消滅しない旨を定めたものである。

4　誤り。

訴訟代理人が複数あるときは，各自当事者を代理する（個別代理の原則，56条1項）。これは，訴訟を迅速かつ円滑に進行させるためである。したがって，当事者に複数の訴訟代理人がいる場合には，各訴訟代理人は，単独で訴訟行為をすることができる。

5　正しい。

訴訟代理権の存在は，個々の訴訟行為の有効要件であり，その存否に疑義が生じたときは，裁判所は，職権で調査をしなければならない（職権調査事項）。

文献　試験対策講座4章4節①【4】・④【2】(2)(c)(ⅲ)・(e)(ⅱ)

32

4節　訴訟上の代理人

No.
009

訴訟代理人
予H28−32

□　月　日
□　月　日
□　月　日

　訴訟代理人に関する次のアからオまでの各記述のうち，判例の趣旨に照らし正しいものを組み合わせたものは，後記１から５までのうちどれか。

□□□　ア．訴訟委任に基づく訴訟代理人の資格は，弁護士に限られるから，簡易裁判所の事件であっても，弁護士でない者を訴訟代理人とすることは許されない。

□□□　イ．訴訟委任を受けた訴訟代理人が，委任を受けた事件の相手方から提起された反訴に関して訴訟行為をするには，改めて，反訴に関する訴訟委任を受けなければならない。

□□□　ウ．訴訟委任を受けた訴訟代理人が適法に訴訟復代理人に訴訟委任をしていた場合，その訴訟代理人が死亡しても，委任を受けた訴訟復代理人は，これにより訴訟代理権を失うことはない。

□□□　エ．複数の訴訟代理人に訴訟委任をした当事者が，各訴訟代理人との間で，各訴訟代理人が単独で訴訟行為をすることができないとの定めをしたときは，各訴訟代理人が単独でした訴訟行為は無効となる。

□□□　オ．訴訟委任を受けた訴訟代理人が，委任を受けた事件について和解をするには，特別の委任を受けていなければならない。

1．ア　イ　　2．ア　エ　　3．イ　オ　　4．ウ　エ　　5．ウ　オ

4章　当事者に関する問題

33

2編　民事訴訟の主体

No.
009　　正解　5　　　　代理に関する条文問題である。民法と対比
をしながら確認しておこう。

ア　誤り。

　**法令により裁判上の行為をすることができる代理人のほか，弁護士でなければ
訴訟代理人**となることができない（弁護士代理の原則，54条1項本文）。すなわち，
訴訟委任に基づく訴訟代理人の資格は，原則として，弁護士に限られる。もっと
も，簡易裁判所においては，その許可を得て，弁護士でない者を訴訟代理人とす
ることができる（同項ただし書）。

イ　誤り。

　訴訟代理人は，委任を受けた事件について，反訴に関する訴訟行為をすること
ができる（55条1項）。ここにいう反訴に関する訴訟行為とは，受任した事件の
相手方が提起した反訴に対する応訴を意味するところ，反訴はもともと本訴と共
に審理されるものであり，本訴の訴訟代理人が反訴について応訴し，反訴の請求
の排斥に努めることは，訴訟追行の便宜に資することから，当然なし得るものと
されている。したがって，相手方から提起された反訴に関する訴訟行為をするの
に，改めて反訴に関する訴訟委任を受ける必要はない。

ウ　正しい。

　訴訟代理権は，代理人の死亡によって消滅する（民111条1項2号）。もっとも，
判例は，訴訟復代理人がいる場合に原代理人が死亡した事案において，「訴訟代
理人がその権限に基づいて選任した訴訟復代理人は独立して当事者本人の訴訟代
理人となるものであるから，選任後継続して本人のために適法に訴訟行為をなし
得るものであって，訴訟代理人の死亡に因って当然にその代理資格を失なうもの
とは解されない」としている（最判昭36.11.9）。

エ　誤り。

　訴訟代理人が数人あるときは，各自当事者を代理し（個別代理の原則，民訴56条
1項），当事者がこれと異なる定めをしても，その効力を生じない（同条2項）。
したがって，各訴訟代理人が単独で訴訟行為をすることができないとの定めは無
効であり，各訴訟代理人が単独でした訴訟行為は無効とはならない。

オ　正しい。

　訴訟委任を受けた訴訟代理人が，委任を受けた事件について，訴えの取下げ，
和解，請求の放棄若しくは認諾などをするには，特別の委任を受けていなければ
ならない（55条2項2号）。これは，訴訟物自体を処分する行為については，本人
の意思による必要があることから，特別授権事項とされたものである。

文献　試験対策講座4章4節④【2】(2)，12章3節②【4】

〈Essential Note〉1　総説／2　訴訟能力

Essential Note

01　総説

ビジュアルで覚える

● 当事者能力・当事者適格・訴訟能力・弁論能力の意義

	意義
当事者能力	民事訴訟において当事者となることのできる一般的能力（資格）
当事者適格	訴訟物たる特定の権利又は法律関係について，当事者として訴訟を追行し，本案判決を求めることができる資格
訴訟能力	自ら単独で有効に訴訟行為をなし，又は相手方や裁判所の行う訴訟行為を受け得る能力（資格）
弁論能力	訴訟手続に関与して現実に種々の申立てや陳述などの訴訟行為を有効に行い得る資格

02　訴訟能力

☐訴状を送達したところ，被告に訴訟能力が欠けていることが明らかになったときは，裁判所は，期間を定めてその補正を命じなければならない(34条1項前段)。H19-62-イ

- -

☐原告が自らの訴訟能力の欠缺を理由とする訴え却下判決に対して控訴した場合，原告は，訴訟能力の存否について裁判所の判断を求める限度では，有効に訴訟行為をすることができると解されているから，控訴裁判所は，控訴を適法としたうえで，原告の訴訟能力が欠けているとの判断に達したときは，控訴理由がないとして控訴を棄却すべきである。H19-62-ウ

- -

☐原告が自らの訴訟能力の欠缺を理由とする訴え却下判決に対して控訴した場合，控訴裁判所は，控訴を適法としたうえで，原告の訴訟能力が認められるとの判断に達したときは，第一審判決を取り消して，事件を第一審裁判所に差し戻さなければならない(307条本文)。H19-62-エ

4章
問題　当事者に関する

35

〈Essential Note〉2 訴訟能力／3 訴訟上の代理人

で覚える

● 訴訟能力の有無　　　　　　　　　　　　　　　■法令名なき条文は民訴を指す

行為能力者		訴訟能力あり (28 前段)
未成年者・成年被後見人	原則	訴訟能力なし (31 本文) →法定代理人が訴訟行為を行う
	例外	未成年者については以下の場合は訴訟能力が認められる →成年擬制 (民 753), 営業の許可を受けた場合 (民 6 I)
被保佐人・被補助人	原則	保佐人・補助人の同意又は家庭裁判所の許可が必要 (32 I 反対解釈, 民 13 I ④, Ⅲ, 民 17 I, Ⅲ)
	特則　同意が不要	以下の場合には, 保佐人・補助人の同意は不要 (32 I) ○被保佐人・被補助人が応訴する場合 ○被保佐人・被補助人が必要的共同訴訟人の1人であり, 他の共同訴訟人が上訴した場合において, 被保佐人・被補助人が上訴審で訴訟行為をする場合 (40 Ⅳ・32 I)
	特則　特別の授権が必要	保佐人・補助人の同意がある場合, 又は不要な場合でも, 判決によらないで訴訟を終了させるような重大な訴訟行為 (e.g. 訴えの取下げ, 和解, 請求の放棄・認諾) をするときは, 特別の授権が必要 (32 Ⅱ)

03　訴訟上の代理人

☐ 判例は, 弁護士法25条1号違反の訴訟行為については, 相手方たる当事者は, これに異議を述べ, 裁判所に対しその行為の排除を求めることができるとしている (最大判昭38.10.30百選20事件)。H20-60-2

☐ 貸金返還請求訴訟における被告が未成年者である場合, その親権者である両親は, 訴訟法上も法定代理人となり (民訴28条前段, 民824条本文), 共同して代理権を行使する (民818条3項本文)。H18-55-1

☐ 未成年者の親権者である両親が死亡したが未成年後見人がいない場合, 原告は, 未成年後見人が選任されていなくても, 特別代理人 (民訴35条1項) が選任された後であれば, 未成年者である被告に対する訴えを提起することができる。H18-55-2

☐ 法定代理人は判決書の必要的記載事項であるが (253条1項5号), 訴訟代理人は判決書の必要的記載事項ではない (同項各号参照)。H23-60-1

☐ 法人の代表者がない場合において, 当該法人に対し, 訴訟行為をしようとする者は, 遅滞のため損害を受けるおそれがあることを疎明して, 受訴裁判所の裁判長に特別代理人の選任を申し立てることができる (37条・35条1項)。H25-59-2

☐ 法定代理人が数人ある場合には, 送達はその1人に対してすれば足りるところ (102

〈Essential Note〉3　訴訟上の代理人

条2項)，このことは，訴訟委任による訴訟代理人が数人ある場合であっても，個別代理の原則 (56条1項，2項) により，それぞれが当事者本人を代理するので，同様である。H23-60-3

□訴訟代理人の事実に関する陳述については，当事者が直ちに取り消したときはその効力を生じないが (57条)，法定代理人の陳述については，当事者は取り消すことができない (同条参照)。H23-60-2

□法定代理人は，当事者尋問の規定が準用されることから (211条)，証人となることができないが，訴訟代理人は証人となることができる (190条)。H23-60-5

□**法定代理人が死亡した場合**には訴訟手続は**中断する**が (124条1項3号)，**訴訟代理人が死亡した場合**には訴訟手続は**中断しない** (124条1項各号参照)。H23-60-4, 予H29-36-オ

ビジュアルで覚える

●法定代理人と任意代理人の比較

		法定代理人	任意代理人
	視　　　点	本人の身代わり的存在	第三者的存在
代理権	資　　　格	資格制限なし	弁護士代理の原則 (54 I 本文)
代理権	範　　　囲	実体法による (28) 原則としてすべての行為可	包括的・不可制限的 (55 I，III)
代理権	消　　　滅	民法などの法令による	代理人の死亡，成年被後見・破産手続開始の決定，委任の終了，解任・辞任，本人の破産等
訴訟追行上の地位	代理人の表示	訴状及び判決書の必要的記載事項 (133 II①, 253 I⑤)	必要的記載事項ではない
訴訟追行上の地位	送　　　達	法定代理人に対してする (102 I)	本人に対してなせばよい
訴訟追行上の地位	本人の更正権	なし	あり (57)
訴訟追行上の地位	証人適格ほか	証人適格なし →当事者尋問 (211)	証人，鑑定人となり得る
訴訟追行上の地位	代理人死亡の影響	中断事由に当たる (124 I③)	中断事由に当たらない

4章
問題
当事者に関する

〈Essential Note〉3　訴訟上の代理人

●訴訟上の代理人の種類　　　　　　　　　■法令名なき条文は民訴を指す

訴訟上の代理人	法定代理人 （本人の意思に基づかない場合）	実体法上の法定代理人　e.g. 未成年者の法定代理人（民824）
		訴訟法上の特別代理人　e.g. 35 I の特別代理人
		個々の訴訟行為の法定代理人　e.g. 刑事施設の長（102 III）
	任意代理人 （本人の意思に基づく場合）	訴訟委任に基づく訴訟代理人　e.g. 弁護士（54 I 本文）
		法令上の訴訟代理人　e.g. 支配人（商21 I）
		個々の訴訟行為の任意代理人　e.g. 送達受取人（104 I）

第3編

訴訟の開始

1節　訴えの概念と種類

No.		□	月	日
010	**判決の効力** H24-71	□	月	日
		□	月	日

　判決の効力に関する次の1から5までの各記述のうち，誤っているものはどれか。

- 1．給付訴訟において請求を棄却する判決は，確認判決である。
- 2．形成訴訟において請求を認容する判決には，遡及して形成の効果を生ずるものと，将来に向かってのみ形成の効果を生ずるものとがある。
- 3．債務不存在確認訴訟において請求を認容する判決が確定すると，当該債務に係る被告の債権が存在しないことが既判力をもって確定される。
- 4．土地の所有権確認訴訟において請求を棄却する判決が確定したときは，原告が当該土地の所有権を有しないことが既判力をもって確定されるが，被告がその土地の所有権を有することが確定されることはない。
- 5．離婚判決が確定しても，当該判決に基づき戸籍法上の届出がされなければ，婚姻解消の効果は生じない。

5章

訴え提起

3編　訴訟の開始

| No. **010** | 正解　5 | 判決の効力に関する基礎的な知識を問う問題なので，しっかりと復習しておこう。 |

1　正しい。

　給付訴訟において請求を棄却する判決は，給付請求権が存在しないことを確定する確認判決である。

2　正しい。

　形成訴訟において請求を認容する判決は，権利・法律関係の変動を宣言する形成判決であり，その内容どおりの変動を生じさせる効力（形成力）を有すると共に，形成要件の存在の判断について既判力を生じる。そして，この判決には，遡及して形成の効果を生じるものと，将来に向かってのみ形成の効果を生じるものとがある。

3　正しい。

　確認の訴えとは，原告が特定の権利・法律関係の存在又は不存在を主張して，それを確認する判決を求める訴えをいい，その存在を主張するものを積極的確認の訴え，その不存在を主張するものを消極的確認の訴えという。そして，確認の訴えの本案判決は，請求を認容するものであるか棄却するものであるかを問わず，確認対象の現在の存否を宣言する確認判決であり，その存否の判断に既判力が生じる。したがって，債務不存在確認訴訟において請求を認容する判決が確定すると，当該債務に係る被告の債権が存在しないことが既判力をもって確定される。

4　正しい。

　確認の訴えの本案判決は，請求を認容するものであるか棄却するものであるかを問わず，確認対象の現在の存否を宣言する確認判決であり，その存否の判断に既判力が生じる。したがって，本記述において既判力をもって確定されるのは「原告が土地の所有権を有しないこと」であり，被告がその土地の所有権を有することが確定されることはない。

5　誤り。

　離婚訴訟は形成訴訟であり，形成訴訟において請求を認容する判決は，権利・法律関係の変動を宣言する形成判決であり，その内容どおりの変動を生じさせる効力（形成力）を有する。したがって，離婚判決が確定すれば，当該判決に基づき戸籍法上の届出がされなくとも，婚姻解消の効果が生じる。

文献 試験対策講座5章1節[2]【1】・【2】・【3】

2節 訴えの手続

No.
011

訴状を却下する命令
H22-59

□ 月 日
□ 月 日
□ 月 日

訴状を却下する命令に関する次のアからオまでの各記述のうち，正しいものを組み合わせたものは，後記1から5までのうちどれか。

□□□ ア．訴状に，被告である株式会社の代表者の記載がない場合，相当の期間を定めてその期間に不備を補正すべきことを命じた上でなければ，訴状を却下することはできない。

□□□ イ．原告が，訴えの提起の手数料を納付しない場合，直ちに訴状を却下することができる。

□□□ ウ．訴状を却下する命令が確定した場合，原告は，その不備を補正した上で，再度訴えを提起することは妨げられない。

□□□ エ．提訴期間が法律で定められている事件の訴えが，提訴期間経過後に提起された場合，直ちに訴状を却下することができる。

□□□ オ．訴えが提起された場合，被告にも判決を受ける利益があるから，訴状を却下する命令を発するためには，被告の意見を聴かなければならない。

1．アイ　　2．アウ　　3．イエ　　4．ウオ　　5．エオ

5章

訴え提起

43

3編　訴訟の開始

No.
011　　　正解　2　　　訴状審査に関する基礎的な理解を問う問題なので，条文や判例をおさえよう。

ア　正しい。

　法人の代表者の記載は，訴状の必要的記載事項である（37条・133条2項1号）。そして，訴状の必要的記載事項に不備がある場合には，裁判長は，相当の期間を定め，その期間内に不備を補正すべきことを命じなければならず（137条1項本文），原告が不備を補正しないときは，裁判長は，命令で，訴状を却下しなければならない（同条2項）。また，判例は，本記述と同様の事案において，「裁判所としては，民訴法229条2項〔現138条2項〕，228条1項〔現137条1項〕により，上告人に対し訴状の補正を命じ……上告人において右のような補正手続をとらない場合にはじめて裁判所は上告人の訴を却下すべきものである」としている（最判昭45. 12. 15百選18事件）。

イ　誤り。

　民事訴訟費用等に関する法律の規定に従い訴えの提起の手数料を納付しない場合，裁判長は，相当の期間を定め，その期間内に法定の手数料の納付，又は，不足額の追納を命じなければならない（137条1項後段）。そして，原告が納付又は追納をしないときは，裁判長は，命令で，訴状を却下しなければならない（同条2項）。したがって，裁判長は，直ちに訴状を却下することはできない。

ウ　正しい。

　訴状却下命令は，訴状を受理できないとして返還するものであり，訴えの却下とは異なる。また，訴状却下命令によって訴訟は終了するが，訴状却下命令のような訴訟指揮的な性格を有する決定・命令は，確定しても既判力は生じない。したがって，不備を補正したうえで，再訴を提起することは妨げられない。

エ　誤り。

　不変期間である出訴期間を徒過した訴えは不適法であり，その不備を補正することはできない。そして，訴えが不適法でその不備を補正することができないときは，裁判所は，口頭弁論を経ないで，判決で訴えを却下することができる（140条）。したがって，本記述の場合，訴状を却下するのではなく，裁判所が，判決によって訴えを却下する。

オ　誤り。

　訴状却下命令は，訴状審査段階での措置であり，訴訟係属前であることから，被告とされる者には不服申立ての利益はない。そのため，訴状却下命令の前に，被告となるべき者に意見を聴く必要はない。

文献　試験対策講座4章4節③【3】，5章2節①【2】(1)・②。判例シリーズ15事件

2節 訴えの手続

No.

012

送 達
H20-58

□ 月 日
□ 月 日
□ 月 日

　Aは，B，C，D及びEを共同被告として，Q地方裁判所に訴えを提起した。B及びCは，住所が分かっている。Dは，住所，居所，営業所及び事務所のいずれも不明であるが，Fの事務所で雇われていることが分かっている。Eは，未成年者であり，母Gとは同居しているが，父Hは単身赴任先に住所がある。

　この事件について，送達に関する次の1から5までの各記述のうち，誤っているものはどれか。

□□□　1．Aは，Q地方裁判所の管轄区域外にある友人I宅を，Q地方裁判所に送達場所として届け出た。Aに対する第1回口頭弁論期日の呼出状の送達は，友人I宅においてする。

□□□　2．Bは，Jを被告として訴えている別件訴訟の原告として，和解期日に出席するためQ地方裁判所に出頭した。裁判所書記官は，Bに対し，自ら訴状の送達をすることができる。

□□□　3．郵便の業務に従事する者は，Cの住所において，Cが不在である場合，同居の妻Kに訴状を交付することができる。

□□□　4．Dに対する訴状の送達は，Fの事務所においてすることができる。

□□□　5．Eに対する訴状の送達は，父Hに対し，Hの住所地においてするとともに，母Gに対し，Gの住所地においてしなければならない。

5章

訴え提起

45

3編　訴訟の開始

No.
012
正解　5

全般的に送達に関する条文問題である。送達関連の条文をしっかり確認しておこう。

1　正しい。

104条1項前段の規定により送達場所の届出がなされた場合，送達は，103条の規定にかかわらず，届出に係る場所においてする（104条2項）。したがって，Aに対する送達は，送達場所として届出のあった友人I宅においてする。

2　正しい。

裁判所書記官は，その所属する裁判所の事件について出頭した者に対しては，自ら送達することができる（100条）。この「その所属する裁判所の事件」には，当該訴訟に係るものはもちろんのこと，ほかの係の民事訴訟事件，民事保全事件，破産事件，刑事事件など同一の国法上の裁判所の事件である限り，すべての事件が含まれる。したがって，Q地方裁判所の書記官は，別件訴訟の原告として出頭したBに対し，自ら訴状を送達することができる。

3　正しい。

送達は，原則として，送達を受けるべき者の住所，居所，営業所又は事務所においてする（103条1項前段）。そして，就業場所以外の送達をすべき場所において送達を受けるべき者に出会わないときは，使用人その他の従業者又は同居者であって，書類の受領について相当のわきまえのあるものに書類を交付することができる（106条1項前段）。したがって，本記述の場合，郵便の業務に従事する者は，Cの同居の妻Kに訴状を交付することができる。

4　正しい。

送達名宛人の住所・居所・営業所等が不明であっても，就業場所が判明していれば，その場所において送達を行うことができる（103条2項前段）。これは，国民の生活態様の変化に伴い昼間不在者が増加し，受送達者の住所・居所等において訴訟書類を送達することが困難になってきていることを背景とする。したがって，Dに対する訴状の送達は，Dが雇われているFの事務所においてすることができる。

5　誤り。

訴訟無能力者に対する送達は，その法定代理人にしなければならない（102条1項）。もっとも，父母が共同して親権を行使する場合（民818条3項本文）のように数人が共同して代理権を行うべき場合には，送達は，そのうちの1人にすれば足りる（民訴102条2項）。したがって，Eに対する訴状の送達は，父H又は母Gのいずれかにすれば足り，両者にする必要はない。

文献 試験対策講座5章2節②【2】

46

3節　訴え提起の効果

No.
013

消滅時効
H18-70改題

☐　月　日
☐　月　日
☐　月　日

　Aは，Bに対し，金銭債権（以下「甲債権」という。）を有している。この事例に関する次の1から4までの記述のうち，判例の趣旨に照らし誤っているものを2個選びなさい。

☐☐☐　1．Bが，甲債権の存否につきAB間に争いがあるとして，Aに対して甲債権に係る債務の不存在の確認を求める訴えを提起した場合，当該訴えが提起された時点で，甲債権の消滅時効は完成が猶予される。

☐☐☐　2．Aが動産の上に甲債権を担保するための留置権を有しており，Bからの当該動産の引渡請求訴訟においてAが留置権の抗弁を主張した場合でも，その後に甲債権の消滅時効期間が経過すれば，Bは，当該訴訟において，同債権の時効消滅を主張することができる。

☐☐☐　3．AがBに対して甲債権以外の債権に基づいて訴えを提起した後，甲債権に基づく金銭の支払請求を追加する旨の請求の変更を行ったときは，請求の変更の書面が裁判所に提出された時に，甲債権の消滅時効は完成が猶予される。

☐☐☐　4．AのBに対する甲債権に基づく金銭の支払請求訴訟が二重に係属し，別個に審理されていた場合において，その後，その口頭弁論が併合され，前訴を維持する必要がなくなったとして，Aが前訴を取り下げ，後訴を追行するときは，前訴の提起によって生じた甲債権の消滅時効の完成猶予の効果は消滅しない。

5章

訴え提起

47

3編　訴訟の開始

No.
013

正解　**1, 2**

訴え提起による時効の完成猶予の効果は重要なので，知識として定着させよう。

1　誤り。

判例は，債務不存在確認訴訟において，被告が債権の存在を主張し，被告勝訴の判決が確定したときは，当該被告の行為は，裁判上の請求（147条）として，当該債権につき消滅時効完成猶予・更新の効力を生ずるとしている（大連判昭14. 3. 22参照）。したがって，本記述の場合，訴えが提起された時点で甲債権の消滅時効が完成猶予するわけではない。

2　誤り。

訴訟上の留置権の主張は反訴の提起ではなく，単なる抗弁にすぎないから，目的物の引渡請求訴訟において，留置権の抗弁を提出し，その理由として被担保債権の存在を主張しても，「裁判上の請求」（民147条1項1号）としては認められない。もっとも，訴訟上の留置権の抗弁は，これを撤回しない限り，当該訴訟の係属中継続して目的物の引渡しを拒否する効力を有し，被担保債権についての権利主張も継続してなされているものといえるので，裁判上の催告（150条1項）としての効力が認められ，当該訴訟の終結後6か月以内に他の強力な更新事由を採れば，被担保債権の消滅時効は更新する（最大判昭38. 10. 30参照）。したがって，Bは時効の完成猶予期間を過ぎてもAが何らの更新事由を採らない場合に初めて甲債権の時効消滅を主張することができる。

3　正しい。

時効の完成猶予又は法律上の期間の遵守のために必要な裁判上の請求は，訴えを提起した時又は訴えの変更の書面（民訴143条2項）を裁判所に提出した時に，その効力を生ずる（147条）。したがって，本記述の場合，請求の変更の書面が裁判所に提出された時に，甲債権の消滅時効は完成が猶予される。

4　正しい。

判例は，「訴の取下が，権利主張をやめたものでもなく，権利についての判決による公権的判断を受ける機会を放棄したものでもないような場合には，訴を取り下げても訴の提起による時効中断〔現完成猶予〕の効力は存続する」としている（最判昭50. 11. 28）。本記述の場合，Aは，二重に係属していた訴訟の口頭弁論が併合され，前訴を維持する必要がなくなったために前訴を取り下げたにすぎず，また，同一請求である後訴を追行していることから，「権利についての判決による公権的判断を受ける機会を放棄した」場合には当たらない。したがって，前訴の提起によって生じた甲債権の消滅時効の完成猶予の効果は消滅しない。

文献　試験対策講座5章3節[1]【2】

48

〈Essential Note〉1　訴えの概念と種類／2　訴えの手続

Essential Note

01　訴えの概念と種類

☐判例は，形式的形成訴訟である境界確定訴訟においては，当事者相互の相接する各所有地間の境界が不明であるか又はこれに争いがあることの主張がなされればよく，原告において特定の境界線の存在を主張する必要はないとしている（最判昭41.5.20）。予H29-44-5

☐形式的形成訴訟である境界確定訴訟では，処分権主義が制限されることから，裁判所は当事者が申し立てた境界線に拘束されない。予H29-44-3

☐判例は，境界確定訴訟の控訴審においては，不利益変更禁止の原則の適用はないとしている（最判昭38.10.15）。H22-56-エ

☐境界確定訴訟においては，**相隣接する土地の所有者**に当事者適格が認められると解されている。予H29-44-4

☐判例は，甲地の所有者Xが甲地に隣接する乙地の所有者Yに対し，甲地と乙地の境界確定訴訟を提起した場合に，Yが甲地のうち境界の全部に接する部分を時効取得したときであっても，甲乙両地の各所有者は境界に争いがある隣接土地の所有者同士のままであるから，Xは当事者適格を失わないとしている（最判平7.3.7）。H22-56-ア

☐判例は，境界の確定は係争土地の所有権の確認と異なり，土地所有権に基づく土地明渡請求訴訟と先決関係に立つ法律関係ではないことから，所有権に基づく**土地明渡請求訴訟の係属中に境界確定を求める中間確認の訴えを提起することはできない**としている（最判昭57.12.2）。H22-56-ウ，予H29-44-2

02　訴えの手続

☐自然人を被告とする場合，通常は氏名と住所を訴状に記載して被告を特定するが，特定し得るのであれば，氏名の代わりに通称名を用いることができる。H19-66-1

☐貸金返還請求訴訟の訴状に，弁済期の合意や弁済期の到来の事実の記載がなくても，契約当事者，貸付日及び貸付金額を記載することによって請求が特定されれば，補正を命じたうえでの訴状却下命令（137条1項，2項）をすることはできない。H19-66-3

☐訴状には，立証を要する事由ごとに，当該事実に関連する事実で重要なもの及び証拠を記載しなければならない（民訴規53条1項）。H19-66-5

☐訴状の審査は，裁判長が行う（民訴137条1項前段）。H26-62-1

〈Essential Note〉2　訴えの手続

☐訴状審査の対象は，133条2項の事項に限られており（137条1項），訴状における立証方法に関する記載は，訴状審査の対象とならない。H23-61-4

☐訴状審査の結果として訴状に不備があることが判明した場合の補正命令は，裁判長がする（137条1項）。H23-61-1

☐証拠の引用又は添付の不備は，補正命令の対象とならない。H26-62-2

☐補正命令の対象となる事項については，裁判所書記官に命じて補正を促すことができる（民訴規56条）。H26-62-3

☐裁判長が補正を命じても訴状の送達をすることが**できない**場合には，その**訴状**は，**命令で，却下**される（民訴138条2項・137条1項，2項）。H24-56-1

☐裁判長による訴状却下命令（137条2項）に対しては，即時抗告により不服を申し立てることができる（同条3項）。H26-62-5

☐訴状が**被告**に**送達**された**後**は，**訴訟係属**の効果が**生じる**ことから，その**訴状**に**不備**があっても，裁判長は**訴状却下権**（137条2項）を行使することができず，**判決で訴えを却下**することになる。H26-62-4，H24-56-4，予H28-35-オ

☐訴状の送達は，被告本人に直接交付して行うのが原則であるが（101条），それができない場合には，補充送達（106条1項），差置送達（106条3項）及び書留郵便に付する送達（107条），公示送達（110条以下）の方法によることが可能である。H24-56-3

☐判例は，訴訟代理人がいる場合，訴訟書類については，その代理人に送達するのを通例とするけれども，この場合においても当事者本人に対する送達を妨げるものではないとしている（最判昭25.6.23）。予H27-31-5

☐株式会社に対する送達は，その代表者の住所のみならず，当該株式会社の営業所又は事務所においてしても，その効力を有する（37条・103条1項）。H25-59-3

☐判例は，訴状等の交付を受けた同居者と受送達者との間に，その訴訟に関して事実上の利害対立がある場合でも，当該同居者に対する訴状の交付により受送達者に対する補充送達は有効であるが，同居者から受送達者に実際に訴状等が交付されず，受送達者が訴訟の提起を知らないままに判決がなされたときは，訴訟手続に関与する機会の保障がないといえるから，338条1項3号の再審事由が存在するとしている（最決平19.3.20百選40事件）。予H27-31-3

〈Essential Note〉2 訴えの手続

☐訴訟係属は，被告への訴状の送達によって生じるところ，訴状等を書留郵便等に付して発送したときはその発送した時点で，訴状等の送達があったものとみなされるため（107条3項），書留郵便の保管期間満了により訴状等が裁判所に返戻されても，訴訟係属の効果には影響がない。予H27-31-2

☐公示送達は，当事者の住所，居所その他送達をすべき場所が知れない場合に限定されない（110条1項各号参照）。H22-60-1

☐公示送達は，外国においてすべき送達についても用いることができる（110条1項3号）。H22-60-3

☐公示送達は，裁判所書記官が送達すべき書類について行うことができ（111条），判決書は送達すべき書類に含まれるので（255条），判決書の送達は公示送達によることができる。H22-60-2

☐公示送達は，原則として，**掲示を始めた日から2週間を経過することによって，その効力を生ずる**が（112条1項本文），同一の当事者に対する**2回目以降の公示送達**（110条3項）については，猶予期間を設けても効果がないことが通常であるから，**掲示を始めた日の翌日にその効力を生ずる**（112条1項ただし書）。H22-60-4，予H28-35-ウ

☐訴状において契約解除の意思表示をしようとする場合，その訴状の送達が公示送達の方法によってされたときは，契約解除の意思表示が被告に到達したものとみなされる（113条前段）。H24-56-5

ビジュアルで覚える

●訴状却下と不適法却下

	訴状却下（137）	不適法却下（140）
主 体	裁判長	裁判所
裁判の形式	命令	判決
訴訟係属	生じない	生じている

〈Essential Note〉2　訴えの手続／3　訴え提起の効果

●送達

		意義	要件等
交付送達 (101)	原則 (103 I)	名宛人の住所・居所・営業所・事務所での交付 （法定代理人に対する送達は，本人の営業所・事務所でも）	―
	就業場所における送達 (103 II)	名宛人の就業場所での交付	i 名宛人の住所等が不明あるいはこれらの場所で送達するにつき支障があるとき，又は ii 送達を受けるべき者(104 Iに規定する者を除く)が就業場所において送達を受ける旨の申述をしたとき
	出会送達 (105)	送達名宛人と出会った場所での交付	i 名宛人が住所等を有することが明らかでない場合，又は ii 名宛人が送達を拒まない場合
	補充送達 (106 I, II)	名宛人以外の補充送達受領資格者（代人）への交付	送達場所で送達名宛人に出会わないとき （代人になれるのは，名宛人と一定の関係にあり，かつ送達の受領についてわきまえのある者に限られる）
	差置送達 (106 III)	送達場所への書類の差置き	送達の名宛人が受領義務を果たさないとき （出会送達のiiの場合や，就業場所における補充送達の場合には受領義務がないため，差置送達はできない）
付郵便送達 (107)		書留郵便による所定の場所への発送	交付送達ができないとき （発送時に送達があったものとみなされる）
公示送達 (110, 111, 112)		書記官が書類を保管し，名宛人が出頭すれば書類を交付する旨の書面を裁判所の掲示場に掲示する方法	送達場所がおよそ不明な場合等，他の送達方法によることができないとき （原則として，掲示から2週間を経過したときに送達の効力を生ずる）

03　訴え提起の効果

□**訴えの提起による時効の完成猶予の効力発生時期**は，被告に対する訴状送達時ではなく，**訴えを提起した時**（147条），すなわち，**裁判所に訴状を提出した時**である。H24-56-2，予H28-35-ア改題

□訴状審査の結果として訴状が却下された場合には，訴訟が開始されなかったことになるので，訴え提起による時効の完成猶予の効力は遡って効力を失う。H23-61-3改題

□142条の「**事件**」の同一性があるといえるためには，**当事者及び審判対象の同一性**が**認められる必要がある**。当事者の同一性については，**後訴の当事者が前訴の当事者で**

〈Essential Note〉3　訴え提起の効果

あれば，原告と被告が逆の立場であっても，**同一性は認められる**。また，**一方の訴え
の当事者**が**他方の判決効の拡張を受ける場合**（115条1項2号，4号）には，**142条の趣
旨**に照らして，実質的に当事者の同一性が認められると解されている。予H28-37-ア

□142条の要件である「**事件**」**の同一性**があるといえるためには，当事者及び審判対象
の同一性が認められる必要があり，**訴訟物たる権利・法律関係が同一である場合**に**審
判対象の同一性が認められる**ところ，同一の債権に基づく債務不存在確認の訴えと，
給付の訴えとは，それぞれ同一の権利を目的とするものである以上，審判対象の同一
性が認められる（東京地判平13.8.31参照）。予H28-37-イ

□判例は，係属中の**別訴**において**訴訟物**となっている**債権を自働債権**として他の訴訟に
おいて**相殺の抗弁を主張**することは，**142条の趣旨に反して，許されない**としている
（最判平3.12.17百選38①事件）。予H28-37-ウ

□判例は，土地の所有権に基づく所有権移転登記手続を求める訴えの係属中に，相手方
が同一の土地について所有権の確認を求める訴えを提起した事案において，確定判決
の既判力は，判決主文で示された訴訟物たる権利・法律関係の存否に関する判断に及
ぶだけで（114条1項），その理由中の判断である土地の所有権の存否に及ばないから，
土地の所有権の確認を求める後訴は，142条に違反するものではないとしている（最
判昭49.2.8）。予H28-37-エ

□判例は，手形金債務不存在確認訴訟の係属中に，被告が当該手形金の支払を求める別
訴を手形訴訟（350条）により提起することは，手形訴訟が通常訴訟と異なる訴訟手
続であり，これを認めなければ簡易迅速な債務名義の取得及び債権の満足を図った手
形訴訟制度の趣旨を損なうおそれがあるため，142条に違反しないとしている（大阪
高判昭62.7.16百選37事件）。予H28-37-オ

□訴えが，**二重起訴の禁止**（142条）に触れないことは，**訴訟要件**のひとつで，**職権調査事
項**であるため，裁判所は，その**違反を発見したとき**は，被告の申立てや，その態度の
いかんにかかわらず，**後訴を不適法**として**却下しなければならない**。予H28-35-エ

5章

訴え提起

53

〈Essential Note〉3　訴え提起の効果

ビジュアルで覚える

● 二重起訴の禁止

意　義	裁判所に既に訴訟係属を生じている事件については，同一当事者間において，重ねて別訴での審理を求めることが許されない (142)
趣　旨	ⅰ 応訴しなければならない相手方にとっては負担となり，ⅱ 訴訟経済の要求にも反し，ⅲ 同一紛争をめぐる複数の判決内容に矛盾抵触が生じるおそれがあるため，これらの弊害を防止する
要　件	「事件」の同一性 (ⅰ 両訴の当事者が同一であること，ⅱ 審判対象が同一であること)

● 当事者の同一性（要件ⅰ）

○：二重起訴に当たる　×：二重起訴に当たらない　╍╍▶：被代位債権

前　訴	後　訴（別訴）	結　論
X ─────▶ Y	Y ─────▶ X	○
X ─────▶ Y	X ─────▶ Z	×
（原告） 債権者　X （代位訴訟） 債務者　Y ╍╍╍▶ Z（被告）	Y ─────▶ Z 同一の権利について給付訴訟	○

● 審判対象の同一性（要件ⅱ）

○：二重起訴に当たる　×：二重起訴に当たらない　╍╍▶：実線とは別の債権

前　訴	後　訴（別訴）	結　論
X ─────▶ Y 一部請求であることを明示して，可分債権の一部請求	X ─────▶ Y 同一債権の残部請求	×*1
X ─────▶ Y 一部請求であることを明示して，可分債権の一部請求	Y ╍╍╍▶ X 同一債権の残部を自働債権とする相殺の抗弁	× （最判平10年6月30日）
X ─────▶ Y 債務不存在確認訴訟	Y ╍╍╍▶ X 同一債権についての給付の訴え	○*2
X ─────▶ Y 債権の給付訴訟	Y ╍╍╍▶ X 同一債権の債務不存在確認訴訟	○
X ─────▶ Y 貸金返還請求	Y ╍╍╍▶ X 同一債権を自働債権とする相殺の抗弁	○*3

*1：一部請求であることを明示した場合には，前訴の一部請求と後訴の残部請求とは訴訟物が異なるため，債権の残部には既判力は及ばず，判決の矛盾抵触という問題は生じない（最判昭37.8.10参照）。

*2：前訴である債務不存在確認訴訟の被告が後訴で同一債務につき給付請求を提起した場合，判例は，適法に提起された前訴の訴えの利益が後訴の提起により消滅するとしている（最判平16.3.25百選29事件）。

*3：相殺の抗弁の判断には既判力が生じるので（114Ⅱ），その矛盾抵触のおそれがあるため，142条が類推適用される（最判平3.12.17百選38①事件）。

54

No.		1節　訴訟物とその特定基準

No.	訴 訟 物	論	□	月	日
014	H20-55		□	月	日
			□	月	日

訴訟物に関する次の1から4までの各記述のうち，判例の趣旨に照らし正しいものを2個選びなさい。

□□□　1．Xが，Yの1個の不法行為によりXの身体に傷害を負ったとして，それによって生じた損害の賠償を一つの訴えによって求めた場合に，Xが損害項目として治療費，逸失利益及び慰謝料を主張しているときは，損害項目ごとに訴訟物を異にする。

□□□　2．賃貸人Xが，賃借人Yに対し，賃貸借契約の終了に基づく目的物の返還を求める訴えを提起した場合に，Xが賃貸借契約終了原因として，Yの賃料不払による解除及びYの用法違反による解除を主張しているときは，訴訟物は1個である。

□□□　3．貸主Xが，借主Yに対し，貸金債権及びその利息債権を請求する訴えを提起したときは，訴訟物は複数である。

□□□　4．Xが，Yに対して1000万円の支払を求める訴えを提起した場合に，Xが「Yに対して1000万円を貸し付けた。仮に借り受けたのがYではなくAであったとしても，YはAの返還債務につき保証したので，いずれにせよ1000万円の支払義務がある。」と主張しているときは，給付義務が1個であるから，訴訟物は1個である。

6章

訴訟物と処分権主義

3編　訴訟の開始

No.
014

正解　2,3

訴訟物に関する判例の立場をしっかりと理解しよう。

1　誤り。

　判例は，「同一事故により生じた同一の身体傷害を理由とする財産上の損害と精神上の損害とは，原因事実および被侵害利益を共通にするものであるから，その賠償の請求権は1個であり，その両者の賠償を訴訟上あわせて請求する場合にも，訴訟物は1個である」としている（最判昭48. 4. 5百選74事件）。

2　正しい。

　賃貸借契約終了に基づく目的物返還請求訴訟の訴訟物については，賃貸借契約の終了原因（期間満了，債務不履行解除など）ごとに訴訟物を考える見解もあるが（多元説），通説及び実務は，**賃貸借契約の終了に基づく目的物返還請求権**が賃貸借契約自体の効果として発生する目的物返還義務に基づくものであり，賃貸借契約の終了原因自体の効果として発生するものではないことを理由として，**訴訟物を1個**と解している（一元説）。

3　正しい。

　判例の採用する**旧訴訟物理論**によれば，**訴訟物の異同及び個数**は，**実体法上の権利（請求権）に基づき判断**される。貸金元本債権及びその利息債権は，前者が消費貸借契約に基づく貸金返還請求権，後者が利息契約に基づく利息請求権であり，実体法上の請求権を異にするものであるから，別個の訴訟物であると解される。

4　誤り。

　3の解説で述べた旧訴訟物理論の考え方によれば，貸金返還請求権と保証債務履行請求権は，それぞれ消費貸借契約と保証契約という別個の契約に基づくものであり，訴訟物を異にする。

文献 試験対策講座6章1節③【1】・⑤【1】(1)・(3)。判例シリーズ53事件

1節　訴訟物とその特定基準

No.	処分権主義	論	□ 月 日
015	予R1－42		□ 月 日
			□ 月 日

処分権主義に関する次の1から5までの各記述のうち，判例の趣旨に照らし誤っているものを2個選びなさい。

□□□　1．不法行為による人身に係る損害賠償請求権に基づき，慰謝料100万円及び休業損害300万円の支払を求める請求に対し，裁判所は，慰謝料150万円及び休業損害200万円の支払を命ずる判決をすることができる。

□□□　2．原告の被告に対する損害賠償債務のうち100万円を超える部分の不存在確認請求に対し，裁判所は，その損害賠償債務のうち50万円を超える部分が不存在であることを確認するとの判決をすることができる。

□□□　3．境界確定訴訟において，裁判所は，原告の請求を棄却するとの判決をすることができる。

□□□　4．建物所有目的の土地賃貸借契約の終了に基づき，建物収去土地明渡しを求める請求に対し，被告が建物買取請求権を行使した場合には，裁判所は，建物を引き渡して土地を明け渡すことを命ずる判決をすることができる。

□□□　5．相続財産に属する債務の債権者が相続人に対してその債務の弁済を求める訴訟において，相続人が主張する限定承認の事実を認めることができる場合には，裁判所は，相続によって得た財産の限度で当該債務の弁済を命ずる判決をすることができる。

6章
訴訟物と
処分権主義

3編　訴訟の開始

No. 015　正解 2,3

処分権主義は短答式試験，論文式試験共に頻出であるから，しっかり理解しよう。

1　正しい。

前掲最判昭48年（百選74事件）は，同一事故により生じた同一の身体傷害を理由とする財産上の損害と精神上の損害の賠償請求権は1個であるとしており，損害項目ごとに訴訟物を異にするとは考えない。本記述では，慰謝料について請求額を超える額の認定がされているが，認定総額は請求総額の範囲内であるから，処分権主義に反することなく，本記述のような判決をすることができる（246条参照）。

2　誤り。

債務不存在確認請求においては，**自認額を超えた部分が訴訟物**となり，審判対象なので，本記述のように，原告の自認額（100万円）を下回る額（50万円）を認定し，その額を超える債務の不存在を確認するとの判決は審判対象外の判断といえ，処分権主義（246条参照）に反する。したがって，本記述のような判決はできない。

3　誤り。

判例・通説は，境界確定訴訟の法的性質について形式的形成訴訟と解している（最判昭43.2.22）。そして，**形式的形成訴訟**とは，訴えにより，判決を求め，判決の確定によって法律状態の変動を生ぜしめる点で形成訴訟のかたちを採るが，実体法規に形成要件の定めがなく，**裁判所が合目的的に裁量によって法律関係を形成しなければならず，実質上は非訟事件**である訴訟をいう。こうした性質から，裁判所は証拠などから境界線が確定できない場合でも請求棄却できず，境界線を合目的的に確定しなければならない。

4　正しい。

判例は，「土地所有者からの建物収去土地明渡の請求において，建物所有者が借地法10条〔現借地借家13条1項〕により建物の買取請求権を行使した場合，右明渡請求には建物の引渡を求める申立をも包含する趣旨と解すべき」としている（最判昭36.2.28）。よって，本記述のような判決は，処分権主義に反しない。

5　正しい。

判例は，「被相続人の債務につき債権者より相続人に対し給付の訴が提起され，右訴訟において該債務の存在とともに相続人の限定承認の事実も認められたときは，裁判所は，債務名義上相続人の限定責任を明らかにするため，判決主文において，相続人に対し相続財産の限度で右債務の支払を命ずべきである」としている（最判昭49.4.26百選85事件）。

文献　試験対策講座5章1節3【2】(3)，6章1節5【1】(3)(a)，3節3【3】，13章3節3【4】。判例シリーズ59事件

2節　処分権主義

No.
016

申立事項と判決事項
H21-61

論　□　月　日
　　□　月　日
　　□　月　日

　申立事項と判決事項に関する次のアからオまでの各記述のうち，判例の趣旨に照らし正しいものを組み合わせたものは，後記1から5までのうちどれか。

□□□　ア．原告が提起した貸金1000万円の返還を求める訴えについて，弁済期の未到来のため給付判決をすることができない場合には，原告が訴えを変更しないときであっても，裁判所は，これに代えて1000万円の貸金債権の存在を確認する判決をすることができる。

□□□　イ．原告が平成20年9月25日に貸し付けた1000万円の貸金の返還を求める訴訟において，審理の結果，被告がその貸金を返還したものの，同年12月14日に原告が貸し付けた2000万円の貸金はまだ返還していないことが明らかになったときは，裁判所は，原告が求めた1000万円の支払の限度で，請求を認容する判決をすることができる。

□□□　ウ．原告が提起した不動産の所有権に基づく所有権移転登記の全部抹消登記手続を求める訴えについて，裁判所は，その不動産が原告及び被告の共有関係にあると認めたときは，実質的な一部抹消登記手続として，原告の共有持分に応じた更正登記手続を命じる判決をすることができる。

□□□　エ．50万円を超えて貸金債務が存在しないことの確認を求める訴えについて，裁判所は，50万円を超えて債務が存在すると認めた場合には，貸金残額の存否ないしその限度を明確に判断することなく，直ちに請求を棄却する判決をすることができる。

□□□　オ．少額訴訟において，裁判所は，原告が50万円の支払を求める場合であっても，被告の資力その他の事情を考慮して特に必要があると認めるときは，50万円を5回に分けて毎月10万円ずつ支払うことを命じ，この分割払の定めによる期限の利益を失うことなく支払をしたときは，訴え提起後の遅延損害金の支払義務を免除する旨の判決をすることができる。

1．ア　イ　　2．ア　ウ　　3．イ　エ　　4．ウ　オ　　5．エ　オ

6章

訴訟物と処分権主義

59

3編　訴訟の開始

No. 016　正解　4

記述エの判例は重要なので，判例集を熟読するなどして正確におさえよう。

ア　誤り。

判例は，給付の訴えと確認の訴えとでは，その種類を異にし，包含関係にないため，給付の訴えにおいて，請求債権の弁済期が未到来のため給付判決をすることができない場合に，裁判所が，その債権の存在を確認する判決をすることは，許されないとしている（大判大8.2.6）。

イ　誤り。

判例は，実体法上の権利を基準として訴訟物を構成する立場（旧訴訟物理論）を採用しており，この立場によると，原告が主張する事実に基づく権利と異なる権利に基づいて請求を認容することは，246条に反する。そして，消費貸借契約に基づく貸金返還請求権は，発生原因事実ごとに訴訟物が異なるため，平成20年9月25日に貸し付けた1000万円の貸金返還請求権と同年12月14日に貸し付けた2000万円の貸金返還請求権は，訴訟物が異なる。そのため，本記述の場合，原告が後者の貸金の返還を請求していない以上，原告が求めた1000万円の支払の限度で裁判所が請求を認容することは，原告が主張する事実に基づく権利と異なる権利に基づいて請求を認容することになるため，同条に反し，許されない。

ウ　正しい。

判例は，原告が提起した不動産の所有権に基づく所有権移転登記の全部抹消登記手続を求める訴えにおいて，その不動産が原告及び被告の共有関係にあると認め，原告の共有持分に応じて更正登記手続を命じた場合の更正登記は，実質において一部抹消登記であり，原判決は原告の申立の範囲内でその分量的な一部を認容したものであるから，違法ではないとしている（最判昭38.2.22）。

エ　誤り。

判例は，債務の上限を示さずに一定額を超えて貸金債務が存在しないことの確認を求める訴えについて，その請求の当否を決するためには，その申立ての範囲（訴訟物）である貸金残額の存否及びその限度を明確に判断しなければならないとしている（最判昭40.9.17百選76事件）。

オ　正しい。

少額訴訟において，裁判所は，被告の資力その他の事情を考慮して特に必要があると認めるときには，判決の言渡しから3年以内で，支払猶予か分割払いを定め，さらにその定めに従って支払ったときは，訴えの提起後の遅延損害金の支払義務を免除する旨の定めをすることができる（375条1項）。これは，支払猶予等により被告の任意の履行を促し，原告の強制執行の負担を軽減する趣旨である。

文献 試験対策講座6章2節5【2】(1)・(2)，3節2【1】・3【3】，18章1節5【4】(2)。判例シリーズ55事件

60

3節　一部認容

No.
017

処分権主義
H25-69

論
□　月　日
□　月　日
□　月　日

　処分権主義に関する次のアからオまでの各記述のうち，判例の趣旨に照らし誤っているものを組み合わせたものは，後記1から5までのうちどれか。

ア．訴訟物が特定されない訴状は，裁判長の命令にもかかわらず原告がその不備を補正しないときは，裁判長の命令により却下される。

イ．原告が給付判決を求めている場合において，訴訟物とされている請求権の履行期が到来していないことが明らかになったときは，裁判所は，当該請求権の存在を確認する判決をすることができる。

ウ．家屋明渡請求訴訟において，留置権の抗弁が認められるときは，裁判所は，当該留置権により担保される債権の弁済を受けることと引換えに家屋の引渡しを命ずる。

エ．債務の全額である100万円についての不存在確認を求める訴訟において，裁判所は，当該債務の一部である10万円の債務が存在すると認めるときは，100万円のうち10万円を超える債務の不存在を確認し，その余の請求を棄却する。

オ．共有物分割の訴えにおいて，原告が分割の方法として共有物の現物を分割することを求めているときは，裁判所は，当該共有物を競売してその売得金で分割する内容の判決をすることができない。

1．ア　ウ　　2．ア　エ　　3．イ　エ　　4．イ　オ　　5．ウ　オ

6章
訴訟物と処分権主義

61

3編　訴訟の開始

No.
017　　正解　**4**　　一部認容判決に関する判例を中心に，しっかり復習しておこう。

ア　正しい。

　訴状には，請求の趣旨及び請求の原因（請求を特定するのに必要な事実をいう。）を記載しなければならない（133条2項2号，民訴規53条1項括弧書）。そして，この記載を欠く訴状について，裁判長が補正を命じたにもかかわらず，原告が補正しないときは，裁判長は，命令で，訴状を却下しなければならない（民訴137条1項前段，2項）。

イ　誤り。

　前掲大判大8年は，**原告の請求権**が**弁済期未到来**のため，現にこれを行使することができないことをもって被告に対し給付を命じる**判決**をすることが**できない場合**には，裁判所は，進んでその請求権につき原告のために**確認判決**をすることが**できない**としている。したがって，本記述の場合，裁判所は，訴訟物とされている請求権の存在を確認する判決をすることができない。

ウ　正しい。

　判例は，「裁判所は，物の引渡請求に対する留置権の抗弁を理由ありと認めるときは，その引渡請求を棄却することなく，その物に関して生じた債権の弁済と引換に物の引渡を命ずべき」としている（最判昭33.3.13）。

エ　正しい。

　裁判所は，当事者が申し立てていない事項について，判決をすることができない（246条）。そして，債務の全額の不存在確認を求める訴訟において，一定金額の債務の存在が明らかとなった場合に，裁判所が当該債務の全額からその一定金額を控除した残債務額の不存在を確認する判決をすることは，原告の申立事項の範囲を超えないので，一部認容判決として許される。したがって，本記述の場合，裁判所は，心証に従って100万円のうち10万円を超える債務の不存在を確認し，その余の請求を棄却することになる。

オ　誤り。

　判例は，「共有物分割の訴えにおいては，当事者は，単に共有物の分割を求める旨を申し立てれば足り，分割の方法を具体的に指定することは必要でないと共に，共有物を現物で分割することが不可能であるか又は現物で分割することによって著しく価格を損するおそれがあるときには，裁判所は，当事者が申し立てた分割の方法にかかわらず，共有物を競売に付しその売得金を共有者の持分の割合に応じて分割することを命ずることができる」としている（最判昭57.3.9）。

[文献]　試験対策講座5章1節③【1】，2節①【2】(1)，6章3節②【2】・③【3】

62

4節　一部請求

No.
018

論

明示的一部請求
H18-62改題

□　月　　日
□　月　　日
□　月　　日

　金銭債権の数量的一部請求訴訟に関する次の1から5までの記述のうち，判例の趣旨に照らし正しいものはどれか。

□□□　1．明示的一部請求訴訟においては債権全部についての審判が必要とされるので，一部請求部分が棄却された場合には，残額請求は既判力に反し許されない。

□□□　2．明示的一部請求訴訟においては債権全部についての審判が必要とされるので，時効の完成猶予の効力は債権全部について生じる。

□□□　3．明示的一部請求訴訟において，被告が相殺の抗弁を提出した場合は，一部請求額から反対債権の全額を控除し，控除後の残額があるときはその残額を算定して請求認容額を決めるべきである。

□□□　4．明示的一部請求訴訟において過失相殺がされるべき場合，債権の全額を認定した上で，その全額から過失割合による減額をし，減額後の残額が請求額を超えなければこの残額を認容し，その残額が請求額を超えるときは請求の全額を認容する判決をするべきである。

□□□　5．明示的一部請求の訴えを提起した者が，訴求した債権の残額部分を自働債権として他の訴訟において相殺の抗弁を主張することは，重複する訴えの禁止の趣旨に照らして許されない。

6章　訴訟物と処分権主義

3編　訴訟の開始

No.
018

正解　4

論文式試験においても重要な判例ばかりな
ので，各判例の事案と判旨をおさえよう。

1　誤り。

　判例は，1個の債権の数量的一部についてのみ判決を求める旨を明示して訴
えが提起された場合は，訴訟物となるのは当該債権の一部の存否のみであって，
全部の存否ではないため，当該一部の請求についての確定判決の既判力は残部の
請求に及ばないとしている（最判昭37.8.10）。

　もっとも，判例は，金銭債権の数量的一部請求の棄却判決が確定した後に原告
が残部請求の訴えを提起することは，実質的には前訴で認められなかった請求及
び主張を蒸し返すものであり，前訴の確定判決によって当該債権の全部について
紛争が解決されたとの被告の合理的期待に反し，被告に二重の応訴の負担を強い
るものであるから，特段の事情がない限り，信義則に反して許されないとしてい
る（最判平10.6.12百選80事件）。したがって，残額請求は既判力に反し許されな
いわけではない。

2　誤り。

　判例は，1個の債権の数量的一部についてのみ判決を求める旨を明示して訴
えが提起された場合，訴訟物となるのは当該債権の一部であって全部ではないこ
とから，訴え提起による消滅時効の完成猶予の効力は，その一部の範囲において
のみ生じるとしている（最判昭34.2.20参照）。

3　誤り。

　判例は，一部請求において，被告から提出された相殺の抗弁に理由がある場合
には，当該債権の総額を確定し，その額から自働債権の額を控除した残存額を算
定したうえ，原告の請求に係る一部請求の額が残存額の範囲内であるときはその
まま認容し，残存額を超えるときはその残存額の限度でこれを認容すべきである
としている（最判平6.11.22百選113事件）。

4　正しい。

　前掲最判昭48年（百選74事件）は，「1個の損害賠償請求権のうちの一部が訴訟
上請求されている場合に，過失相殺をするにあたっては，損害の全額から過失割
合による減額をし，その残額が請求額をこえないときは右残額を認容し，残額が
請求額をこえるときは請求の全額を認容することができる」としている。

5　誤り。

　判例は，「1個の債権の一部についてのみ判決を求める旨を明示して訴えが提
起された場合において，当該債権の残部を自働債権として他の訴訟において相殺
の抗弁を主張することは，債権の分割行使をすることが訴訟上の権利の濫用に当
たるなど特段の事情の存しない限り，許される」としている（最判平10.6.30百
選38②事件）。

文献 試験対策講座6章4節[1]・[2]・[4]。判例シリーズ28事件，53事件，61事件

64

〈Essential Note〉1　処分権主義

Essential Note

□訴状には，請求の趣旨を記載しなければならない（133条2項2号）。損害賠償請求訴
訟については，具体的な金額が示されないと，被告の防御の方法・程度などに関する
態度の決定を困難にするなどの問題があるため，請求の趣旨として「裁判所が相当と
認める金額」の支払を求める旨の記載をすることはできない（最判昭27. 12. 25参照）。
H19-66-2

3編　訴訟の開始

Memo

1節 訴訟要件総論／2節 訴えの利益

No. 019

訴えの利益
H21-60改題

☐ 月 日
☐ 月 日
☐ 月 日

　訴えの利益に関する次のアからオまでの各記述のうち，判例の趣旨に照らし正しいものを組み合わせたものは，後記1から5までのうちどれか。

☐☐☐　ア．確定した給付判決がある場合でも，時効の完成猶予のために訴えの提起以外に適当な方法がないときは，当該給付判決の対象となった給付請求権について再度訴えを提起する利益が認められる。

☐☐☐　イ．重婚を理由とする後婚の取消訴訟の係属中に，後婚が離婚によって解消された場合でも，後婚の取消しを求める形成訴訟についての訴えの利益は依然として存在する。

☐☐☐　ウ．物の給付を請求し得る債権者が，本来の給付の請求と執行不能の場合における履行に代わる損害賠償の請求を一の訴えでする場合，損害賠償請求は将来の給付を求めるものであるが，あらかじめ請求をする必要があるものと認められる。

☐☐☐　エ．A所有の建物について，Bが所有権保存登記をし，更にBからCへ，CからDへ所有権移転登記が経由された場合において，AがDに対し所有権移転登記の抹消登記手続を求める訴えを提起し請求を棄却する判決が確定したときは，Aが新たにB及びCに対し所有権保存登記及び所有権移転登記の各抹消登記手続を求める訴えを提起したとしても，その各請求を認容する判決によってB及びC名義の各登記を抹消することはできないから，AのB及びCに対する各請求は，訴えの利益を欠く。

☐☐☐　オ．特定の財産が特別受益財産に当たることの確認を求める訴えは，相続分又は遺留分をめぐる紛争を直接かつ抜本的に解決することになるから，確認の利益を有する。

1．ア　ウ　　2．ア　エ　　3．イ　エ　　4．イ　オ　　5．ウ　オ

7章

訴訟要件

67

3編　訴訟の開始

No.
019

正解　1

訴えの利益は基本概念であるので，必ず正解できるようにしよう。

ア　正しい。

確定した給付判決がある場合，債権者が当該給付判決の対象となった給付請求権について再び訴えを提起することは，原則として訴えの利益がなく許されないが，判例は，時効の完成猶予のために改めて訴えを提起するほか適当な手段がないときには，再び訴えを提起する利益が認められるとしている（大判昭6.11.24参照）。

イ　誤り。

判例は，婚姻取消しの効果は離婚の効果に準ずるのであるから（民748条，749条），重婚の場合において後婚が離婚により解消したときは，後婚が重婚に当たることを理由としてその取消しを請求することは，特段の事情のない限り，法律上の利益がなく，許されないとしている（最判昭57.9.28）。

ウ　正しい。

判例は，本記述と同様の事案において，事実審裁判所は口頭弁論終結時における本来の給付の価額を判定してその本来の給付を命ずると同時に，当該請求の限度内においてその強制執行が不能であるときは，本来の給付の価額相当の損害賠償をなすべきことを命じる判決をなし得るとしている（大連判昭15.3.13）。したがって，**執行不能の場合**における**履行に代わる損害賠償の請求**（代償請求）について，**将来給付の訴えの利益は認められる**。

エ　誤り。

判例は，本記述と同様の事案において，不動産登記の抹消登記手続を求める訴えは，被告の意思表示を求める訴えであって，勝訴判決の確定により意思表示が擬制され判決の執行が完了するから，抹消登記の可・不可によって訴えの利益は左右されないとしたうえで，所有権保存登記及び順次経由された移転登記の抹消を請求している場合，最終登記名義人に対して敗訴しても，その余の被告に対して訴えの利益を失わないとしている（最判昭41.3.18百選21事件）。

オ　誤り。

判例は，「特定の財産が特別受益財産であることの確認を求める訴えは，確認の利益を欠くものとして不適法である」としている（最判平7.3.7）。その理由として，同判決は，「ある財産が特別受益財産に当たることが確定しても，その価額，被相続人が相続開始の時において有した財産の全範囲及びその価額等が定まらなければ，具体的な相続分又は遺留分が定まることはないから，右の点を確認することが，相続分又は遺留分をめぐる紛争を直接かつ抜本的に解決することにはならない」ことなどを挙げている。

文献 試験対策講座7章2節②・③【2】(1)・④。判例シリーズ17事件，19事件

68

2節　訴えの利益

No.	訴えの利益	論	□	月	日
020	予H26-33		□	月	日
			□	月	日

　　訴えの利益に関する次の1から5までの各記述のうち，判例の趣旨に照らし誤っているものを2個選びなさい。

□□□　1．自らの所有する土地を継続的に不法に占有されている者が将来の賃料に相当する額の損害の賠償を求める訴えには，訴えの利益が認められる。

□□□　2．原告の所有権の確認を求める本訴に対し，反訴として提起された被告の所有権の確認を求める訴えには，訴えの利益が認められる。

□□□　3．遺言者がその生存中に受遺者に対し遺言の無効確認を求める訴えには，訴えの利益が認められる。

□□□　4．債務不存在の確認を求める本訴に対し，当該債務の履行を求める給付の反訴が提起されたときは，本訴の訴えの利益は失われる。

□□□　5．婚姻取消訴訟の係属中に，当該婚姻が離婚により解消されても，訴えの利益は失われない。

7章

訴訟要件

69

3編　訴訟の開始

No.
020　　　　正解　**3, 5**　　　　記述1の判例は論文式試験でも重要である。
事案の概要や判旨まで正確におさえよう。

1　正しい。

判例は，**継続的不法行為に基づき将来発生すべき損害賠償請求権**について，例えば不動産の不法占有者に対して明渡義務の履行完了までの賃料相当額の損害金の支払を訴求する場合のように，①当該請求権の基礎となるべき事実関係及び法律関係が既に存在し，その継続が予測され，②当該請求権の成否及びその内容につき債務者に有利な影響を生ずるような将来における事情の変動があらかじめ明確に予測し得る事由に限られ，③しかもこれについては請求異議の訴えによりその発生を証明してのみ執行を阻止し得るという負担を債務者に課しても格別不当とはいえない場合には，訴えの利益が認められるとしている（最大判昭56.12.16百選22事件，大阪国際空港事件）。

2　正しい。

判例は，確認の訴えについて，「現に，原告の有する権利または法律的地位に危険または不安が存在し，これを除去するため被告に対し確認判決を得ることが必要かつ適切な場合に限り，許される」としている（最判昭30.12.26）。本記述の場合，原告が提起した本訴により被告の所有権には危険や不安が現存しており，これを除去するためには被告の所有権の存在を確認する判決を得ることが必要かつ適切であるから，被告が提起した反訴には，訴えの利益が認められる。

3　誤り。

判例は，遺言者はいつでも既になした遺言を任意に撤回できることから（民1022条），遺言者の生存中は受遺者には期待権を含む何らの権利も存在せず，遺言者がその生存中に提起した遺言の無効確認を求める訴えは，不適法であるとしている（最判昭31.10.4）。

4　正しい。

判例は，**債務不存在確認訴訟の係属中に当該債務の支払を求める反訴が提起された場合，当該債務不存在確認訴訟**は，もはや確認の利益を認めることができず，不適法として**却下**されるとしている（最判平16.3.25百選29事件）。

5　誤り。

前掲最判昭57年は，婚姻取消しの効果は離婚の効果に準ずるのであるから（748条，749条），重婚の場合において後婚が離婚により解消したときは，後婚が重婚に当たることを理由としてその取消しを請求することは，特段の事情のない限り，法律上の利益がなく，許されないとしている。

文献 試験対策講座7章2節②【2】(3)(b)・③【2】(1)。判例シリーズ18事件，19事件

70

3節　当事者適格

No. 021	遺言執行者の訴訟上の地位		論	□	月	日
	H20-57			□	月	日
				□	月	日

　遺言執行者の訴訟上の地位に関する次の1から4までの各記述のうち，判例の趣旨に照らし正しいものを2個選びなさい。

□□□　1．特定不動産の受遺者が，遺言の執行として当該不動産の所有権移転登記手続を求める訴えを提起するときは，相続人ではなく遺言執行者を被告とすべきである。

□□□　2．遺言の執行として受遺者に対し遺贈による所有権移転登記がされている場合において，相続人が当該所有権移転登記の抹消登記手続を求める訴えを提起するときは，遺言執行者を被告とすべきである。

□□□　3．特定の不動産を特定の相続人に相続させる旨の遺言がされている場合において，当該不動産を賃借していると主張する者が賃借権の確認を求める訴えを提起するときは，遺言書に当該不動産の管理及び相続人への引渡しを遺言執行者の職務とする旨の記載があるなどの特段の事情のない限り，遺言執行者ではなく，当該相続人を被告とすべきである。

□□□　4．相続人が遺言の無効を主張して，相続財産について自己が持分権を有することの確認を求める訴えを提起するときは，遺言執行者を被告とすることは許されない。

7章

訴訟要件

71

3編　訴訟の開始

| No. 021 | 正解　1，3 | 遺言執行者に関する民法の条文や判例の知識を再確認しよう。 |

1　正しい。

判例は，「特定不動産の遺贈を受けた者がその遺言の執行として目的不動産の所有権移転登記を求める訴において，被告としての適格を有する者は遺言執行者にかぎられるのであって，相続人はその適格を有しない」としている（最判昭43．5．31）。

2　誤り。

判例は，「遺贈の目的不動産につき遺言の執行としてすでに受遺者宛に遺贈による所有権移転登記あるいは所有権移転仮登記がされているときに相続人が右登記の抹消登記手続を求める場合においては，相続人は，遺言執行者ではなく，受遺者を被告として訴を提起すべきである」としている（最判昭51．7．19百選12事件）。

3　正しい。

判例は，「特定の不動産を特定の相続人に相続させる趣旨の遺言をした遺言者の意思は，右の相続人に相続開始と同時に遺産分割手続を経ることなく当該不動産の所有権を取得させることにあるから……右の趣旨の遺言がされた場合においては，遺言執行者があるときでも，遺言書に当該不動産の管理及び相続人への引渡しを遺言執行者の職務とする旨の記載があるなどの特段の事情のない限り，遺言執行者は，当該不動産を管理する義務や，これを相続人に引き渡す義務を負わないと解される。そうすると，遺言執行者があるときであっても，遺言によって特定の相続人に相続させるものとされた特定の不動産についての賃借権確認請求訴訟の被告適格を有する者は，右特段の事情のない限り，遺言執行者ではなく，右の相続人である」としている（最判平10．2．27）。

4　誤り。

判例は，本記述と同様の事案において，「遺言につき遺言執行者がある場合には，遺言に関係ある財産については相続人は処分の権能を失い（民法1013条〔現同条1項〕），独り遺言執行者のみが遺言に必要な一切の行為をする権利義務を有するのであって（同1012条〔現同条1項〕），遺言執行者はその資格において自己の名を以て他人のため訴訟の当事者となりうる」としている（最判昭31．9．18）。そこで，本記述のような訴訟の被告となるのは遺言執行者である。

文献 試験対策講座7章3節③【1】(2)(a)(ii)。判例シリーズ10事件

72

3節　当事者適格

No.			
022	**選定当事者** H22-70	☐　月　　日 ☐　月　　日 ☐　月　　日	

選定当事者に関する次の1から5までの各記述のうち，誤っているものはどれか。

☐☐☐　1．選定当事者の選定は，訴訟の係属前においてもすることができる。

☐☐☐　2．選定当事者が当事者となった訴訟の確定判決の既判力は，選定者にも及ぶ。

☐☐☐　3．選定当事者が訴訟の係属中に死亡したときは，その相続人が選定当事者の地位を承継する。

☐☐☐　4．弁護士以外の者を選定当事者に選定する場合であっても，裁判所の許可は必要でない。

☐☐☐　5．固有必要的共同訴訟の係属中において，共同訴訟人の一部がその中から選定当事者を選定することは許される。

7章

訴訟要件

73

3編　訴訟の開始

| No. 022 | 正解　3 | 選定当事者についての包括的な知識を問う問題であるので，この機会に条文を確認しよう。 |

1　正しい。

選定当事者の選定の時期については制限がなく，訴訟の係属前又は訴訟の係属後に選定することができる。

2　正しい。

当事者が他人のために原告又は被告となった場合，その他人に対しても確定判決の効力が及ぶ（民訴115条1項2号）。そして，選定当事者は，自己及び選定者総員の訴訟について，当事者として訴訟を追行する者であるから，他人のために原告又は被告となった者に当たる。したがって，選定当事者が当事者となった訴訟の確定判決の既判力は，選定者にも及ぶ。

3　誤り。

選定当事者は，死亡によってその資格を失う（30条5項参照）。そして，選定当事者の資格は，信任関係に基づく一身専属的なものであるから，相続の対象となるものではない。したがって，選定当事者が訴訟の係属中に死亡したときでも，その相続人が選定当事者の地位を承継することはない。

4　正しい。

選定当事者は，共同の利益を有する者のなかから選定されなければならない（30条1項）。もっとも，選定当事者は代理人ではないため，弁護士以外の者を選定する場合であっても，裁判所の許可は必要でない。

5　正しい。

選定当事者は，共同の利益を有する者のなかから選定されなければならない（30条1項）。そして，訴訟係属後の選定の場合，共同訴訟人のなかから当事者となるべき者を選定すべきであり，共同の利益を有するからといって，訴訟当事者となっていない者を選定することは許されないと解されている。また，訴訟係属後に選定当事者を選定した場合，他の当事者は当然に訴訟から脱退するところ（30条2項），固有必要的共同訴訟においては，共同訴訟人全員が当事者として関与することを要し，共同訴訟人が欠ければ当事者適格を欠くものとして不適法となることから，選定当事者の選定の可否が問題となる。この点については，選定により脱退した当事者についても確定判決の効力が及ぶため，固有必要的共同訴訟の係属中に選定当事者を選定したとしても矛盾のない紛争解決という趣旨は没却されないから，共同訴訟人の一部がそのなかから選定当事者を選定することは許されると解される。

文献 試験対策講座7章3節⑤

74

3節　当事者適格

No.
023

選定当事者
H26-58

論　□　　月　　日
　　□　　月　　日
　　□　　月　　日

選定当事者に関する次の1から5までの各記述のうち，誤っているものはどれか。

- □□□ 1. 訴訟の係属の後，共同の利益を有する多数の原告の中から，全員のために原告となるべき者が選定されたときは，他の原告は，当然に訴訟から脱退する。
- □□□ 2. 選定当事者の選定は，書面で証明しなければならない。
- □□□ 3. 第三者が係属中の訴訟の原告を自己のためにも原告となるべき者として選定した場合には，選定当事者は，その選定者のために請求の追加をすることができる。
- □□□ 4. 複数の選定当事者のうち一部の者が死亡したときは，訴訟手続は中断する。
- □□□ 5. 選定者は，いつでも選定を撤回することができる。

7章

訴訟要件

75

3編　訴訟の開始

No.
023　　　　正解　**4**　　　　条文の趣旨をしっかり理解したうえで，選定当事者に関する知識を深めよう。

1　正しい。

　訴訟係属後に選定当事者を選定した場合，他の当事者は当然に訴訟から脱退する（30条2項）。48条の場合と異なり，脱退について相手方の同意を要しないが，これは，脱退した当事者にも選定当事者の追行した訴訟の判決の効力が及ぶため（115条1項2号），当事者の脱退によって相手方が不利益を受けないからである。

2　正しい。

　選定当事者の選定及び変更は，書面で証明しなければならない（民訴規15条後段）。

3　正しい。

　民事訴訟法30条3項による原告となるべき者の選定があった場合には，その者は，口頭弁論の終結に至るまで，その選定者のために請求の追加をすることができる（144条1項）。これは，30条3項による追加的選定がされた場合，選定行為は選定当事者に訴訟追行権を付与するのみであって，選定者のための，又は選定者に対する請求が新たに定立される必要があるため，訴えの変更（143条）に準じて，選定当事者又はその相手方が請求を追加することを認めたものである。

4　誤り。

　選定当事者のうち死亡その他の事由によりその資格を喪失した者があるときは，他の選定当事者において全員のために訴訟行為をすることができる（30条5項）。これは，訴訟追行権は合有関係にあり，資格喪失者の訴訟追行権は残りの者に吸収されると考えられているためである。したがって，複数の選定当事者のうち一部の者が死亡したとしても，訴訟手続は中断しない。

5　正しい。

　選定者は，その選定を取り消し，又は選定当事者を変更することができる（30条4項）。これは，選定当事者の選定が，単独行為であることによる。

文献 試験対策講座7章3節5

〈Essential Note〉1　訴訟要件総論／2　訴えの利益

Essential Note

01　訴訟要件総論

ビジュアルで覚える

●訴訟要件の調査方法　　※ただし，すべての訴訟要件が挙げられているものではない。

訴訟要件			
職権調査事項*¹			抗弁事項
国際裁判管轄 当事者の実在	専属管轄 当事者能力	任意管轄 訴えの利益	仲裁合意 不起訴合意
		当事者適格	担保提供
職権探知主義*²型		弁論主義*³型	
高い ←――――― 公益性 ―――――→ 低い			

＊1：当事者の申立てを待たないで裁判所が自ら調査を開始する事項
＊2：訴訟資料の探索収集を裁判所の職責でもあるとする建前
＊3：訴訟資料の提出を当事者側の権能かつ責任とする建前

02　訴えの利益

□判例は，債権的請求権に基づく給付の訴えにおいて，その債権に対して仮差押えの執行がなされた場合，第三債務者が支払を行い，又は，仮差押債務者が取立・譲渡等の処分を行った場合，仮差押権利者にこれらの行為を対抗できなくなるにすぎず，仮差押えの執行を受けた債権について給付訴訟の訴えの利益が認められるとしている（最判昭48.3.13）。予H30-35-1

□判例は，給付の訴えについて，その給付に係る請求権について強制執行をしない旨の合意がある場合であっても，訴えの利益が認められることを前提としている（最判平5.11.11）。これは，不執行の合意を理由として訴えを却下してしまうと，被告が翻意して執行を認める場合に原告は再訴しなければならなくなり，訴訟経済に反するためである。予H30-35-2

□判例は，売買契約の無効確認を求める訴えについて，過去の法律関係の確認であるから即時確定の利益があるとはいえず，売買契約の無効の結果生ずべき現在の権利・法律関係を直接に確認すべきであることから，確認の利益が認められないとしている（最判昭41.4.12）。予H25-37-1

7章

訴訟要件

〈Essential Note〉2　訴えの利益

□判例は，**ある財産が遺産に属することの確認を求める訴え**について，その原告勝訴の確定判決は，当該財産が遺産分割の対象たる財産であることを既判力をもって確定し，これに続く**遺産分割審判手続及びその審判確定後にその遺産帰属性を争うことを許さないものであり**，原告の意思にかなった紛争解決を図ることができることから，**確認の利益が認められる**としている（最判昭61. 3. 13百選24事件）。予H30-35-5, 予H25-37-3

□判例は，遺言者の死亡後に遺言の無効確認を求める訴えについて，形式的には過去の法律行為の確認を求めるものであるが，それから生ずべき現在の特定の法律関係が存在しないことの確認を求めるものと解される場合で，原告がこのような確認を求めるにつき法律上の利益を有するときは，適法であるとしている（最判昭47. 2. 15百選23事件）。予H25-37-2

□**法律関係を証する書面の成立の真否**を確定するために**確認の訴えを提起**することができる（134条）。H23-67-2, 予H30-35-4

□判例は，郵便に付した信書で過去の事実を報告するものが偽造であることの確認を求める訴えについて，「法律関係を証する書面」（134条）とは，その書面自体の内容から直接に一定の現在の法律関係の成立存否が証明され得る書面をいい，郵便に付した信書は過去の事実の報告等を証明する書面にすぎず，これに当たることはないから，確認の利益が認められないとしている（最判昭28. 10. 15）。予H25-37-4

□判例は，訴訟代理権を証すべき書面の真否確認を求める訴えについて，訴訟代理権の存否は当該訴訟において審判すれば足りることから，確認の利益が認められないとしている（最判昭30. 5. 20）。予H25-37-5

□判例は，所有権確認の訴えについては，その所有権に基づく物権的請求権による給付の訴えを提起することができる場合であっても，即時確定の利益があると認められる限り，訴えの利益が認められるとしている（最判昭29. 12. 16）。これは，基本となる権利関係から派生する他の紛争を予防するという確認訴訟の本来的機能を果たすことが期待できるからである。予H30-35-3

〈Essential Note〉2　訴えの利益

ビジュアルで覚える

● 確認の利益　判例一覧

論　点 （確認の利益）	結論	対象選択	即時確定	方法選択	その他
遺言 * 無効確認 （遺言者死亡後） 最判昭 47. 2. 15 百選 23 事件	○	△ 形式上過去の法律行為の確認を求めるもの	―	―	i 現在の法律関係への引き直しが可能 ii 紛争の抜本的解決に資する →判例は，i と ii の要件が満たされることを理由に，対象選択の適切性認め，確認の利益肯定
遺産確認 最判昭 61. 3. 13 百選 24 事件	○	―	―	―	遺産帰属性を確定できる点で，共有持分権確認の訴えより，原告の意思にかなった紛争の解決を図ることができる
具体的相続分確認 最判平 12. 2. 24 百選 25 事件	×	× 具体的相続分は，それ自体実体法上の権利関係とはいえない	× 具体的相続分のみを別個独立に判決により確認しても紛争の直接かつ抜本的解決につながらない	―	―
遺言無効確認 （遺言者生存中） 最判平 11. 6. 11 百選 26 事件	×	× 遺言者の生存中は遺贈を定めた遺言によって何らの法律関係も発生しない（民 985 I，994 I，1022）	―	―	遺言者が心神喪失の常況にあって回復の見込みがなく，遺言者による遺言の取消し・変更の可能性が事実上ない場合も結論は変わらない
敷金返還請求権の確認 最判平 11. 1. 21 百選 27 事件	○	○ 確認対象は条件付の権利（現在の権利・法律関係）	○ 相手方は敷金交付の事実を争っている	―	―

＊被相続人がその全財産（土地・家屋等の複数の財産）をその共同相続人の 1 人に遺贈する内容の遺言

7章

訴訟要件

〈Essential Note〉2　訴えの利益

●権利能力なき団体の当事者能力・当事者適格　判例一覧

	論　点	ポイント
最判昭 42. 10. 19 百選 8 事件	民訴 29 条の「法人でない社団」の成立要件	ⅰ 団体としての組織を備える ⅱ 多数決原理が行われる ⅲ 構成員の変更にかかわらず団体そのものが存続 ⅳ その組織において代表の方法, 総会の運営, 財産の管理等団体としての主要な点が確定
最判平 14. 6. 7	29 条の「法人でない社団」の成立要件	財産的側面について, 必ずしも固定資産・基本的財産を有することは不可欠の要件ではない
最判昭 37. 12. 18 百選 9 事件	民法上の組合が 29 条の「法人でない社団」に当たるか	民法上の組合も「法人でない社団」に当たり得る
最判平 6. 5. 31 百選 11 事件	入会団体の当事者適格	○訴訟における当事者適格は, 特定の訴訟物について, 誰が当事者として訴訟を追行し, 誰に対して本案判決をするのが紛争の解決のために必要で有意義であるかという観点から決せられるべき事柄である (規範) ○入会団体は構成員全員の総有に属する不動産につき, これを争うものを被告とする総有権確認請求訴訟を追行する原告適格 * を有する (本件での結論)
最判平 26. 2. 27 百選 10 事件	法人でない社団による登記請求	○実体的には権利能力のない社団の構成員全員に総有的に帰属する不動産については, 実質的には当該社団が有しているとみるのが事の実態に即していることに鑑みると, 当該社団に当該不動産の登記請求訴訟の当事者適格を認めるのが, 簡明で, かつ関係者の意識にも合致する ○権利能力のない社団は, 構成員全員に総有的に帰属する不動産について, その所有権の登記名義人に対し, 当該社団の代表者の個人名義に所有権移転登記手続をすることを求める訴訟の原告適格を有する (本件での結論)

＊ここでの原告適格について, 固有の当事者適格, 法定訴訟担当, 任意的訴訟担当のいずれと解するかは見解が分かれている。

〈Essential Note〉3 当事者適格

03 当事者適格

ビジュアルで覚える

● 訴訟担当の種類

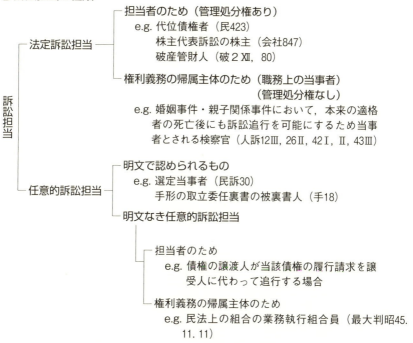

第4編

訴訟の審理

1節　口頭弁論の意義と諸原則／2節　口頭弁論の準備

No.	準備書面		□　月　　日	8章
024	H25-65		□　月　　日 □　月　　日	訴訟の審理と 口頭弁論

準備書面に関する次の1から5までの各記述のうち，正しいものを2個選びなさい。

□□□　　1．準備書面は，記載した事項につき相手方が準備するのに必要な期間をおいて，裁判所を通じて相手方に送達しなければならない。

□□□　　2．相手方が口頭弁論期日に出頭した場合には，準備書面に記載のない事項でも陳述することができる。

□□□　　3．準備書面は，裁判所に提出されただけでは，判決の基礎とすることができない。

□□□　　4．口頭弁論は，簡易裁判所においても，書面で準備しなければならない。

□□□　　5．当事者は，裁判長が定めた期間内に提出しなかった準備書面を，口頭弁論期日において陳述することができない。

85

4編　訴訟の審理

No.
024
正解　2, 3
準備書面に関する条文知識を問う問題である。規則まで条文を確認しておこう。

1　誤り。
　準備書面は，これに記載した事項について相手方が準備をするのに必要な期間をおいて，裁判所に提出し（民訴規79条1項），かつ，相手方に直送しなければならない（83条）。したがって，準備書面は，裁判所を通じて相手方に送達しなければならないわけではない。

2　正しい。
　相手方が在廷していない口頭弁論においては，**準備書面**（相手方に送達されたもの又は相手方からその準備書面を受領した旨を記載した書面が提出されたものに限る）**に記載した事実でなければ，主張**することができない（民訴161条3項）。これは，相手方に対する不意打ちを防止するためのものである。これに対し，相手方が**口頭弁論期日に出頭した場合**には，準備書面に記載のない事項でも陳述することができる。

3　正しい。
　準備書面とは，口頭弁論に先立って，予定されている弁論の内容を相手方に予告する書面で，攻撃防御方法や相手方の主張に対する応答内容を記載したものである。そして，民事訴訟法の採用する口頭主義及び弁論主義の下では，準備書面を提出しても当然に訴訟資料となるものではなく，準備書面に記載された事項を口頭弁論で陳述して初めて判決の基礎としての訴訟資料となる（87条1項本文参照）。したがって，準備書面は，裁判所に提出されただけでは，判決の基礎とすることができない。

4　誤り。
　簡易裁判所においては，口頭弁論は，書面で準備することを要しない（276条1項）。これは，簡易裁判所における訴訟手続を簡易化するためのもので，161条1項の特則である。

5　誤り。
　裁判長は，答弁書又は特定の事項に関する主張を記載した準備書面の提出をすべき期間を定めることができる（162条）。もっとも，162条は訓示規定であり，違反に対する制裁はない。したがって，裁判長の定めた期間内に提出されなかった準備書面であっても，直ちに不適法となるわけではなく，時機に後れた攻撃防御方法として却下（157条1項）されるなどしない限り，当事者は，当該準備書面を口頭弁論期日において陳述することができる。

文献　試験対策講座8章1節③【3】，2節③【3】・【5】，18章1節④【3】⑴

2節 口頭弁論の準備

8章
訴訟の審理と口頭弁論

No.
025

争点及び証拠の整理手続
予H27-40

□ 月 日
□ 月 日
□ 月 日

争点及び証拠の整理手続に関する次の1から5までの各記述のうち，正しいものはどれか。

- 1．当事者は，口頭弁論において，準備的口頭弁論の結果を陳述しなければならない。
- 2．裁判所は，事件を書面による弁論準備手続に付するに当たり，当事者の意見を聴かなければならない。
- 3．弁論準備手続期日において，証人の採否の決定及び証人尋問をすることができる。
- 4．裁判所は，弁論準備手続の期日を公開しなければならない。
- 5．書面による準備手続においては，いわゆる電話会議システムを利用することができない。

4編　訴訟の審理

No.
025
正解　2

準備的口頭弁論と弁論準備手続の異同を，
条文を読んでおさえておこう。

1　誤り。

　準備的口頭弁論の結果は，その後の口頭弁論において陳述される必要がない。
これは，準備的口頭弁論は口頭弁論にほかならず，そこで顕出された資料は当然
に訴訟資料となるため，手続の結果を改めて上程する必要がないからである。

2　正しい。

　裁判所は，当事者が遠隔の地に居住しているときその他相当と認めるときには，
当事者の意見を聴いて，事件を書面による弁論準備手続に付することができる
（175条）。これは，民事訴訟法が訴訟進行についての当事者の主体性を尊重し，
当事者の積極的な関与を求めていることの表れである。

3　誤り。

　弁論準備手続期日においては，**証人の採否の決定**をすることができるが（170
条2項），**証人尋問**をすることはできない。

4　誤り。

　弁論準備手続は，口頭弁論ではないので，手続を一般公開する必要はない（169
条2項）。これは，効率的・実効的な争点整理を実現するうえで快適な環境を整
えるため，手続を原則非公開とするものである。

5　誤り。

　書面による準備手続において，裁判長等は，必要があると認めるときは，最高
裁判所規則で定めるところにより，裁判所及び当事者双方が音声の送受信により
同時に通話をすることができる方法（いわゆる電話会議システム）によって，争点
及び証拠の整理に関する事項その他口頭弁論の準備のため必要な事項について，
当事者双方と協議をすることができる（176条3項前段）。これは，準備書面の提
出及び交換を中心とする手続を補完するために，離れた場所にいる三者間で通話
することのできるシステムを利用して，協議することを可能にする趣旨である。

文献　試験対策講座8章2節④【1】・【2】(3)・【3】(3)

2節　口頭弁論の準備

No.

026

争点及び証拠整理手続
予H29－37

8章

訴訟の審理と口頭弁論

□　月　日
□　月　日
□　月　日

　争点及び証拠の整理手続に関する次の1から5までの各記述のうち，正しいものを2個選びなさい。

□□□　1．裁判所は，弁論準備手続の期日に相当と認める者の傍聴を許すことができるが，当事者が申し出た者については，手続を行うのに支障を生ずるおそれがあると認められる場合であっても，その傍聴を許さなければならない。

□□□　2．弁論準備手続を行う受命裁判官は，調査の嘱託，鑑定の嘱託，文書を提出してする書証の申出及び文書の送付の嘱託についての裁判をすることができる。

□□□　3．裁判所は，当事者双方の申立てがある場合であっても，相当でないと認めるときは，弁論準備手続に付する裁判を取り消さないことができる。

□□□　4．準備的口頭弁論において，裁判所は，争点及び証拠の整理のため必要があると認めるときは，当事者本人の尋問を行うことができる。

□□□　5．書面による準備手続において，裁判所及び当事者双方が音声の送受信により同時に通話をすることができる方法により，争点及び証拠の整理に関する事項その他口頭弁論の準備のため必要な事項について協議を行う場合には，裁判所は，当該協議の期日において，文書の証拠調べをすることができる。

89

4編　訴訟の審理

No.
026　　　正解　2，4　　　争点・証拠の整理に関する各手続の相違点
を意識しながら，条文を確認しよう。

1　誤り。
　裁判所は，弁論準備手続の期日に相当と認める者の傍聴を許すことができる
（169条2項本文）。ただし，当事者が申し出た者については，手続を行うのに支障
を生ずるおそれがあると認められる場合を除き，その傍聴を許さなければならな
い（同項ただし書）。

2　正しい。
　受命裁判官は，調査の嘱託，鑑定の嘱託，文書を提出してする書証の申出及び
文書の送付の嘱託についての裁判をすることができる（171条3項）。これは，受
命裁判官が調査の嘱託などの裁判を担当できることとして，小回りのきく手続を
用意することで，合議事件の場合にも弁論準備手続を活用できるようにするため
である。

3　誤り。
　裁判所は，当事者双方の申立てがあるときは，弁論準備手続に付する裁判を取
り消さなければならない（172条ただし書）。これは，弁論準備手続には傍聴の可
能性があるもののあくまで非公開の手続であることから，公開の法廷で争点等の
整理を行いたいという当事者の意思を尊重するためである。

4　正しい。
　準備的口頭弁論は，弁論準備手続と異なり，口頭弁論の一種であるため，その
手続は口頭弁論の諸原則・規定に従って行われる。したがって，準備的口頭弁論
は，一切の証拠調べが可能であるから，裁判所は当事者本人の尋問を行うことが
できる。

5　誤り。
　裁判長等は，必要があると認めるときは，裁判所及び当事者双方が音声の送受
信により同時に通話をすることができる方法によって，争点及び証拠の整理に関
する事項その他口頭弁論の準備のため必要な事項について，当事者双方と協議を
することができる（176条3項）。もっとも，書面による準備手続は，口頭弁論で
の集中審理のための争点や証拠の整理を行うものであり，一切の証拠調べをする
ことはできない。

文献 試験対策講座8章2節④【1】(3)・【2】(3)・【3】(3)

2節 口頭弁論の準備

8章 訴訟の審理と口頭弁論

No.

027

弁論準備手続
H24-62

□ 月 日
□ 月 日
□ 月 日

弁論準備手続に関する次の1から5までの各記述のうち，正しいものを2個選びなさい。

□□□ 1．裁判所は，当事者の同意がなければ，事件を弁論準備手続に付することができない。

□□□ 2．弁論準備手続は，当事者双方が立ち会うことができる期日において行う。

□□□ 3．裁判所は，弁論準備手続の期日においては，文書の証拠調べをすることができない。

□□□ 4．弁論準備手続においては，当事者双方が期日に出頭することができない場合であっても，裁判所及び当事者双方が音声の送受信により同時に通話をすることができる方法によって，期日における手続を行うことができる。

□□□ 5．裁判所は，弁論準備手続を終結するに当たり，その後の証拠調べにより証明すべき事実を当事者との間で確認するものとされている。

4編　訴訟の審理

No. 027　正解 2, 5

弁論準備手続に関する単純な条文問題なので，根気よく条文を確認しよう。

1　誤り。
　裁判所は，争点及び証拠の整理を行うため必要があると認めるときは，当事者の意見を聴いて，事件を弁論準備手続に付することができる（168条）。これは，当事者の主体性・自立性を尊重しつつ，より利用しやすい争点・証拠整理手続の実現を図る趣旨である。したがって，当事者の意見を聴く必要はあるが，当事者の同意までは不要である。

2　正しい。
　弁論準備手続は，当事者双方が立ち会うことができる期日において行う（169条1項）。これは，当事者双方に攻撃防御の機会を実質的に保障するためである。

3　誤り。
　裁判所は，弁論準備手続の期日において，証拠の申出に関する裁判その他の口頭弁論の期日外においてすることができる裁判及び文書（準文書を含む，231条）の証拠調べをすることができる（170条2項）。これは，旧法の準備手続の不備を補い，より周到な証拠全般や争点の整理への途を開く趣旨の規定である。

4　誤り。正しい
　裁判所は，当事者が遠隔の地に居住しているときその他相当と認めるときは，当事者の意見を聴いて，最高裁判所規則（民訴規88条2項，3項）で定めるところにより，裁判所及び当事者双方が音声の送受信により同時に通話をすることができる方法（いわゆる電話会議システムによる方法）によって，弁論準備手続の期日における手続を行うことができる（民訴170条3項本文）。もっとも，この方法による手続は，当事者の一方がその期日に出頭していなければ，行うことができない（同項ただし書）。

5　正しい。
　裁判所は，弁論準備手続を終結するに当たり，その後の証拠調べにより証明すべき事実を当事者との間で確認するものとする（170条5項・165条1項）。これは，弁論準備手続の成果を明確にする趣旨である。

文献　試験対策講座8章2節[4]【2】(2)・(3)

2節　口頭弁論の準備

No.

028

弁論準備手続

H26-66

□　月　日
□　月　日
□　月　日

8章

訴訟の審理と口頭弁論

弁論準備手続に関する次のアからオまでの各記述のうち，正しいものを組み合わせたものは，後記1から5までのうちどれか。

□□□　ア．弁論準備手続では，相手方が出頭している場合であっても，準備書面に記載していない事実を主張することができない。

□□□　イ．弁論準備手続の期日において，証人尋問の採否を決定することができる。

□□□　ウ．裁判所及び当事者双方が音声の送受信により同時に通話をすることができる方法によって弁論準備手続の期日における手続を行う場合には，当該期日において和解をすることができない。

□□□　エ．弁論準備手続で提出された資料は，当事者が口頭弁論において弁論準備手続の結果を陳述しなければ，これを訴訟資料とすることができない。

□□□　オ．弁論準備手続の終結後には，新たな攻撃又は防御の方法を提出することができない。

1．ア　ウ　　2．ア　エ　　3．イ　エ　　4．イ　オ　　5．ウ　オ

93

4編　訴訟の審理

No.
028　　正解　3　　　条文知識で対応できる問題なので，しっかり弁論準備手続に関する条文を読み込もう。

ア　誤り。
　相手方が在廷していない口頭弁論においては，**準備書面**（相手方に送達されたもの又は相手方からその準備書面を受領した旨を記載した書面が提出されたものに限る。）**に記載した事実でなければ，主張することができない**（161条3項）。もっとも，弁論準備手続につき口頭弁論の規定の準用を定める170条5項は，161条を準用していないため，弁論準備手続においては，相手方が欠席した場合であっても，準備書面に記載していない事実を主張することができる。

イ　正しい。
　裁判所は，弁論準備手続の期日において，**証拠の申出に関する裁判をすること**ができる（170条2項）。そして，「証拠の申出に関する裁判」とは，**証拠決定，文書提出命令，文書送付嘱託**などである。したがって，弁論準備手続の期日において，証人尋問の採否を決定することができる。

ウ　誤り。 根拠が明文化され，89Ⅱ
　裁判所及び当事者双方が音声の送受信により同時に通話をすることができる方法（いわゆる電話会議システムによる方法）によって弁論準備手続の期日における手続を行う場合（170条3項）でも，当事者は，当該期日において和解をすることができる。

エ　正しい。
　訴訟事件の審理は，公開主義，直接主義，口頭主義等の要請から，**口頭弁論の方式により行われ**（必要的口頭弁論の原則，87条1項本文），この**口頭弁論において顕出されたもののみが訴訟資料となる**。そして，弁論準備手続は，口頭弁論の期日外において，争点及び証拠の整理を目的として行われる手続であるため，**弁論準備手続で提出された資料**は，当事者が**口頭弁論において当該手続の結果を陳述する**（173条）ことで**初めて訴訟資料となる**。したがって，弁論準備手続で提出された資料は，当事者が口頭弁論において弁論準備手続の結果を陳述しなければ，これを訴訟資料とすることができない。

オ　誤り。
　弁論準備手続の終了後に攻撃又は防御の方法を提出した当事者は，相手方の求めがあるときは，**相手方に対し，弁論準備手続の終了前にこれを提出することができなかった理由を説明しなければならない**（174条・167条）。このように，弁論準備手続の終了後に攻撃又は防御の方法を提出すること自体は禁じられていない。

文献 試験対策講座8章2節④【2】(3)・(4)

94

2節　口頭弁論の準備

No.
029

弁論準備手続
予R1-38

8章 訴訟の審理と口頭弁論

□　月　日
□　月　日
□　月　日

　弁論準備手続に関する次のアからオまでの各記述のうち，正しいもの
を組み合わせたものは，後記1から5までのうちどれか。

□□□　ア．裁判所は，事件を弁論準備手続に付する場合には，当事者の意見
　　　　を聴かなければならない。

□□□　イ．裁判所は，弁論準備手続において，当事者の一方が申し出た者の
　　　　傍聴を許す場合には，他方の当事者の意見を聴かなければならない。

□□□　ウ．裁判所は，弁論準備手続において，証拠の申出に関する裁判をす
　　　　ることはできるが，証拠調べをすることはできない。

□□□　エ．当事者は，口頭弁論において，弁論準備手続の結果を陳述しなけ
　　　　ればならない。

□□□　オ．裁判所は，受命裁判官又は受託裁判官に弁論準備手続を行わせる
　　　　ことができる。

1．ア　イ　　2．ア　エ　　3．イ　オ　　4．ウ　エ　　5．ウ　オ

95

4編　訴訟の審理

No.
029
正解　2

弁論準備手続については，条文知識がそのまま出題されるから，条文を素読しよう。

ア　正しい。

　裁判所は，争点及び証拠の整理を行うために**必要があると認めるときは，当事者の意見を聴いて，事件を弁論準備手続に付することができる**（168条）。これは，争点などの整理に必要な一切の行為をすることができる準備的口頭弁論（164条）と異なり，弁論準備手続においてはその範囲が限定されており，同手続を選択することは当事者の利害に関係するからである。

イ　誤り。

　裁判所は，弁論準備手続において，相当と認める者の傍聴を許すことができる。ただし，当事者が申し出た者については，手続を行うのに支障を生ずるおそれがあると認める場合を除き，その傍聴を許さなければならない（169条2項）。したがって，裁判所は，当事者の一方が申し出た者の傍聴を許す場合において他方の当事者の意見を聴かなければならないわけではない。

ウ　誤り。

　裁判所は，**弁論準備手続の期日において，**①**証拠の申出に関する裁判，**②**その他の口頭弁論の期日外においてすることができる裁判，**③**文書・準文書**（231条，民訴規147条）**の証拠調べをすることができる**（民訴170条2項）。特に，③によって，文書という即時に取調べが可能で客観性の高い証拠がある争点と，証人尋問や当事者尋問などを実施する必要がある争点とを識別し，より充実した争点整理を行うことができる。

エ　正しい。

　当事者は，**口頭弁論において，**その後の証拠調べで証明すべき事実を明らかにして（民訴規89条），**弁論準備手続の結果を陳述しなければならない**（民訴173条）。

オ　誤り。

　裁判所は，受訴裁判所又は受命裁判官に弁論準備手続を行わせることができる（168条，171条1項）。もっとも，受託裁判官に弁論準備手続を行わせることは認められていない。これは，事件の内容を十分把握している受訴裁判所又は受命裁判官が手続を担当することが合理的だからである。

文献　試験対策講座8章2節④【2】(3)・(4)

96

3節　口頭弁論の実施

No.

030

口頭弁論

H24-61

☐　月　日
☐　月　日
☐　月　日

8章
訴訟の審理と
口頭弁論

口頭弁論に関する次のアからオまでの各記述のうち，誤っているものを組み合わせたものは，後記1から5までのうちどれか。

ア．裁判所は，数個の独立した攻撃又は防御の方法が提出されている場合において，特定の攻撃又は防御の方法に審理を集中したいときは，弁論の制限をすることができる。

イ．口頭弁論の期日のうち証人尋問の期日については，その公開を停止することができない。

ウ．証人及び当事者本人の尋問は，できる限り，争点及び証拠の整理が終了した後に集中して行わなければならない。

エ．弁論準備手続において主張された事実は，弁論準備手続の結果を当事者が口頭弁論で陳述することによって訴訟資料となる。

オ．裁判所は，当事者の申立てがない限り，終結した口頭弁論の再開を命ずることができない。

1．ア　イ　　2．ア　ウ　　3．イ　オ　　4．ウ　エ　　5．エ　オ

97

4編　訴訟の審理

No.
030

正解　3

口頭弁論の規律について，争点・証拠整理との関係も含めて，整理しておこう。

ア　正しい。

裁判所は，口頭弁論の制限を命じることができる（152条1項）。これは，1個の訴訟手続において，複数の攻撃防御方法が提出され，争点が多岐に分かれる場合，万遍なく弁論を行うと訴訟が遅延するおそれがあるため，弁論を特定の争点に関する事項に制限することにより，効率的な審理を行うものである。

イ　誤り。

裁判の対審及び判決は，公開の法廷でこれを行わなければならない（公開主義，憲82条1項）。この「対審」とは，民事訴訟においては口頭弁論を指す。もっとも，裁判官の全員の一致で，公の秩序又は善良の風俗を害するおそれがあると決した場合には，対審を非公開とすることができる（同条2項本文）。これは，証人尋問についても同様である。したがって，証人尋問の期日についても，その公開を停止することはできる。

ウ　正しい。

証人及び当事者本人の尋問は，できる限り，争点及び証拠の整理が終了した後に集中して行わなければならない（民訴182条）。これは，細切れに審理を進めていく従来の五月雨方式を改め，争点整理を行った結果残された争点について，証人尋問などの人証調べを集中的に行うことにより，訴訟促進を図る趣旨である。

エ　正しい。

当事者は，口頭弁論において，弁論準備手続の結果を陳述しなければならない（173条）。これは，口頭主義，直接主義の要請から，弁論準備手続で得られた資料を口頭弁論に上程して，訴訟資料とするものである。

オ　誤り。

裁判所は，終結した口頭弁論の再開を命ずることができる（153条）。判例は，口頭弁論の再開は，裁判所の裁量事項であって，当事者に申立権は認められていないとしている（最判昭23.11.25）。

文献 試験対策講座8章1節3【1】，2節4【2】(4)，3節3【1】・4，11章5節2【1】(1)

98

3節　口頭弁論の実施

No.	攻撃防御方法	論	□	月	日	8章
031	H20-63		□	月	日	訴訟の審理と口頭弁論
			□	月	日	

　攻撃防御方法に関する次のアからオまでの各記述のうち，判例の趣旨に照らし正しいものを組み合わせたものは，後記１から５までのうちどれか。

□□□　ア．当事者が故意により時機に後れて提出した攻撃防御方法については，これにより訴訟の完結を遅延させることとならない場合でも，裁判所はこれを却下することができる。

□□□　イ．実体法上の形成権を訴訟上行使する旨の主張は，時機に後れた攻撃防御方法の却下の対象とならない。

□□□　ウ．攻撃防御方法の提出が時機に後れたと判断される場合，裁判所は，それが唯一の証拠方法であっても却下することができる。

□□□　エ．控訴審において初めて提出した攻撃防御方法が時機に後れたものかどうかは，第一審以来の訴訟手続の経過を勘案して判断すべきである。

□□□　オ．請求の原因に関する中間判決がなされた場合，中間判決に接着する口頭弁論終結前に存在していた事実であっても，これを主張しなかったことにつき相当の理由があることの証明があったときは，当該審級においてその事実を主張して中間判決で示された判断を争うことが許される。

1．ア　ウ　　2．ア　オ　　3．イ　エ　　4．イ　オ　　5．ウ　エ

99

4編　訴訟の審理

| No. 031 | 正解　5 | 157条について，要件と主要な判例をおさえておこう。 |

ア　誤り。

　裁判所が攻撃防御方法の却下の決定をするためには，①**時機に後れて**提出されたものであること，②それが**当事者の故意又は重過失**に基づくものであること，③それについての**審理によって訴訟の完結が遅延**することの3つの要件を満たす必要がある（157条1項）。本記述の場合には，③の要件が欠けるため，裁判所は攻撃防御方法を却下することができない。

イ　誤り。

　判例は，同時履行の抗弁権の行使の前提として控訴審で初めて建物買取請求権が行使された事案において，当該主張は本件の訴訟経過からみて重大な過失によって時機に後れて提出されたものであるとしたうえで，建物の時価に関する証拠調べになお相当の期間を必要とし，訴訟の完結を遅延させるとして，157条1項によりこれを却下した原審の判断を是認している（最判昭46. 4. 23百選45事件）。したがって，実体法上の形成権を訴訟上行使する旨の主張も，157条1項に基づく却下の対象となり得る。

ウ　正しい。

　判例は，「時機におくれた攻撃方法である以上，たとえ一定の要証事項に対する唯一の証拠方法であっても，これを却下し得べきことは勿論である」としている（最大判昭30. 4. 27）。

エ　正しい。

　判例は，控訴審における157条の適用について，第一審における訴訟手続の経過をも通観して時機に後れたか否かを判断するべきものであるとしている（大判昭8. 2. 7，最判昭30. 4. 5）。

オ　誤り。

　中間判決をした裁判所は，その主文で示した判断に拘束され，これを前提として終局判決をしなければならない。そのため，当事者も，中間判決に接着する口頭弁論期日までに提出することのできた攻撃防御方法によって，中間判決の内容を争うことはできなくなる。

[文献] 試験対策講座8章3節[2]【3】，13章1節[2]【2】(3)。判例シリーズ32事件

100

〈Essential Note〉1　口頭弁論の意義と諸原則

Essential Note

01　口頭弁論の意義と諸原則

□判決については，原則として口頭弁論を経てしなければならないが（87条1項本文），決定については，裁判所が口頭弁論をすべきか否かを定める（同項ただし書）。予H28-34-ウ

□**弁論の更新**手続をしないままされた**判決**は，**直接主義**（249条1項）に**違反**するため，「法律に従って判決裁判所を構成しなかった」（312条2項1号）ものとして，最高裁判所に対する**上告**の**理由となる**。予H27-41-3

□合議体の審理をその構成員である裁判官の1人が単独裁判官として引き続き審理をするときは，弁論の更新手続は必要ないが（最判昭26.3.29参照），単独裁判官の審理をその裁判官を含む合議体として引き続き審理をするときは，その裁判官以外の裁判官は従前の審理に関与していないので，弁論の更新手続が必要である（249条2項）。予H27-41-2

□裁判官が交替した場合の当事者による従前の口頭弁論の結果の陳述（249条2項）は，当事者の一方が欠席したときは，出頭した他方の当事者が双方に係る従前の口頭弁論の結果を陳述することで足りる（最判昭31.4.13参照）。予H27-41-5

□終結した口頭弁論を再開した場合（153条）であっても，裁判官が交替していないときには，弁論の更新手続を要しない（249条2項）。H25-64-ア

□裁判所は，裁判官の交替前に尋問をした証人について，当事者が更に尋問の申出をしたときは，その尋問をしなければならないが（249条3項），この規定は当事者本人の尋問には準用されてないことから（最判昭42.3.31参照），裁判官の交替前に尋問した当事者本人については，当事者が更に尋問の申出をしても，その尋問をする必要はない。予H27-41-1

□控訴審において，第一審で尋問した証人につき当事者が尋問を求めた場合には，249条3項は適用されないと解されていることから，これを認めなくても，直接主義（249条1項）の要請に反しない。予H27-41-4

□**裁判所**は，相当と認めるときは，**受命裁判官に命じて**，**裁判所外**において**証拠調べをさせることができる**（185条1項後段）。H26-63-2

□事件の記録の閲覧等の制限の申立てがあったときは，その申立てについての裁判が確定するまで，第三者は，秘密記載部分の閲覧等の請求をすることができない（92条2

101

〈Essential Note〉1 　口頭弁論の意義と諸原則／2 　口頭弁論の準備

項）。予R1-45-1

□裁判長は，合議体の**構成員以外の裁判官を受命裁判官として指定**することができない（185条1項参照）。H26-63-1

□受命裁判官が証人尋問を行う場合（195条）において，裁判所及び裁判長の職務は，その裁判官が行うが（206条本文），尋問の順序の変更についての異議の裁判は，受訴裁判所が行う（同条ただし書）。H26-63-4

02 　口頭弁論の準備

□当事者照会に対し，相手方が正当な理由なく回答を拒んだ場合であっても，不回答に対する法律上の制裁は存在しないことから（163条参照），裁判所は，照会をした当事者の照会事項に関する主張を真実と認めることはできない。H23-64-エ

□準備的口頭弁論（164条から167条まで）とは，口頭弁論を争点及び証拠の整理のため利用する場合をいう。当事者が期日に出頭しなかった場合には，裁判所は，準備的口頭弁論を終了することができる（166条）。予R1-37-3

□原告となろうとする者は，被告となるべき者が所持する文書について，特に必要がある場合であっても，訴え提起前の証拠収集の処分として，裁判所に対して文書提出命令を申し立てることはできない（132条の4第1項本文各号参照）。H19-64-5

□最初の弁論準備手続の期日に当事者の一方が欠席した場合には，裁判所は，その当事者があらかじめ提出した準備書面に記載した事項を陳述したものとみなすことができる（170条5項・158条）。H26-64-イ

〈Essential Note〉2 口頭弁論の準備／3 口頭弁論の実施

で覚える

● 準備的口頭弁論，弁論準備手続，書面による準備手続の手続上の異同

	準備的口頭弁論	弁論準備手続	書面による準備手続
手続	口頭弁論	準備手続	準備手続
公開の要否	要	原則非公開（169Ⅱ）	不要
対席の要否	口頭弁論として要	争点整理のため要（169Ⅰ）	不要
主宰者	裁判所（164）	裁判所（168）受命裁判官（171Ⅰ）	裁判長（受命裁判官）（176Ⅰ）
電話会議システムの可否	不可	可（170Ⅲ）ただし，当事者の一方の出頭必要	可（176Ⅲ）両当事者が不出頭でも可
意見聴取の要否	不要	要（168）	要（175）
証拠調べの可否・範囲	無制限	文書・準文書は可能（170Ⅱ）	不可
証明すべき事実の確認	手続終了時（165Ⅰ）	手続終了時（170Ⅴ・165Ⅰ）	手続終結後の口頭弁論期日（177）

03 口頭弁論の実施

☐ 裁判所は，口頭弁論の制限，分離若しくは併合を命じ，又はその命令を取り消すことができ（152条1項），当事者の意見を聴くことは必要ではない。これは，審理を整理することで裁判が適正，迅速，公平に行われるように，裁判所に広い裁量を認めたものである。予H30-36-5

☐ 口頭弁論の併合は，原則として裁判所の裁量に委ねられる（152条1項）が，例外的に口頭弁論の併合を命ずることが求められる場合がある（41条3項，会社837条，会更152条6項，一般法人272条）。もっとも，このような場合に，裁判所は，その訴訟手続を停止しなければならないとする規定はない。予R1-45-5

☐ 訴え却下判決も，終局判決のひとつであるから，口頭弁論を経た場合には，口頭弁論を終結したうえで，当該判決をしなければならない（243条1項参照）。H25-64-イ

☐ **当事者の一方が最初にすべき口頭弁論の期日に出頭せず，又は出頭したが本案の弁論をしない場合には，その者が提出した訴状又は答弁書その他の準備書面に記載した事項は陳述されたものとみなされる**（158条）。H24-59-1，H23-64-ア

☐ **当事者双方が弁論準備手続の期日に欠席**した場合において，**1か月以内**にいずれの当事者からも**期日指定の申立て**がされないときは，**訴えの取下げがあったものとみな**さ

103

〈Essential Note〉3　口頭弁論の実施

れる（263条前段）。H24-59-2

□原告が最初にすべき口頭弁論の期日に出頭しないときは，裁判所は，原告が提出した
訴状に記載した事項を陳述したものとみなし，出頭した被告に弁論をさせることがで
き（158条），訴えの取下げがあったものとみなされるわけではない。口頭弁論に欠席
したことにより**訴えの取下げが擬制される**のは，**当事者双方が口頭弁論に出席せず1
か月以内に期日指定の申立てをしない場合**と，**当事者双方が口頭弁論に連続して2回
欠席した場合**である（263条）。予R1-37-2，予H30-42-5

□控訴審において，当事者**双方が口頭弁論の期日に欠席した場合**において，**1か月以内
に期日指定の申立てをしないときは，控訴の取下げがあったものとみなされる**（292
条2項，263条前段）。H23-70-4，予H30-42-2

□裁判所は，当事者双方が期日に欠席した場合においても，証人尋問を実施することが
できる（183条）。H26-64-ウ

□訴状の送達及び第1回口頭弁論期日の呼出しが公示送達によりされた場合，被告がそ
の期日に出頭しなかったときは擬制自白の効果は生じないが（159条3項ただし書），
口頭弁論を終結することが妨げられるわけではない。裁判所は，当事者の一方が口頭
弁論に欠席した場合でも，「審理の現状及び当事者の訴訟追行の状況を考慮して相当
と認めるとき」は，弁論を終結して判決をすることができる（244条本文）。予R1-37-1

□裁判所は，**当事者の双方が口頭弁論の期日に欠席した場合**において，審理の現状及び
当事者の訴訟追行の状況を考慮して**相当と認めるときは，終局判決をすることができ
る**が（244条本文），**当事者の一方のみが口頭弁論期日に欠席した場合には，出頭した
相手方の申出があるときに限り，終局判決をすることができる**（同条ただし書）。H26-
64-オ，H18-61-イ，予R1-37-4

□判決の言渡しは，当事者双方が判決の言渡期日に欠席した場合においても，すること
ができる（251条2項）。H24-59-4

□判例は，適法な呼出しを受けた当事者双方が欠席した口頭弁論の期日において弁論を
終結し，判決の言渡しのための期日を告知したときは，同期日の呼出状を送達するこ
とを要しないとしている（最判昭56.3.20）。H26-64-エ

□請求を棄却する第一審判決の送達を受けた日の翌日に原告が死亡した場合には，原告
に訴訟代理人がいるときを除き，訴訟手続は中断し（124条1項1号，2項），その場合
には控訴期間は進行を停止する（132条2項前段）。H24-59-5

□土地所有者が，土地上の建物を共有して土地を占有している者らに対し提起した建物

104

〈Essential Note〉3 □頭弁論の実施

8章 訴訟の審理と口頭弁論

収去土地明渡請求訴訟において，共同被告人の1人が訴訟係属中に死亡した場合，原告・死亡当事者間の訴訟手続は中断するが，原告・他方当事者間の訴訟手続は中断しない（共同訴訟人独立の原則，39条）。H19-67-1

□土地所有者が，土地上の建物を所有して土地を占有している者に対し提起した建物収去土地明渡請求訴訟において，被告が訴訟係属中に当該建物を第三者に譲渡した場合，訴訟手続は中断しない（124条1項各号参照）。H19-67-2

□土地所有者が，土地上の建物を所有して土地を占有している株式会社に対し提起した建物収去土地明渡請求訴訟において，同社が訴訟係属中に別の株式会社と合併し，新設株式会社を設立した場合，訴訟手続は中断する（124条1項2号，会社2条28号）。H19-67-3

□土地所有者が，土地上の建物を所有して土地を占有している株式会社に対し提起した建物収去土地明渡請求訴訟において，同社の唯一の代表取締役が訴訟係属中に死亡した場合，訴訟手続は中断する（民訴37条・124条1項3号）。H19-67-4

□土地所有者が，土地上の建物を所有して土地を占有している者に対し提起した建物収去土地明渡請求訴訟において，被告が訴訟代理人を選任して応訴していたところ，当該訴訟代理人が死亡した場合，訴訟手続は中断しない（124条1項各号参照）。H19-67-5

□第1回口頭弁論期日の前において，著しい遅滞を避けるための移送の申立てがあったときは，裁判所は訴訟の全部又は一部を他の管轄裁判所に移送することができるが（17条），著しい遅滞を避けるための移送の申立てがあったときは訴訟手続を停止しなければならないとする規定は存在しない。予R1-45-2

□**当事者**が**訴訟係属中**（被告に対する訴状送達後から判決の言渡し前までの間）に**死亡**した場合，当事者に**訴訟代理人がいるときを除き**，訴訟**手続は中断する**（124条1項1号，2項）。そして，訴訟手続の中断中は，**裁判所及び当事者**は，原則として，**有効に訴訟行為**をすることができないが（132条1項反対解釈），**裁判所は例外的に判決を言い渡すことができる**（同項）。H24-59-3，H20-60-3，予H29-36-ア・ウ・エ

105

〈Essential Note〉3　口頭弁論の実施

ビジュアルで覚える

● 当事者の欠席と訴訟の展開

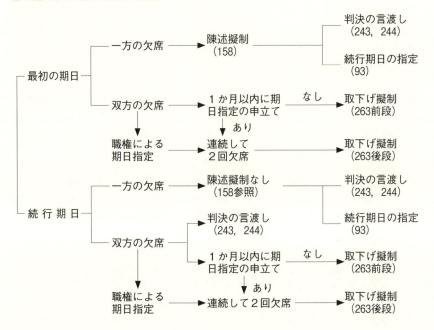

1節　審理の進行

No.
032

責問権
予H28-33

☐ 月 日
☐ 月 日
☐ 月 日

9章
審理の進行と
当事者の訴訟行為

　民事訴訟に関する異議権（責問権）に関する次のアからオまでの各記述のうち，判例の趣旨に照らし正しいものを組み合わせたものは，後記1から5までのうちどれか。

☐☐☐　ア．当事者は，訴訟手続に関する規定の違反についての異議を述べる権利を放棄しようとするときは，その旨を書面に記載し，これを裁判所に提出しなければならない。

☐☐☐　イ．当事者は，訴訟手続に関する規定の違反についての異議を述べる権利につき，具体的な違反が実際に生じるより前にあらかじめその放棄をすることができる。

☐☐☐　ウ．判決の言渡しが公開の法廷で行われなかった場合，当事者は，そのことを知りながら，遅滞なく異議を述べないときであっても，異議を述べる権利を失わない。

☐☐☐　エ．訴えの変更の書面が被告に送達されなかった場合，当事者は，そのことを知りながら，遅滞なく異議を述べないときであっても，異議を述べる権利を失わない。

☐☐☐　オ．宣誓をさせるべき証人を宣誓させないで尋問した場合，当事者は，そのことを知りながら，遅滞なく異議を述べないときは，異議を述べる権利を失う。

1．ア　イ　　2．ア　ウ　　3．イ　エ　　4．ウ　オ　　5．エ　オ

4編　訴訟の審理

No.
032　　　正解　4　　　本問で重要なのは責問権の放棄である。基本書で要件などを確認しておこう。

ア　誤り。

　責問権の放棄（90条ただし書参照）は，**当事者の裁判所に対する一方的な意思表示によってなされる**が，裁判所に対する意思表示の方式については，特別の制限はない。通常は，期日における陳述によりなされるが，裁判所に書面を提出する方法によることもできる。

イ　誤り。

　責問権をあらかじめ放棄することは許されない。なぜなら，訴訟手続は，民事訴訟法等の訴訟法規の定めに従い統一的な方式で進められる必要があり，個々の事件において裁判所や当事者が任意に訴訟手続を定めることは，原則として許されないところ（任意訴訟禁止の原則），責問権をあらかじめ放棄することを許すと，任意訴訟を認めるのと同じことになるからである。

ウ　正しい。

　責問権の放棄・喪失の対象となるのは，**当事者の利益の保護を主たる目的とする規定の違反**であり，**公益の保護を目的とする規定の違反**については，責問権の放棄・喪失の**対象とならない**。これは，訴訟手続に関する規定が公益の保護を目的とするものであるときは，その遵守が当事者の態度に左右されるべきではないからである。そして，**裁判の公開原則**（憲82条）は，裁判を一般に公開することで裁判が公正に行われることを制度として保障し，ひいては裁判に対する国民の信頼を確保することを目的とするものであり（最大判平元.3.8，レペタ事件参照），**公益の保護を目的とするもの**に当たる。したがって，**その違反は，責問権の放棄・喪失の対象とならない**。

エ　誤り。

　訴えの変更は，書面でしなければならず（民訴143条2項），その書面は相手方に送達しなければならないが（同条3項），判例は，この書面の提出や送達の欠缺について，責問権の放棄・喪失の対象となるとしている（最判昭31.6.19）。

オ　正しい。

　証人には，原則として宣誓させなければならないが（201条1項），判例は，宣誓をさせるべき証人を宣誓させないで尋問した場合について，責問権の放棄・喪失の対象となるとしている（最判昭29.2.11）。

文献 試験対策講座9章1節③【2】

108

2節　当事者の訴訟行為

No.	訴訟外の合意	□ 月 日
033	H18-56	□ 月 日
		□ 月 日

9章
審理の進行と
当事者の訴訟行為

　訴訟外において当事者間に成立した合意に関する次の１から５までの記述のうち、誤っているものを２個選びなさい。

□□□　1．甲請求についてはA裁判所の、乙請求についてはB裁判所の専属管轄に属する旨の合意がされている場合、原告はA裁判所に提起した一の訴えで甲乙両請求につき審判を求めることはできない。

□□□　2．訴えの取下げの合意が成立したにもかかわらず、原告が訴えを取り下げない場合、判例によれば、原告は権利保護の利益を喪失したものとみることができるから、訴えは却下される。

□□□　3．一定の事実を認め争わない旨の合意は、不適法で効力を認められない。

□□□　4．一定の証拠から特定の事実を認定しなければならないとする旨の合意は、不適法で効力を認められない。

□□□　5．第一審終局判決後、当事者双方が共に上告をする権利を留保して控訴をしない旨の合意が成立した場合、当該合意により控訴権が消滅するので、控訴が提起されてもその控訴は不適法である。

4編　訴訟の審理

No. 033　正解 1, 3

訴訟外の合意については，それが処分権主義や弁論主義の範囲内かを考えよう。

1　誤り。

　当事者は，第一審に限り，合意により管轄裁判所を定めることができる（合意管轄，11条1項）。そして，一の訴えで数個の請求をする場合には，4条から6条の2まで（6条3項を除く）の規定により一の請求について管轄権を有する裁判所にその訴えを提起することができるとされているところ（7条本文），この「一の請求について管轄権を有する裁判所」には，合意により管轄権を有する裁判所も含まれる。したがって，本記述の場合，原告は，A裁判所に提起した一の訴えで甲乙両請求につき審判を求めることができる。

2　正しい。

　判例は，訴訟の係属中，訴訟外において当事者間で訴え取下げの合意がなされたが，それに違反して訴えが提起された事案において，「原告は権利保護の利益を喪失したものとみうるから，右訴を却下すべき」としている（最判昭44. 10. 17百選92事件）。

3　誤り。

　一定の事実を認め争わない旨の合意（自白契約）は，いわゆる証拠契約のひとつである。そして，弁論主義が適用される事項については，当事者間の合意による処分が可能であることから，そのような事項を対象とする証拠契約は有効であると解されている。したがって，自白契約は，裁判上の自白の対象となり得る事実に関するものであれば，有効である。

4　正しい。

　裁判所は，判決をするに当たり，口頭弁論の全趣旨及び証拠調べの結果をしん酌して，自由な心証により，事実についての主張を真実と認めるべきか否かを判断する（自由心証主義，247条）。この規定は，強行法規であり，当事者の合意によって制限できない。したがって，一定の証拠から特定の事実を認定しなければならないとする旨の合意は，自由心証主義に抵触するため，無効である。

5　正しい。

　控訴は，地方裁判所が第一審としてした終局判決又は簡易裁判所の終局判決に対してすることができる（281条1項本文）。ただし，第一審終局判決後，当事者双方が共に上告する権利を留保して控訴をしない旨の合意（飛躍上告の合意）をしたときは，この限りでない（同項ただし書）。これは，第一審の判決言渡し後，すなわち控訴権の発生後に，上告権を留保して控訴権のみを放棄するものであり，この合意の成立により控訴権は消滅する。したがって，本記述の場合，控訴が提起されてもその控訴は不適法である。

文献 試験対策講座9章2節4。判例シリーズ70事件

2節　当事者の訴訟行為

No.
034

当事者が訴訟外でした合意
H26-73

□　月　日
□　月　日
□　月　日

9章
審理の進行と
当事者の訴訟行為

当事者が訴訟外でした合意に関する次の1から5までの各記述のうち，正しいものを2個選びなさい。

□□□　1．第一審の管轄裁判所を定める当事者の合意が電磁的記録によってされたときは，その合意は，効力を生じない。

□□□　2．判例の趣旨によれば，原告と被告との間で訴えの取下げの合意が成立したときは，訴訟は，直ちに終了する。

□□□　3．訴訟の管轄をある地方裁判所の専属管轄とする旨の合意がある場合であっても，訴えが他の地方裁判所に提起され，被告が管轄違いの抗弁を提出しないで本案について弁論をしたときは，その地方裁判所は，管轄権を有する。

□□□　4．紛争を特定しないで一切起訴しない旨の合意は，有効である。

□□□　5．当事者双方が，第一審の終局判決の後，共に上告をする権利を留保して控訴をしない旨の合意をしたときは，その合意は，有効である。

111

4編　訴訟の審理

No.
034
正解　3, 5
訴訟外の合意に関する条文知識を再確認しよう。

1　誤り。

第一審の管轄裁判所を定める当事者の合意は，一定の法律関係に基づく訴えに関し，かつ，書面でしなければ，その効力を生じない（11条2項）。もっとも，当該合意がその内容を記録した電磁的記録によってされたときは，書面によってされたものとみなされ，11条2項の規定が適用される（同条3項）。したがって，第一審の管轄裁判所を定める当事者の合意が電磁的記録によってされたからといって，その合意が効力を生じないわけではない。

2　誤り。

前掲最判昭44年（百選92事件）は，「訴の取下に関する合意が成立した場合においては，右訴の原告は権利保護の利益を喪失したものとみうるから，右訴を却下すべき」であるとしている。したがって，原告と被告との間で訴えの取下げの合意が成立したときでも，訴訟は直ちに終了するわけではない。

3　正しい。

被告が第一審裁判所において管轄違いの抗弁を提出しないで本案について弁論をし，又は弁論準備手続において申述をしたときは，その裁判所は，管轄権を有する（応訴管轄，12条）。そして，12条の規定は，訴えについて「法令に専属管轄の定めがある場合」には適用されない（13条1項）。したがって，専属的な管轄の合意（11条1項）がある場合には，12条の適用があるため，合意と異なる裁判所に訴えが提起されたとしても，被告が管轄違いの抗弁を提出しないで本案について弁論をしたときは，その裁判所は，管轄権を有する。

4　誤り。

一般に私権には処分の自由がある以上，その裁判上の行使も同様であると解されることから，不起訴の合意の効力が一律に否定されることはない。しかし，不起訴の合意が，当事者間に生じる一切の紛争をその対象とするときは，裁判所の審判権をすべて排除する点で裁判を受ける権利（憲32条）が否定されることから，公序良俗（民90条）に違反し，無効と解されている。

5　正しい。

当事者双方は，第一審の終局判決の後，共に上告をする権利を留保して控訴をしない旨の合意をすることができる（民訴281条1項ただし書）。これは，当事者間において事実関係に争いがなく，法律の解釈適用のみに争いがある場合に，このような合意を認めることによって早期に上告審の判断を求められるようにする趣旨である。

文献 試験対策講座3章1節②【3】(1)(a)・(c)，9章2節④【4】・【5】・【6】。判例シリーズ70事件

〈Essential Note〉1 審理の進行

Essential Note

01 審理の進行

ビジュアルで覚える

● 責問権の意義・対象

意　義	当事者が，裁判所又は相手方当事者の訴訟行為に，訴訟手続に関する規定の違反がある場合に，異議を述べてその無効を主張し得る訴訟上の権能（90 参照）
対　象	訴訟手続に関する手続規定又は方式規定の違反

● 責問権の放棄・喪失の対象及び肯否　　　　■法令名なき条文は民訴を指す

対象	訴訟手続に関する規定のうち，当事者の訴訟追行上の利益を保障する任意的・私益的規定の違反*	
責問権の放棄・喪失の肯否	専属管轄（6）に違反して管轄権のない裁判所が証拠調べをした場合	×
	弁論の更新（249 Ⅱ）をしないで判決をした場合	×
	裁判所の構成（23）に関する規定違反の場合	×
	公開主義（憲 82）違反の場合	×
	判決の言渡し（252）に関する規定違反の場合	×
	訴えの提起・変更の方式に関する規定違反の場合	○（最判昭 31. 6. 19）
	口頭弁論期日や証拠調べ期日の呼出しがなかった場合	○（大判昭 14. 10. 31）
	法定代理人を証人として尋問した場合	○（大判昭 11. 10. 6）
	宣誓させるべき証人に宣誓させないで証人尋問をした場合	○（最判昭 29. 2. 11）
	訴状を受理する能力のない者に訴状を送達した場合	○（最判昭 28. 12. 24）
	195 条該当事由のない受命裁判官による証拠調べ手続がある場合	○（最判昭 50. 1. 17 百選 A13）
	訴訟手続中断中に行われた裁判所・当事者の訴訟行為がある場合	○（大判昭 14. 9. 14）

＊民事訴訟法上，強行規定と任意的規定の区別は解釈に委ねられている。このうち，強行規定とは，訴訟制度の基礎を維持し，訴訟手続の安定を確保することを目的とする強度の公益性を有するものであり，任意規定とは，主として当事者間の公平を実現し，当事者の利益と便宜を図ることを目的とするものである。

02 当事者の訴訟行為

ビジュアルで覚える

●口頭弁論における当事者の訴訟行為

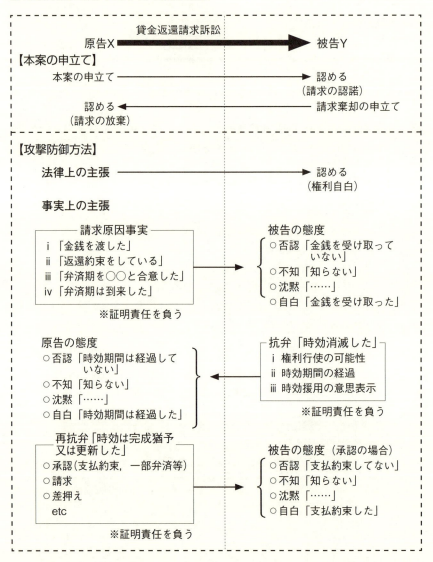

1節　弁論主義と職権探知主義／2節　弁論主義の適用対象／3節　弁論主義の修正・補充

No.

035

釈　明
予H28-39

□　月　日
□　月　日
□　月　日

　釈明に関する次の1から5までの各記述のうち，判例の趣旨に照らし正しいものを2個選びなさい。

□□□　1．裁判長は，口頭弁論の期日外で一方当事者に対し攻撃又は防御の方法に重要な変更を生じ得る事項について釈明権を行使しても，その内容を相手方に通知する必要はない。

□□□　2．具体的な法律構成を示唆して訴えの変更を促す釈明権の行使は，許されない。

□□□　3．攻撃又は防御の方法でその趣旨が明瞭でないものについて当事者が釈明をすべき期日に出頭しない場合，裁判所は，その攻撃又は防御の方法を却下することができる。

□□□　4．裁判所は，訴訟関係を明瞭にするため，鑑定を命ずることができる。

□□□　5．当事者は，裁判長の釈明権の行使に対して不服があっても，異議を申し立てることができない。

10章

弁論主義

4編　訴訟の審理

No. 035　正解　3，4

記述2の判例知識は事例問題でも用いることがあり得るので，記憶しておこう。

1　誤り。

裁判長が，口頭弁論の期日外において，攻撃又は防御の方法に重要な変更を生じ得る事項について釈明権を行使したときは，その内容を相手方に通知しなければならない（149条1項，4項）。これは，当事者対立構造に基礎を置く双方審尋主義の観点から公平性を確保して手続の公正を図るものである。

2　誤り。

判例は，「訴訟資料，証拠資料からみて，別個の法律構成に基づく事実関係が主張されるならば，原告の請求を認容することができ，当事者間における紛争の根本的な解決が期待できるにかかわらず，原告においてそのような主張をせず，かつ，そのような主張をしないことが明らかに原告の誤解または不注意と認められるようなときは，その釈明の内容が別個の請求原因にわたる結果となる場合でも，事実審裁判所としては，その権能として，原告に対しその主張の趣旨とするところを釈明することが許されるものと解すべきであり，場合によっては，発問の形式によって具体的な法律構成を示唆してその真意を確めることが適当である場合も存する」としている（最判昭45.6.11百選52事件）。したがって，具体的な法律構成を示唆して訴えの変更（143条）を促す釈明権の行使も許される場合がある。

3　正しい。

攻撃又は防御の方法でその趣旨が明瞭でないものについて当事者が必要な釈明をせず，又は釈明をすべき期日に出頭しない場合，裁判所は，申立てにより又は職権で，その攻撃又は防御の方法を却下することができる（157条2項）。これは，当事者に対して釈明に応じるように促し，迅速かつ集中的な審理を可能とするためのものである。

4　正しい。

裁判所は，訴訟関係を明瞭にするため，検証をし，又は鑑定を命ずることができる（151条1項5号）。

5　誤り。

当事者は，裁判長の釈明権の行使（149条1項）に対して不服があるときは，異議を申し立てることができる（150条参照）。

文献　試験対策講座10章3節①。判例シリーズ39事件

〈Essential Note〉1　弁論主義と職権探知主義／2　弁論主義の適用対象

Essential Note

01　弁論主義と職権探知主義

□**裁判所は，当事者が主張していない事実を認定して裁判の基礎とすることはできない**が（弁論主義第1テーゼ），ある事実が**当事者双方のいずれかが主張したものであれば，裁判の基礎とすることができる**（主張共通の原則）。H19-70-2

□人事訴訟である認知の訴え（人訴2条2号）においては，職権探知主義が妥当し，民事訴訟法179条の適用が排除されることから（人訴19条1項），当事者が親子関係の存在の事実を認める旨の陳述をしたときであっても，裁判所は，その陳述に反する事実を認定することができる。H23-66-イ

□調査の嘱託（民訴186条）は，裁判所が職権ですることができる。H26-67-ア

02　弁論主義の適用対象

□**裁判所は，当事者が主張していない事実を認定して裁判の基礎とすることはできない**（弁論主義第1テーゼ）。そして，弁論主義第1テーゼは，**主要事実**（権利の発生，変更，消滅という法律効果の判断に直接必要な事実）に**限り，適用**される。H26-70-ア，H19-70-1

□判例・通説は，弁論主義が適用される事実を主要事実に限定し，過失のような**規範的要件**について，**それを基礎付ける具体的事実を主要事実と解している**。したがって，過失を基礎付ける具体的事実について当事者間に争いがない場合，その具体的事実を**裁判の基礎としなければならない**（弁論主義第2テーゼ）。H26-70-ウ

□判例は，**過失相殺**（民722条2項）について，**被害者の過失**は賠償額の範囲に影響を及ぼすべき事実であるから，裁判所は，**訴訟に現れた資料に基づき被害者に過失がある**と認めるべき場合には，賠償額を判定するについて**職権をもってこれをしん酌する**ことができ，賠償義務者から過失相殺の主張があることを要しないとしている（最判昭41.6.21）。H26-70-イ

10章

弁論主義

117

4編　訴訟の審理

Memo

1節 証拠総則／2節 証明対象と不要証事実

No.	裁判上の自白	論	□	月	日
036	H22-62		□	月	日
			□	月	日

　次の【事例】を前提とし，自白の効力に関する後記1から4までの各記述のうち，判例の趣旨に照らし誤っているものを2個選びなさい。

【事例】

　Xは，A所有の建物をAから買い受けたと主張して，当該建物を占有しているYを被告として，所有権に基づき建物の明渡しを求める訴えを提起した。

1. Yが抗弁として，Xとの間で当該建物について使用貸借契約を締結した旨を主張し，Xがこれを認める旨を陳述した場合，Yの同意があっても，Xは，当該陳述を撤回することができない。

2. Yが抗弁として，Aとの間で当該建物について，賃料1か月10万円とする賃貸借契約を締結した旨を主張した場合において，Xが，賃貸借契約締結の事実は否認しつつ，YがAに毎月10万円の金員を支払っていたとのYの主張部分は認める旨を陳述したときであっても，裁判所は，YのAに対する金員の支払の事実を判決の基礎としなくてもよい。

3. YがAを賃貸人，Yを賃借人とする賃貸借契約書を提出して書証の申出をした場合において，Xが，当該契約書は真正に成立したことを認める旨を陳述したときは，裁判所は，当該契約書が真正に成立しなかったと認めることはできない。

4. Yが抗弁として，Aとの間で当該建物について賃貸借契約を締結した旨を主張し，Xがこれを認める旨を陳述した場合，裁判所は，賃貸借契約締結の事実が存在することを判決の基礎としなければならない。

11章

証

拠

119

4編　訴訟の審理

No.
036　　　　正解　**1, 3**　　　　裁判上の自白は論文式試験でも重要なので，正確な知識を身に付けよう。

1　誤り。

本記述の場合，Yの主張する使用貸借契約の成立の事実は，Yの建物に対する占有権原を基礎付ける事実である。そのため，XによるYの主張を認める陳述は，相手方の主張する自己に不利益な事実を認めて争わない旨の陳述といえ，裁判上の自白となる。そして，裁判上の自白が成立する場合，**自白をした当事者は，自白した事実を取り消し，これに反する事実を主張すること**は許されない。これは，自白を信頼した相手方の保護，自己責任の原理及び禁反言の原則という根拠に基づく効果である。もっとも，自白によって訴訟上有利な効果を受ける者が，有利な地位を放棄することを禁止する必要はないから，**相手方の同意がある場合**には，**自白を撤回**することが**許される**（最判昭34.11.19参照）。したがって，本記述の場合でも，Yの同意があるときは，Xは，陳述を撤回することができる。

2　正しい。

本記述の場合，YがAに毎月10万円支払っていたという事実は，主要事実たる賃貸借契約の存否を推認する間接事実である。そして，判例は，「**間接事実についての自白は，裁判所を拘束しないのはもちろん，自白した当事者を拘束するものでもない**」としている（最判昭41.9.22百選54事件）。したがって，裁判所は，Xの陳述に拘束されず，YのAに対する金員の支払の事実を判決の基礎としなくてもよい。

3　誤り。

書証の成立の真正に関する事実は，証拠の証明力に影響を与える事実であるから，補助事実である。そして，判例は，「**書証の成立の真正についての自白は裁判所を拘束するものではない**」としている（最判昭52.4.15）。したがって，本記述の場合，裁判所は，賃貸借契約書が真正に成立しなかったと認めることもできる。

4　正しい。

本記述の場合，Yの主張する賃貸借契約成立の事実は，Yの当該建物に対する占有権原を基礎付ける事実である。そのため，XによるYの主張を認める陳述は，相手方の主張する自己に不利益な事実を認めて争わない旨の陳述といえ，裁判上の自白となる。そして，裁判上の自白が成立する場合，裁判所は，裁判上の自白がなされた事実については，これをそのまま裁判の基礎としなければならない（弁論主義第2テーゼ）。

文献 試験対策講座11章2節③【2】(3)・【4】。判例シリーズ41事件

2節　証明対象と不要証事実

No.			論	□	月　日
037	裁判上の自白 予H27-39			□	月　日
				□	月　日

　裁判上の自白に関する次の1から5までの各記述のうち，正しいもの
を2個選びなさい。

□□□　1．貸金返還請求訴訟において，被告が原告の主張する額の金銭の受
　　　　領を認める旨の陳述をしたときは，金銭消費貸借契約締結の事実に
　　　　つき裁判上の自白が成立する。

□□□　2．貸金返還請求訴訟の原告本人尋問において，被告が抗弁として主
　　　　張する弁済の事実を原告が認める旨の供述をしたときは，弁済の事
　　　　実につき裁判上の自白が成立する。

□□□　3．親子関係不存在確認の訴えにおいて，被告が，子の懐胎が可能で
　　　　ある時期に両親が別居していたとの原告の主張を認める旨の陳述を
　　　　したときは，この事実につき裁判上の自白が成立する。

□□□　4．所有権に基づく建物明渡請求訴訟において，被告が原告との間で
　　　　当該建物の賃貸借契約を締結した旨の抗弁を主張し，原告がこれを
　　　　認める旨の陳述をしたときは，賃貸借契約締結の事実につき裁判上
　　　　の自白が成立する。

□□□　5．所有権に基づく建物明渡請求訴訟において，原告が自ら進んで被
　　　　告との間で当該建物の賃貸借契約を締結した旨の陳述をしたときは，
　　　　これを被告が援用すれば，賃貸借契約締結の事実につき裁判上の自
　　　　白が成立する。

11章

証

拠

121

4編　訴訟の審理

No.
037　　　正解　**4, 5**　　　裁判上の自白や先行自白などの基本的な用語の定義をおさえておこう。

　裁判上の自白とは，①口頭弁論又は弁論準備手続における弁論としての陳述であって，②相手方の主張と一致する③自己に不利益な事実を認める陳述である。そして，判例は，**自己に不利益な事実**とは，**相手方が証明責任を負う事実**をいうとしている（大判昭8.2.9）。

1　誤り。

　要物契約としての金銭消費貸借契約成立の要件事実は，金銭授受の事実と金銭消費貸借契約締結（返還合意）の事実である。そして，本記述では，被告は金銭授受の事実については認めているものの，金銭消費貸借契約締結の事実については認めていないため，後者の事実について裁判上の自白は成立しない。

2　誤り。

　貸金返還請求訴訟において，弁済の事実を認める旨の陳述は証拠調べ手続である当事者本人の尋問においてなされた以上，弁論としてなされたものではないため，裁判上の自白は成立しない。したがって，本記述の場合，弁済の事実につき裁判上の自白は成立しない。

3　誤り。

　実親子関係の存否の確認の訴えは，人事訴訟に当たる（人訴2条2号）。そして，職権探知主義の妥当する人事訴訟手続においては，民事訴訟法179条のうち裁判所において当事者が自白した事実に関する部分は，その適用が排除される（人訴19条1項）。したがって，親子関係不存在確認の訴えにおいて，被告が，子の懐胎が可能である時期に両親が別居していたとの原告の主張を認める旨の陳述をしたときでも，この事実につき裁判上の自白は成立しない。

4　正しい。

　所有権に基づく建物明渡請求訴訟において，被告が当該建物の占有権原を有することは，原告の建物明渡請求権の発生を障害する事実であるから，被告が証明責任を負うため，原告にとって，「自己に不利益な事実」に当たる。したがって，本記述の場合，賃貸借契約締結の事実につき裁判上の自白が成立する。

5　正しい。

　裁判上の自白は，当事者が自ら自己に不利益な事実を陳述し，後に相手方がこれを援用した場合にも成立する（先行自白）。そして，所有権に基づく建物明渡請求訴訟において，原告が被告との間で当該建物の賃貸借契約を締結したとの事実は，原告の建物明渡請求権の発生を障害する事実であるから，被告が証明責任を負うため，原告にとって，「自己に不利益な事実」に当たる。したがって，本記述の場合，賃貸借契約締結の事実につき裁判上の自白が成立する。

文献 試験対策講座11章2節③【2】

122

3節 自由心証主義

No.	証 拠	□ 月 日
038	予H28-40	□ 月 日
		□ 月 日

証拠に関する次のアからオまでの各記述のうち，判例の趣旨に照らし誤っているものを組み合わせたものは，後記1から5までのうちどれか。

□□□ ア．反対尋問を経ていない証言についても，裁判所は，その証言を事実認定の資料とすることができる。

□□□ イ．当事者の一方が提出した証拠により相手方に有利な事実を認定するには，相手方の援用がなければならない。

□□□ ウ．口頭弁論の全趣旨のみをもって事実を認定することは，許されない。

□□□ エ．損害が生じたことが認められる場合において，損害の性質上その額を立証することが極めて困難であるときは，裁判所は，口頭弁論の全趣旨及び証拠調べの結果に基づき，相当な損害額を認定することができる。

□□□ オ．自由心証主義は，職権探知主義による訴訟にも適用される。

1．ア　イ　　2．ア　オ　　3．イ　ウ　　4．ウ　エ　　5．エ　オ

11章

証

拠

123

4編 訴訟の審理

No.
038　　　　正解　**3**　　　　自由心証主義に関する横断的な知識をしっかりと身に付けよう。

ア　正しい。

　証拠資料を事実認定のために利用し得る資格を証拠能力という。刑事訴訟法には証拠能力の制限規定（刑訴319条，320条等）があるのに対し，民事訴訟法の下では，原則として証拠能力に制限はない。そして，判例は，反対尋問を経ない伝聞証拠の証拠能力について，交互尋問制（民訴202条1項）とは別個の問題であり，現行の民事訴訟法上は裁判官の自由心証に委ねられているとしている（最判昭27.12.5）。したがって，反対尋問を経ていない証言についても，裁判所は，その証言を事実認定の資料とすることができる。

イ　誤り。

　当事者の一方が提出した証拠は， その当事者に有利な事実の認定のためだけでなく，**相手方に有利な事実の認定のためにも当然に利用**することができる（証拠共通の原則）。判例も，証拠として適法に顕出された証拠調べの結果は，「証拠共通の原則に従い，裁判所は自由な心証によってこれを事実認定の資料となすことができるのであって，必ずしもその証拠調の申出をなし，若しくはその証拠調の結果を援用する旨を陳述した当事者の利益にのみこれを利用しなければならないものではない」としている（最判昭28.5.14）。

ウ　誤り。

　「口頭弁論の全趣旨」（247条）とは，口頭弁論に現れた一切の資料から証拠調べの結果を除いたものをいい，通常は，証拠調べの結果を補充するものとして事実認定のための資料として用いられるが，口頭弁論の全趣旨のみをもって事実認定をすることも許されると解されている（最判昭27.10.21参照）。

エ　正しい。

　損害が生じたことが認められる場合において，損害の性質上その額を立証することが極めて困難であるときは，裁判所は，口頭弁論の全趣旨及び証拠調べの結果に基づき，相当な損害額を認定することができる（248条）。これは，損害の証明度を軽減し，原告の救済を図ろうとする趣旨である。

オ　正しい。

　自由心証主義（247条）は，訴訟において裁判官が事実を認定する際に働く原則であり，その適用は弁論主義による訴訟か，職権探知主義による訴訟かを問わない。これは，弁論主義と職権探知主義の違いは，訴訟資料を収集し提出する権能と責任が，当事者のみにあるか，裁判所にもあるかであり，いずれも訴訟に顕出された資料や状況に基づき事実を認定する点では変わりがないからである。

文献 試験対策講座11章3節②【1】⑵・【2】・⑤【3】⑷

3節　自由心証主義

No.
039

不法行為に基づく損害賠償請求訴訟
H23-74

□　月　日
□　月　日
□　月　日

　　Xは，薬剤製造販売業者Yが販売した医薬品を摂取したため，健康被害が生じたと主張しているが，Yは，医薬品と健康被害との間の因果関係を争っている。そこで，Xは全国の同様の被害を主張している者に呼び掛けて被害者の会を設立したところ，その会員数は1000名を超えた。Xは，全国の会員らと共にYを被告として損害賠償を求める訴えを提起することにしている。この事例に関する次の1から4までの各記述のうち，判例の趣旨に照らし正しいものを2個選びなさい。

□□□　　1．Xらは，Yの住所地にかかわらず，Xらの住所地を管轄する各地方裁判所に訴えを提起することができるが，裁判所は，訴訟の著しい遅滞を避け，又は当事者間の衡平を図るため必要があると認めるときは，申立てにより又は職権で，訴訟の全部又は一部を他の管轄裁判所に移送することができる。

□□□　　2．Xらの中には弁護士費用を支払う資力のない者もいる。しかし，弁護士費用は損害としてYに請求することができるから，裁判所は，訴え提起の手数料や送達費用，鑑定費用等について訴訟上の救助を認めるか否かの判断において，弁護士費用を支払う資力がないことを考慮することはできない。

□□□　　3．Xらは，Yが販売した医薬品によって健康被害が生じたことを，個々の原告ごとに立証しなければならないが，訴訟上の因果関係の立証は，一点の疑義も許されない自然科学的証明ではなく，経験則に照らして全証拠を総合検討し，特定の事実が特定の結果発生を招来した関係を是認し得る高度の蓋然性を証明することであり，その判定は，通常人が疑いを差し挟まない程度に真実性の確信を持ち得るものであることを必要とし，かつ，それで足りるものである。

□□□　　4．Xらに損害が生じたことは認められても，その損害額の立証が極めて困難であるときは，裁判所は，口頭弁論の全趣旨及び証拠調べの結果に基づき，相当な損害額を認定することができるが，損害額の立証が不十分であるとして請求を棄却することもできる。

11章

証

拠

125

4編　訴訟の審理

No.
039　　　正解　**1，3**　　　不法行為に基づく損害賠償請求に関する条文・判例知識を整理しておこう。

1　正しい。

Xらは，Yを被告として，損害賠償を求める訴えを提起しており，これは，財産権上の訴えに当たることから，義務履行地すなわち債権者の現在の住所地（民484条参照）を管轄する裁判所に訴えを提起することができる（民訴5条1号）。したがって，前段は正しい。また，第一審裁判所は，訴訟がその管轄に属する場合においても，当事者及び尋問を受けるべき証人の住所，使用すべき検証物の所在地その他の事情を考慮して，訴訟の著しい遅滞を避け，又は当事者間の衡平を図るため必要があると認めるときは，申立てにより又は職権で，訴訟の全部又は一部を他の管轄裁判所に移送することができる（17条）。したがって，後段も正しい。

2　誤り。

判例は，不法行為（民709条）を理由とする損害賠償請求訴訟において，「訴訟追行を弁護士に委任した場合には，その弁護士費用は，事案の難易，請求額，認容された額その他諸般の事情を斟酌して相当と認められる額の範囲内のものに限り，右不法行為と相当因果関係に立つ損害というべきである」としている（最判昭44. 2. 27）。もっとも，裁判所は，訴訟の準備及び追行に必要な費用を支払う資力がない者又はその支払により生活に著しい支障を生ずる者に対しては，申立てにより，訴訟上の救助の決定をすることができるが（民訴82条1項本文），この「費用」には，弁護士費用も含まれることから，裁判所は，訴訟上の救助を認めるか否かの判断において，弁護士費用を支払う資力がないことを考慮できる。

3　正しい。

判例は，「訴訟上の因果関係の立証は，一点の疑義も許されない自然科学的証明ではなく，経験則に照らして全証拠を総合検討し，特定の事実が特定の結果発生を招来した関係を是認しうる高度の蓋然性を証明することであり，その判定は，通常人が疑を差し挟まない程度に真実性の確信を持ちうるものであることを必要とし，かつ，それで足りる」としている（最判昭50. 10. 24百選57事件，ルンバールショック事件）。

4　誤り。

判例は，損害が発生したことは明らかであるが，損害額の立証が極めて困難であったとしても，248条により，相当な損害額が認定されなければならず，裁判所は，損害が発生したことを前提としながら，それにより生じた損害の額を算定することができないことを理由に損害賠償請求を棄却することはできないとしている（最判平20. 6. 10）。

[文献] 試験対策講座3章1節[2]【2】(4)(b)(i)・[4]【2】，11章3節[5]【1】・【3】(4)。判例シリーズ45事件

126

4節　証明責任

No.

040

主張立証責任
H20-66

☐　月　日
☐　月　日
☐　月　日

　Xは，甲土地を所有するAから，甲土地を買い受けたと主張して，これを占有しているYに対し，所有権に基づいて甲土地の明渡しを求める訴えを提起した。この訴訟に関する次の1から5までの各記述のうち，誤っているものを2個選びなさい。

☐☐☐　1．Yにおいて，Xが甲土地を所有していることを認めた場合，権利自白として自白の拘束力を認める見解によれば，Xは，請求原因事実として，甲土地をAから買い受けたことについて立証する必要がない。

☐☐☐　2．Xは，請求原因事実として，甲土地の所有権の取得原因事実を主張立証しなければならないが，その場合，判例の趣旨に照らせば，Xが甲土地につきAと売買契約を締結したことに加えて，当該売買契約に基づく所有権移転登記を具備したことについて主張立証責任を負う。

☐☐☐　3．Yは，Xとの間で甲土地につき賃貸借契約を締結したと主張している。これに対し，Xは，同人の息子がYとの賃貸借契約をXに無断で契約したものであるとして，争いたいと考えている。この場合，判例によれば，賃貸借契約締結の事実についての主張立証責任は，占有権原を主張するYにあるのであり，Xにおいて，息子がYと甲土地につき賃貸借契約を締結したことの主張立証責任を負うものではない。

☐☐☐　4．Yは，Xと甲土地につき賃貸借契約を締結したと主張しているところ，Xは，この事実は否定できないが，再抗弁として，この賃貸借契約は，賃料不払により解除されたと主張したいと考えている。この場合，判例によれば，Xは，法定解除権の発生要件として，所定の期限までに賃料を支払わなかった事実について主張立証責任を負う。

☐☐☐　5．Yは，Xが甲土地を取得した後にこれをBに売却したのでXは甲土地の所有者ではなくなった旨主張したいと考えている。この場合，判例によれば，Yは，XがBとの間で売買契約を締結したことを主張立証すれば足り，売買代金が支払われた事実については主張立証責任を負わない。

11章

証

拠

127

4編　訴訟の審理

No.
040　　正解　**2, 4**　　主張・立証責任の学習をするときには，要件事実も一緒におさえよう。

1　正しい。

本記述の見解によれば，Ｘが甲土地を所有していることにつき権利自白が成立すると，Ｘは，自己の所有権を基礎付ける事実を主張・立証する必要がなくなる（179条）。

2　誤り。

所有権に基づく不動産明渡請求の請求原因事実は，①原告が当該不動産を所有していること，②被告が当該不動産を占有していることである。本問の事案において，原告であるＸは，Ａから甲土地を買い受けたと主張して，Ｙに対し，甲土地の明渡しを求めているから，①について，甲土地の所有権取得原因事実としてＡと売買契約を締結した事実を主張・立証しなければならない。したがって，前段は正しい。もっとも，所有権移転原因としては売買契約を締結した事実があれば足り（民555条，176条参照），第三者対抗要件である所有権移転登記を具備したことまで主張・立証する必要はない。したがって，後段は誤っている。

3　正しい。

他人が所有する不動産についての占有権原は，それが存在しないことが所有権に基づく明渡請求権の権利発生事実になるのではなく，存在することが権利障害事実となる。そのため，占有者が自己に占有権原のあることを主張・立証しなくてはならない（最判昭35.3.1）。したがって，本記述の場合，賃貸借契約締結の事実についての主張・立証責任は，Ｙにある。

4　誤り。

賃料不払による賃貸借契約の解除は，賃料支払義務の履行遅滞による解除（541条本文）に当たる。この場合，当該義務の履行があったことは解除の効果を争う賃借人の側に主張・立証責任がある（大判大8.7.22参照）。したがって，本記述の場合，Ｘは，所定の期限までに賃料を支払わなかった事実について主張・立証責任を負わない。

5　正しい。

判例は，「売主の所有に属する特定物を目的とする売買においては，……買主に対し直ちに所有権移転の効力を生ずる」としている（最判昭33.6.20）。したがって，本記述の場合，Ｙは，Ｘの所有権喪失原因事実として，ＸがＢとの間で売買契約を締結したことを主張・立証すれば足りる。

文献 試験対策講座11章2節④, 4節③

128

4節　証明責任

No.	推定等の効果	☐	月	日
041	H21-66	☐	月	日
		☐	月	日

　推定等の効果に関する次の1から5までの各記述のうち，判例の趣旨に照らし誤っているものを2個選びなさい。

☐☐☐　1．土地の時効取得を原因とする所有権移転登記手続請求訴訟において，原告が占有開始の時に善意であったか悪意であったかが争点とされた場合には，占有者は善意で占有をするものと推定されるから，被告は，原告の悪意につき立証責任を負う。

☐☐☐　2．偽造された売買契約書に基づき原告から被告に対し土地の所有権移転登記がされたことを理由とする所有権移転登記抹消登記手続請求訴訟において，原告から被告への所有権の移転の有無が争点とされた場合には，現在の不動産登記の名義人は所有者であると推定されるから，原告は，被告への所有権の移転がなかったことにつき立証責任を負う。

☐☐☐　3．賃貸借契約の期間満了に基づく自動車返還請求訴訟において，民法上の黙示の更新の有無が争点とされた場合には，賃貸人が賃借人による使用継続の事実を知りながら異議を述べないと賃貸借契約を更新したものと推定されるから，原告は，自ら異議を述べたことにつき立証責任を負う。

☐☐☐　4．賃貸借契約の期間満了に基づく建物明渡請求訴訟において，借地借家法上の法定更新の有無が争点とされた場合には，期間満了前の一定の時期に更新拒絶通知をしないと賃貸借契約を更新したものとみなされるから，原告は，請求原因として更新拒絶通知をしたことを主張する必要があり，更新の合意が成立しなかった旨の再抗弁は，主張自体失当である。

☐☐☐　5．売買契約に基づく代金支払請求訴訟において，買主の委任状が偽造されたものかどうかが争点とされた場合には，委任状に被告の印章による印影があると当該印影は被告の意思に基づいて顕出されたものと推定されるが，被告は，印章が盗まれた事実を立証して反証に成功すれば，この推定を覆すことができる。

11章

証

拠

129

4編　訴訟の審理

No. 041　正解　2, 3

様々な推定規定について，その効果（立証責任の転換の有無など）を整理しよう。

1　正しい。

占有者は，所有の意思をもって，善意で，平穏に，かつ，公然と占有をするものと推定する（民186条1項）。この規定は，推定の前提事実を欠く無条件の推定（暫定真実）を定めたものと解されている。したがって，短期取得時効（162条2項）の要件のうち，所有の意思，平穏，公然，善意については，取得時効の効果を争う者がその不存在について立証責任を負う。

2　誤り。

判例は，不動産所有名義人は反証のない限りその不動産を所有するものと推定すべきであるが，不動産の直接の前所有名義人が現所有名義人に対し当該所有権の移転を争う場合には当該推定をなすべきではなく，現所有名義人が前所有名義人から所有権を取得したことを立証すべき責任を負うとしている（最判昭38.10.15）。本記述の場合，原告から被告への所有権の移転の有無が争点とされているので，被告は原告から所有権を取得したことにつき立証責任を負う。

3　誤り。

①賃貸借契約期間満了後に賃借人が賃借物の使用又は収益を継続する場合であって，②賃貸人がこれを知りながら異議を述べないときは，③従前の賃貸借と同一の条件で更に賃貸借をしたものと推定する（619条1項前段）。これは法律上の事実推定であり，①②を前提事実として③を推定するものと解されている。本記述の場合，被告は黙示の更新の抗弁として，原告が被告による使用継続の事実を知りながら異議を述べなかったことを主張立証しなければならず，原告は，自ら異議を述べたことにつき立証責任を負わない。

4　正しい。

建物の賃貸借については期間満了前の一定の時期に更新拒絶通知をしないと賃貸借契約を更新したものとみなされる（借地借家26条1項本文）。したがって，本記述の場合，原告は，更新拒絶通知をしたことを請求原因として主張する必要があるので，更新の合意が成立しなかった旨の再抗弁は，原告の主張上意味がなく，主張自体失当となる。

5　正しい。

判例は，**私文書中の印影が本人又は代理人の印章により顕出**された場合，反証なき限り**当該印影は本人又は代理人の意思に基づき成立したと推定**されるとしている（最判昭39.5.12百選70事件）。したがって，本記述の場合，被告は，印章が盗まれた事実を立証して反証に成功すれば，推定を覆すことができる。

文献 試験対策講座11章4節④【2】(1)・【3】，5節②【5】(3)(a)(iii)。判例シリーズ52事件

5節　証拠調べ手続

No.		□	月	日
042	**証　拠** 予H24-38	□	月	日
		□	月	日

　証拠調べに関する次の1から5までの各記述のうち，誤っているもの
を2個選びなさい。

□□□　1．判例によれば，証拠調べが終了した後に当該証拠の申出を撤回す
　　　　ることはできない。

□□□　2．争点及び証拠の整理が終了した後は，新たに証人及び当事者本人
　　　　の尋問の申出をすることはできない。

□□□　3．裁判所は，証人が遠隔の地に居住するときには，映像と音声の送
　　　　受信により相手の状態を相互に認識しながら通話をすることができ
　　　　る方法によって，証人の尋問をすることができる。

□□□　4．鑑定人に書面又は口頭のいずれによって鑑定意見を述べさせるか
　　　　は，裁判長がその裁量により定める。

□□□　5．証拠調べは，当事者が期日に出頭しない場合には，することがで
　　　　きない。

11章

証

拠

4編　訴訟の審理

| No. 042 | 正解　2，5 | その行為で相手方にどんな不利益が生じ得るかという観点で証拠調べの知識を整理しよう。 |

1　正しい。

証拠の申出は，証拠調べが行われるまでは，いつでも自由に撤回することができるが，証拠調べ終了後は，撤回することができない（最判昭32.6.25百選A21事件，最判昭58.5.26参照）。これは，裁判官の心証形成に影響を与えた後であり，また，証拠共通の原則により，相手方も当該証拠調べの結果を援用することができる状況にあるところ，撤回を認めるとその相手方の利益を害するおそれがあるからである。

2　誤り。

争点及び証拠の整理手続終了後の攻撃防御方法の提出について，当事者は，**相手方の求めに基づき**，手続の終了前に当該攻撃防御方法を提出することができなかった**理由を説明しなければならない**が（民訴167条，174条，178条），その**提出自体が禁止**されているわけではない。したがって，争点及び証拠の整理が終了した後であっても，新たに証人及び当事者本人の尋問の申出をすることはできる。

3　正しい。

裁判所は，証人が遠隔の地に居住するときには，映像と音声の送受信により相手の状態を相互に認識しながら通話をすることができる方法によって，証人の尋問をすることができる（204条1号）。これは，遠隔地に居住している証人の負担を軽減するためのものである。

4　正しい。

裁判長は，鑑定人に，書面又は口頭で，意見を述べさせることができる（215条1項）。そして，書面によるか口頭によるかは，裁判長が裁量で定める。

5　誤り。

証拠調べは，当事者が期日に出頭しない場合においても，することができる（183条）。これは，期日に当事者が出頭しない場合に証拠調べをすることができないとすると，予定した審理時間が無駄になるのみならず，証拠調べのために出頭した証人等に当事者が欠席する度に何度も呼び出されるという負担をかけることになるため，このような不都合を回避するためのものである。

文献　試験対策講座8章2節④【1】(4)・【2】(4)・【3】(4)，11章5節①【3】(3)・②【1】・【2】・【4】

5節　証拠調べ手続

No.
043

証拠調べ
予R1-41

□　月　　日
□　月　　日
□　月　　日

　　証拠調べに関する次のアからオまでの各記述のうち，判例の趣旨に照
　らし正しいものを組み合わせたものは，後記1から5までのうちどれか。
□□□　ア．証拠の申出は，期日前においてもすることができる。
□□□　イ．調査嘱託の嘱託先から送付された回答書を証拠資料とするために
　　　は，回答書を文書として取り調べなければならない。
□□□　ウ．証人の尋問の終了後は，その尋問の申出を撤回することができな
　　　い。
□□□　エ．文書の証拠調べは，書証の申出をした者が当該文書を朗読し，又
　　　はその要旨を告げる方法により行われる。
□□□　オ．訴え提起後は，証拠保全の申立てをすることができない。
　1．ア　ウ　　2．ア　エ　　3．イ　エ　　4．イ　オ　　5．ウ　オ

11章

証

拠

133

4編　訴訟の審理

No.
043　　　　正解　1　　　　証拠調べについての条文と判例を確認しよう。

ア　正しい。
　証拠の申出は，期日前においてもすることができる（180条2項）。

イ　誤り。
　判例は，「262条〔現186条〕に基づく調査の嘱託によって得られた回答書等調査の結果を証拠とするには，裁判所がこれを口頭弁論において提示して当事者に意見陳述の機会を与えれば足り，当事者の援用を要しない」とする（最判昭45. 3. 26）。したがって，調査嘱託の嘱託先から送付された回答書を証拠資料とするために，回答書を文書として取り調べる必要はない。

ウ　正しい。
　前掲最判昭32年（百選A21事件）は，証拠調べ終了後は，証人尋問の申出を撤回することができないとする。証拠調べ終了後は，既に裁判官の心証形成がなされており，これを除去させることは困難だからである。

エ　誤り。
　刑事訴訟法には，書証の証拠調べの方式について，書証の申出をした者による朗読又はそれに代わる要旨を告げる方法が規定されている（刑訴305条1項，刑訴規203条の2第1項）が，民事訴訟法にはそのような規定は存在しない。

オ　誤り。
　訴えの提起後における証拠保全の申立ては，その証拠を使用すべき審級の裁判所にしなければならない。ただし，最初の口頭弁論の期日が指定され，又は事件が弁論準備手続若しくは書面による準備手続に付された後口頭弁論の終結に至るまでの間は，受訴裁判所にしなければならない（民訴235条1項）。したがって，訴え提起後であっても，証拠保全の申立てをすることができる。

文献　試験対策講座11章5節[1]【3】(3)・[3]【2】(2)

134

5節 証拠調べ手続

No.
044

文書提出命令
H24-66

論

□ 月 日
□ 月 日
□ 月 日

　文書提出命令に関する次のアからオまでの各記述のうち，誤っている
ものを組み合わせたものは，後記１から５までのうちどれか。

ア．文書提出命令の申立ては，その対象となった文書について証拠調
　べの必要性を欠くことを理由として却下することはできない。

イ．公務員の職務上の秘密に関する文書については，当該文書の提出
　によって公務の遂行に著しい支障を生ずるおそれがあることを理由
　としてその提出を拒むことができる。

ウ．判例によれば，株式会社の社内文書で外部の者への開示が予定さ
　れていないものであっても，その文書を開示することにより当該株
　式会社に看過し難い不利益を生ずるおそれがないときには，文書提
　出命令の対象となる。

エ．判例によれば，刑事事件に係る訴訟に関する書類は，文書提出命
　令の対象となることはない。

オ．いわゆるインカメラ手続を実施した結果，提出義務がないとして
　文書提出命令の申立てを却下した裁判所は，当該文書を閲読しなか
　ったものとして本案についての心証を形成しなければならない。

1．ア　イ　　2．ア　エ　　3．イ　ウ　　4．ウ　オ　　5．エ　オ

11章

証

拠

4編　訴訟の審理

No. 044

正解　2

文書提出命令は論文式試験でも出題されているので，重要判例をおさえよう。

ア　誤り。

裁判所は，当事者が申し出た証拠で必要でないと認めるものは，取り調べることを要しない（181条1項）。そして，文書提出命令の申立ての採否も，証拠の採否であることに変わりはないことから，裁判所は，証拠調べの必要性がないことを理由として却下することができる。

イ　正しい。

公務員の職務上の秘密に関する文書については，当該文書の提出によって公務の遂行に著しい支障を生ずるおそれがあることを理由としてその提出を拒むことができる（220条4号ロ）。

ウ　正しい。

判例は，「ある文書が，その作成目的，記載内容，これを現在の所持者が所持するに至るまでの経緯，その他の事情から判断して，専ら内部の者の利用に供する目的で作成され，外部の者に開示することが予定されていない文書であって，開示されると個人のプライバシーが侵害されたり個人ないし団体の自由な意思形成が阻害されたりするなど，開示によって所持者の側に看過し難い不利益が生ずるおそれがあると認められる場合には，特段の事情がない限り，当該文書は220条4号ロ〔現同号ニ〕の『専ら文書の所持者の利用に供するための文書』に当たる」としている（最決平11.11.12百選69事件）。

エ　誤り。

文書提出命令の対象となる文書が，刑事事件に係る訴訟に関する書類に当たる場合，当該文書の所持者は，その提出を拒むことができる（220条4号ホ）。もっとも，判例は，「訴訟に関する書類」（刑訴47条）に当たる文書であっても，法律関係文書（民訴220条3号）に該当し，その保管者が提出を拒否したことが，民事訴訟における当該文書を取り調べる必要性の有無，程度，当該文書が開示されることによる弊害発生のおそれの有無等の諸般の事情に照らし，その裁量権の範囲を逸脱し，又は濫用するものであると認められるときは，裁判所は，当該文書の提出を命ずることができるとしている（最決平31.1.22，最決平16.5.25百選A23事件）。

オ　正しい。

インカメラ手続（223条6項）により提出義務がないとして文書提出命令の申立てを却下した場合，裁判所は，当該文書を閲読していたとしても，裁判官の私知と同視されるので，その文書の記載内容から心証を形成することはできない。

文献　試験対策講座11章5節①【4】(1)・②【5】(4)。判例シリーズ51事件

136

5節　証拠調べ手続

No.
045

証拠調べ手続
予H29−39

□　月　日
□　月　日
□　月　日

　証拠調べに関する次の1から5までの各記述のうち，正しいものを2個選びなさい。

□□□　1．当事者の一方が期日に出頭しない場合には，証人尋問をすることができない。

□□□　2．証人尋問は，映像と音声の送受信により相手の状態を相互に認識しながら通話をすることができる方法によってすることはできない。

□□□　3．16歳未満の者を証人として尋問する場合には，宣誓をさせることができない。

□□□　4．鑑定人は，鑑定に必要な学識経験を有する第三者の中から指定されるものであって，宣誓をする義務を負わない。

□□□　5．鑑定人に口頭で鑑定意見を述べさせた後に，鑑定人に対し質問をする場合には，裁判長，鑑定の申出をした当事者，他の当事者の順序で行うのが原則である。

11章

証

拠

4編　訴訟の審理

No. 045　正解　3，5

証人と鑑定人について，それぞれの規定の違いを意識しよう。

1　誤り。

証拠調べは，当事者が期日に出頭しない場合においても，することができる（183条）。そして，証人尋問は，人証の証拠調べの一形態である。したがって，当事者の一方が期日に出頭しない場合であっても，証人尋問をすることはできる。

2　誤り。

裁判所は，一定の場合において，映像と音声の送受信により相手の状態を相互に認識しながら通話をすることができる方法によって，証人の尋問をすることができる（204条柱書）。これは，遠隔地に居住する証人の負担又は証人の精神的不安などの軽減を目的として，テレビ会議システムの利用を許容したものである。

3　正しい。

16歳未満の者又は宣誓の趣旨を理解できない者を証人として尋問する場合には，宣誓をさせることができない（201条2項）。これは，16歳未満の者は政策的観点から画一的に宣誓を禁じると共に，宣誓の趣旨を理解できない者に対する宣誓の要求は無意味であることから宣誓を禁じたものである。

4　誤り。

鑑定人は，特別の定めがある場合を除き，宣誓をさせなければならない（216条・201条1項）。これは，人証である鑑定人についても，証人と同様に，宣誓義務を原則的に課すことで，証言の真実性・裁判の公正性を担保しようとするものである。したがって，鑑定人も宣誓する義務を負う。

5　正しい。

鑑定人に対する質問は，裁判長，その鑑定の申出をした当事者，他の当事者の順序である（215条の2第2項）。これは，当事者の鑑定人に対する質問の機会を保障するために規定された。

文献 試験対策講座11章5節[2]【1】・【2】・【4】

5節　証拠調べ手続

No.			証拠調べ		□	月	日
046			H23-65		□	月	日
					□	月	日

　証拠調べに関する次の1から5までの各記述のうち，正しいものを2個選びなさい。

□□□　1．裁判所は，証拠調べをするに当たり，訴訟関係又は証拠調べの結果の趣旨を明瞭にするため必要があると認めるときは，当事者の意見を聴いて，決定で，証拠調べの期日において専門的な知見に基づく説明を聴くために専門委員を手続に関与させることができる。

□□□　2．裁判所は，証拠保全として，文書の証拠調べ及び検証をすることはできるが，証人の尋問をすることはできない。

□□□　3．当事者が訴訟能力を欠く場合は，その当事者本人を尋問することはできない。

□□□　4．証人が正当な理由なく出頭しない場合，裁判所は，受命裁判官又は受託裁判官に裁判所外でその証人の尋問をさせることができる。

□□□　5．裁判所は，職権で当事者本人を尋問することができる。

11章

証

拠

4編　訴訟の審理

No. 046　正解 1，5

証拠調べ手続のおおまかな流れを把握してから個々の条文を記憶するようにしよう。

1　正しい。

裁判所は，証拠調べをするに当たり，訴訟関係又は証拠調べの結果の趣旨を明瞭にするために必要があると認めるときは，当事者の意見を聴いて，決定で，証拠調べの期日において専門的な知見に基づく説明を聴くために専門委員を手続に関与させることができる（92条の2第2項前段）。これは，事柄の性質上専門的知見を導入する必要性が高い専門訴訟（医療訴訟，建築瑕疵訴訟など）において，当該専門的知見を裁判所に提供する趣旨である。

2　誤り。

裁判所は，あらかじめ証拠調べをしておかなければその証拠を使用することが困難となる事情があると認めるときは，申立てにより，民事訴訟法第2編第4章の規定に従い，証拠調べをすることができる（234条）。そして，同章には，書証（219条から231条まで），検証（232条，233条）のほか，証人尋問も規定されている（190条から206条まで）。したがって，裁判所は，証拠保全として，証人の尋問をすることができる。

3　誤り。

当事者が訴訟能力を欠く場合（31条本文）であっても，その当事者本人を尋問することはできる（211条ただし書，210条・201条2項参照）。

4　誤り。

証人が受訴裁判所に出頭する義務がないとき，又は正当な理由により出頭することができないときは，裁判所は，受命裁判官又は受託裁判官に裁判所外で証人の尋問をさせることができる（195条1号）。したがって，証人が正当な理由なく出頭しない場合には，裁判所は，受命裁判官又は受託裁判官に裁判所外で証人の尋問をさせることはできない。

5　正しい。

裁判所は，当事者の申立てにより又は職権で，当事者本人を尋問することができる（207条1項前段）。これは，事案における真実をもっとも正確に熟知していると考えられる当事者への尋問を認めることで，裁判所による事件の全体像の把握や争点整理を充実させる趣旨である。

文献 試験対策講座3章2節4【2】(2)，11章5節2【2】・【3】・3

5節 証拠調べ手続

No.	電話会議又はテレビ会議による手続	□ 月 日
047	予R1−40	□ 月 日
		□ 月 日

　音声の送受信により同時に通話をすることができる方法（以下「電話会議」という。）又は映像と音声の送受信により相手の状態を相互に認識しながら通話をすることができる方法（以下「テレビ会議」という。）による手続に関する次のアからオまでの各記述のうち，正しいものを組み合わせたものは，後記1から5までのうちどれか。

ア．電話会議によって弁論準備手続の期日における手続を行うことができるのは，当事者の一方が期日に出頭した場合に限られる。

イ．弁論準備手続の期日における手続が電話会議によって行われている場合には，期日に出頭していない原告は，訴えを取り下げることはできない。

ウ．テレビ会議によって当事者本人を尋問することはできない。

エ．少額訴訟においては，電話会議によって証人を尋問することができる。

オ．テレビ会議によって鑑定人に口頭で意見を述べさせることができるのは，鑑定人が遠隔の地に居住している場合に限られる。

1．ア　イ　　2．ア　エ　　3．イ　ウ　　4．ウ　オ　　5．エ　オ

11章

証

拠

4編　訴訟の審理

No. 047　正解　2

電話会議又はテレビ会議による手続について，それらを定める条文を確認しよう。

ア　正しい。

　裁判所は，当事者が**遠隔の地に居住**しているときその他相当と認めるときは，当事者の意見を聴いて，**電話会議**によって，**弁論準備手続の期日における手続を行うことができる**。ただし，**当事者の一方がその期日に出頭した場合に限る**（170条3項）。

イ　誤り。

　弁論準備手続は，口頭弁論自体ではなく，あくまでもその準備段階という位置付けになってはいるものの，手続において当事者が訴えの取下げをすることは許される（261条3項）。そして，期日に出頭せず，電話会議によって，弁論準備手続の期日における手続に関与した当事者は，その期日に出頭したものとみなされる（170条4項）。したがって，弁論準備手続が電話会議で行われている場合には，期日に出頭していない原告であっても，訴えを取り下げることができる。

ウ　誤り。

　204条がテレビ会議システムによる証人尋問を定め，当事者本人尋問を定める210条が204条を準用していることから，テレビ会議システムによる当事者本人の尋問をすることが認められる。

エ　正しい。

　少額訴訟において，裁判所が相当と認めるときは，電話会議によって，法廷から裁判所外にいる証人を尋問することができる（372条3項）。

オ　誤り。

　裁判所は，鑑定人に口頭で意見を述べさせる場合において，鑑定人が遠隔の地に居住しているときその他相当と認めるときは，テレビ会議によって，意見を述べさせることができる（215条の3）。したがって，テレビ会議によって鑑定人に口頭で意見を述べさせることができるのは，鑑定人が遠隔の地に居住している場合に限らない。

文献　試験対策講座8章2節④【2】(3)，11章5節②【3】(2)・【4】，18章1節⑤【3】(2)

5節　証拠調べ手続

No.	文書提出命令	論	□ 月 日
048	H23-68		□ 月 日
			□ 月 日

　Aは，Y会社で工員として勤務していたが，工場で就業中に事故に遭って死亡した。Aの遺族であるXは，Y会社を被告として損害賠償を求める訴えを提起したが，事故の状況を立証するため，国の機関である労働基準監督署において保管されている調査報告書の提出を求める文書提出命令の申立てを検討している。この事例に関する次の1から4までの各記述のうち，判例の趣旨に照らし正しいものを2個選びなさい。

□□□　1．労働基準監督官が作成した調査報告書にY会社やその関係者の私人の秘密に関する記載があったとしても，これは公務員の職務上の秘密には当たらないので，国には同報告書を提出する義務がある。

□□□　2．労働基準監督官が作成した調査報告書中の調査担当者の意見が公務員の職務上の秘密に当たり，かつ，これが提出されると公務の遂行に著しい支障を生ずるおそれが具体的に存在する場合には，国には同報告書を提出する義務はない。

□□□　3．裁判所は，Xが提出を求めている調査報告書が，公務員の職務上の秘密に関する文書か否か，又はその提出により公務の遂行に著しい支障を生ずるおそれがあるか否かの判断をするため必要があると認めるときは，文書の所持者である国にその提示をさせることができる。

□□□　4．調査報告書について文書提出命令が出された場合，Y会社は，証拠調べの必要性がないことを理由として，即時抗告をすることができる。

11章

証　拠

143

4編　訴訟の審理

| No. 048 | 正解　2, 3 | 220条4号ロに関する重要判例を，以下の解説を読んでおさえておこう。 |

1　誤り。

　判例は，「民訴法220条4号ロにいう『公務員の職務上の秘密』とは，公務員が職務上知り得た非公知の事項であって，実質的にもそれを秘密として保護するに値すると認められるものをいう」としたうえで，「上記『公務員の職務上の秘密』には，公務員の所掌事務に属する秘密だけでなく，公務員が職務を遂行する上で知ることができた私人の秘密であって，それが本案事件において公にされることにより，私人との信頼関係が損なわれ，公務の公正かつ円滑な運営に支障を来すこととなるものも含まれる」としている（最決平17. 10. 14百選A22事件）。したがって，私人の秘密であっても「公務員の職務上の秘密」に当たる場合があり，文書の提出義務が否定される場合があり得る。

2　正しい。

　前掲最決平17年（百選A22事件）は，調査報告書中の調査担当者の意見部分が公務員の所掌事務に属する秘密が記載されたものであると認められ，「公務員の職務上の秘密に関する文書」（220条4号ロ）に当たるとしたうえで，その文書の記載内容からみて「その提出により……公務の遂行に著しい支障を生ずるおそれ」（同号ロ）が存在することが具体的に認められる場合には，同報告書の意見部分の提出義務は否定されるとしている。

3　正しい。

　裁判所は，文書提出命令の申立てに係る文書が220条4号イからニまでに掲げる文書のいずれかに該当するかどうかの判断をするため必要があると認めるときは，文書の所持者にその提示をさせることができる（インカメラ手続，223条6項前段）。本記述は，Xが提出を求めている調査報告書が220条4号ロの文書に該当するか否かを判断するのに必要があると認められる場合であるから，裁判所は，223条6項前段に基づき，文書の所持者である国に，その提示をさせることができる。

4　誤り。

　文書提出命令の申立てについての決定に対しては，即時抗告をすることができるが（223条7項），判例は，「証拠調べの必要性を欠くことを理由として文書提出命令の申立てを却下する決定に対しては，右必要性があることを理由として独立に不服の申立てをすることはできない」としている（最決平12. 3. 10百選A24事件）。

文献　試験対策講座11章5節[2]【5】(4)(b)(ii)・(c)(ii)

Essential Note

01　証拠総則

□主要事実を立証するためには証明が必要である。また，間接事実の立証についても，主要事実の証拠資料と同様の機能を持つことから，証明が必要である。H20-64-ア

□**疎明のための証拠方法**は，**即時に取り調べることができるもの**に限られるところ（188条），人証であっても在廷していれば即時に取り調べることができるため，疎明のための証拠方法には**人証も含まれる**。H20-64-イ，H19-64-2

□疎明は例外的に認められている証明方法であり，明文の規定がある場合にのみ許されるところ，明文の規定がない仲裁契約の立証は，疎明では足りない。H20-64-オ

□民事保全法上の保全命令の発令要件の立証は，疎明で足りる（民保13条1項，2項）。H20-64-ウ

□疎明は，民事訴訟法の定める証拠調べの手続に従う必要はない。H20-64-エ

□厳格な証明においては，要証事実について高度の蓋然性をもって証明する必要があり，これは自由な証明においても，異なるものではない。H19-64-1

ビジュアルで覚える

●事実と証拠の働き

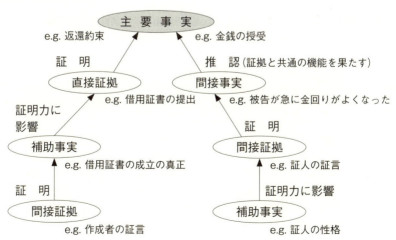

〈Essential Note〉2　証明対象と不要証事実

02　証明対象と不要証事実

□当事者が自己に不利益な事実を陳述した場合，相手方が当該陳述を援用しなかったとしても，主張共通の原則により，裁判所は，当該事実を判決の基礎とすることができる。H23-66-オ

□**裁判上の自白**とは，**相手方の主張する自己に不利益な事実を認める旨の陳述**をいい，**その対象は主要事実**（権利の発生，変更，消滅という法律効果の判断に直接必要な事実）**に限られ**，**間接事実**（主要事実の存否を推認させる事実）**には及ばない**。予H29-38-2・4，予H23-37-1・2

□**先行自白**（自ら進んで自己に不利益な事実を陳述し，後に相手方が援用する場合）にも，裁判上の自白は成立し，**撤回禁止効が生じるところ**，自己に不利益な陳述をした当事者は，**相手方がその陳述を援用する前であれば**，裁判上の自白が成立せず，当該陳述を**撤回**することができる。H24-63-オ

□被告が最初にすべき口頭弁論の期日に出頭していない場合でも，原告は自己に不利益な事実を陳述することができるところ（158条），被告が次の口頭弁論の期日にも出頭しなかった場合には，被告はいまだに当該陳述を援用していないので，その期日において，原告は当該陳述を撤回することができる。H23-66-ア

□判例は，詐欺行為（刑246条2項）のような**刑事上罰すべき他人の行為による自白**は無効又は取り消されるべきである旨の主張は，再審事由（民訴338条1項5号）を主張するものであるから，もし，証拠上その主張事実が肯認されるならば，**自白の効力は認められない**としている（最判昭33.3.7）。H24-63-ウ，予H23-37-4

□自白の撤回も，防御方法の一種である以上，**157条1項の要件を満たす場合には**，**時機に後れたもの**として**却下されることがある**（東京高判昭56.1.19参照）。H24-63-エ

□裁判上の自白の対象となるのは具体的事実に限られ，**権利自白**（訴訟物たる権利関係の前提となる先決的な権利・法律関係についての自白）は裁判所を拘束しないとされているが（最判昭30.7.5百選55事件参照），所有権や売買などの**日常的な法律概念の自白**については，具体的事実の陳述と解して，**裁判上の自白の成立が認められている**。H19-70-3，予H29-38-3

□当事者が口頭弁論において相手方の主張した事実を争うことを明らかにしない場合，原則として，その事実を自白したものとみなされるが（擬制自白，159条1項本文），判例は，当事者は，**事実審の口頭弁論終結時まで**，いつでも擬制自白を**翻すことができる**としている（大判昭6.11.4）。H24-63-イ

146

〈Essential Note〉2　証明対象と不要証事実／3　自由心証主義／4　証明責任／5　証拠調べ手続

□**公示送達による呼出しを受けた者が，口頭弁論期日に欠席したときは，出頭した相手方当事者の主張した事実を自白したものとみなされることはない**（159条3項ただし書）。H26-64-ア，H22-60-5

03　自由心証主義

□裁判官は，自由心証主義に基づき，自己の判断で経験則を取捨選択して事実認定を行うことができるが，自由心証主義による事実認定は論理法則や経験則に基づく合理的なものでなければならないから，取捨選択の当不当は上告理由となり得る（312条2項6号，3項）。H22-64-エ

. . . .

□判例は，訴え提起後に挙証者自身が作成した文書であっても，証拠能力が認められるとしている（最判昭24.2.1）。H20-67-1

04　証明責任

□**法律上の事実推定**とは，ある事実に推定規定を適用して，別の事実の存在を推定させることをいい，推定規定により推定される事実を**推定事実**，それを推定させる前提となる事実を**前提事実**という。**法律上の事実推定**については，相手方は，前提事実の存在を真偽不明に持ち込むか（反証），推定事実の不存在を証明（本証）しなければ，法律効果の発生を阻止することができない。H24-67

ビジュアルで覚える

● **法律要件分類説からの帰結**

実体法の規定	例（代金支払請求の場合）	証明責任を負う者
権利根拠規定	売買契約	権利を主張する者（原告）
権利障害規定	詐　欺	権利を主張する者の相手方（被告）
権利阻止規定	同時履行の抗弁	権利を主張する者の相手方（被告）
権利消滅規定	弁　済	権利を主張する者の相手方（被告）

05　証拠調べ手続
05-1　証人尋問

□証人能力は，行為能力や訴訟能力などに関係なく認められることから，未成年者も，証人となることができる。H18-55-5

. . . .

□証人尋問では，**裁判所が相当と認める場合において，当事者に異議がないときは，証人の尋問に代え，書面の提出をさせることができる**（205条）。ただし，205条は**当事者尋問には準用されていない**（210条参照）。H26-68-4，予H25-41-1

. . . .

□当事者の訴訟代理人は，当事者尋問における**被尋問者ではないことから**（207条，211条参照），これを尋問するときは，**証人尋問の規定による**。H26-68-5

11章

証
拠

147

〈Essential Note〉5　証拠調べ手続

□証人の尋問は，その尋問の申出をした当事者，他の当事者，裁判長の順序で行うが（202条1項），**裁判長は，適当と認める場合には，当事者の意見を聴いて，その順序を変更することができる**（同条2項）。H26-68-1，H21-65-オ，予H30-36-1

□証人は，裁判長の許可を受けた場合を除き，書類に基づいて陳述することはできない（203条）。H21-65-ア

05-2　当事者尋問

□裁判所は，**証人及び当事者本人の尋問を行うときは，まず証人の尋問をするのが原則**であるが（207条2項本文），適当と認めるときは，当事者から意見を聴いて，**まず当事者本人の尋問をすることができる**（207条2項ただし書）。H19-65-4，予H25-41-5

□当事者本人は，裁判長の許可を受けたときであれば，記憶喚起のため，書類に基づいて陳述することができる（210条・203条ただし書）。予H25-41-3

□裁判所は，**当事者本人を尋問する場合**において，その当事者本人が**正当な理由なく出頭しないときであっても，210条が194条を準用していないことから，当事者本人を勾引することができない**。H26-68-3，H19-65-1

□**当事者本人を尋問する場合**において，当事者本人が**正当な理由なく，出頭せず，又は宣誓を拒んだときは，裁判所は，尋問事項に関する相手方の主張を真実と認めることができる**（208条）。そして，208条の「正当な理由」には，その陳述によって自分が敗訴するおそれのあることは含まれない。H19-65-3，H18-68-3，予H25-41-2

□**裁判所は，当事者本人を尋問する場合，その当事者に宣誓をさせることができる**（207条1項後段）。H26-68-2

□当事者本人の**法定代理人を尋問するときは，当事者本人の尋問に関する規定に従って行われる**（211条本文）。H19-65-2

□株式会社を訴訟において代表している**代表取締役を尋問するには，当事者本人の尋問の手続によらなければならないから**（37条・211条本文），代表取締役は証人として出頭し，**宣誓をする義務を負わない**。H25-59-4，H21-65-エ

148

〈Essential Note〉5　証拠調べ手続

ビジュアルで覚える

● 証人尋問と当事者尋問の異同

■法令名なき条文は民訴を指す

	証人尋問			当事者尋問
尋問の対象	第三者			当事者・法定代理人（207，211）
宣　誓	必要的（201Ⅰ）			任意的（207Ⅰ）
順　序	先（207Ⅱ本文，ただし，207Ⅱただし書）			後（207Ⅱ本文，ただし，207Ⅱただし書）
不出頭の場合の扱い	訴訟費用の負担及び過料（192Ⅰ，201Ⅴ，200）	罰金又は拘留（193，201Ⅴ，200）	勾引（194）	相手方の主張を真実と認めることができる（208）
宣誓を拒絶した場合の扱い			―	
証言（陳述）を拒絶した場合の扱い				
虚偽の陳述に対する制裁	偽証罪（刑169）			過料（209Ⅰ）

05-3　書証

☐ 文書の成立の真正（228条1項）とは，当該文書の作成者であると挙証者が主張する者の意思に基づいてその文書が作成されたことをいう。そのため，他人名義の文書をある者が無断で作成した場合であっても，その文書を無断で作成した者を作成者とするものとして提出されたときは，その文書の成立の真正が認められる。H26-69-2

☐ 文書送付嘱託（226条本文）に基づき文書所持者から裁判所に送付された文書についても，**相手方がその成立を争った場合**には，その**成立が真正であることを証明しなければならない**（228条1項）。H20-67-5

☐ 本人の依頼を受けた使者が文書を作成したとしても，使者は本人の意思表示を相手方に伝達する者にすぎないので，その記載内容たる思想の主体，すなわち，作成者は使者ではなく，本人である。H26-69-1

☐ 文書の成立の真正は，証明の対象となる事実であるから（228条1項），挙証者の相手方が文書の成立の真正につき認否をしなかった場合には，「相手方の主張した事実を争うことを明らかにしない場合」として，成立の真正についての擬制自白（159条1項）が成立し得る。H26-69-3

☐ 文書の成立について相手方が認めた場合，裁判所は，証拠に基づかないで，その成立が真正であると認めることができる（179条1項）。なお，この場合，主要事実ではなく補助事実に対する自白となるから，裁判所に対する拘束力は生じない（前掲最判昭52年）。予H30-40-1

149

〈Essential Note〉5　証拠調べ手続

□債務者とその連帯保証人の署名がある借用証書は，一通の書面であっても，作成者が複数の文書である。H26-69-4

□報告証書（作成者の事実認識を記載した文書）は，処分証書（意思表示その他の法律行為が記載された文書）とは異なり，形式的証拠力（作成者の意思に基づいて作成されたこと）が証明されたとしても，実質的証拠力（記載内容の真実性）は別個に判断される。H25-68-ア

□文書は，その方式及び趣旨により公務員が職務上作成したものと認めるべきときは，真正に成立した公文書と推定される（228条2項）。H23-67-5

□公文書の成立の真否について疑いがあるときは，裁判所は，職権で，当該官庁又は公署に照会をすることができる（228条3項）。H23-67-1

□**私文書**は，**本人又はその代理人**の**署名**又は押印があるときは，**真正に成立したものと推定**される（228条4項）。H25-68-オ，H23-67-4

□前掲最判昭39年（百選70事件）は，**私文書中の印影が本人又は代理人の印章により顕出された場合**には，**反証がない限り**，当該印影は**本人又は代理人の意思に基づき成立**したものと**推定**され，その結果，当該文書は，「本人又はその代理人の……押印があるとき」（228条4項）の要件を満たし，**文書全体が真正に成立したものと推定される**としている（二段の推定）。H25-68-エ，予H30-40-4

□「署名」（228条4項）について，本人名義の署名があれば，その署名は本人の意思に基づいてされたものと事実上推定されると認めた判例は存在しない。予H30-40-3

□作成者の署名も押印もない文書につき，裁判所は，他の証拠を合わせて考慮することにより，その文書が作成者の意思に基づいて作成されたと認定することができる。H25-68-イ，予H30-40-2

□**作成者が借用証書の借主欄に署名したことが認められる場合**には，**当該借用証書は真正に成立したものと推定されるところ**（228条4項），署名後に**金額欄の記載が改ざんされた**という作成者の主張は，この**推定を覆すための主張**にすぎない。H25-68-ウ，予H30-40-5

□**私文書に作成名義人の署名がある場合**，当該文書の**形式的証拠力が事実上推定される**が（228条4項），相手方の反証によりこの推定が覆されなくても，その実質的証拠力が法律上推定されることはない。H20-67-2

□文書の成立の真否は，筆跡又は印影の対照によっても，証明することができるが（229

〈Essential Note〉5　証拠調べ手続

条1項），対照をするのに適当な相手方の筆跡がないときは，裁判所は，対照の用に供すべき文字の筆記を相手方に命ずることができる（同条3項）。H23-67-3

□当事者又はその代理人が故意又は重大な過失により真実に反して**文書の成立の真正を争ったとき**，裁判所は，**決定で，10万円以下の過料に処する**（230条1項）。H20-67-3，予H30-39-4

□文書提出命令の申立てをする場合においては，文書の表示及び趣旨を明らかにしてしなければならないが（221条1項1号，2号），それが著しく困難なときは，申立人の申出があれば，裁判所は，文書提出命令の申立てに理由がないことが明らかな場合を除き，文書の所持者に対し，当該文書の表示及び趣旨を明らかにすることを求めることができる（222条1項，2項）。H21-64-1

□文書提出命令の申立てをする場合において，文書の表示又は文書の趣旨を明らかにすることが著しく困難であるときは，その申立ての時において，これらの事項に代えて，文書の所持者がその申立てに係る文書を識別することができる事項を明らかにすれば足りる（222条1項前段）。予H27-42-2

□220条4号に掲げる場合であることを文書の提出義務の原因とする文書提出命令の申立ては，書証の申出を文書提出命令の申立てによってする必要がある場合でなければ，することができない（221条2項）。予H27-42-1

□裁判所は，文書の提出を命ずるに当たり，当該文書に取り調べる必要がないと認める部分又は提出の義務があると認めることができない部分があるときは，その部分を除いて，提出を命ずることができる（223条1項後段）。H21-64-3

□裁判所は，第三者に対して文書の提出を命じようとする場合において，その第三者を審尋しなければならない（223条2項）。予H27-42-3

□第三者が所持する文書については，その者に文書提出義務が認められる場合に，文書提出命令の申立てをすることができるが（223条2項参照），第三者に文書提出義務が認められない場合には，文書送付嘱託の申立てにより書証の申出をすることになる（226条本文）。H19-64-3

□文書提出命令の申立てについての決定に対しては，即時抗告することができる（223条7項）。もっとも，即時抗告がされた場合に裁判所は，その即時抗告についての裁判が確定するまで，訴訟手続を停止しなければならないとする規定は存在しない。予R1-45-3

□文書提出命令の申立てについての決定に対しては，**文書の提出を命じられた所持者及**

11章

証

拠

151

〈Essential Note〉5　証拠調べ手続

び申立てを却下された申立人以外の者は，抗告の利益を有せず，本案事件の当事者であっても，**即時抗告をすることができない**（最決平12.12.14）。H21-64-5，予H27-42-5

□**当事者が文書提出命令に従わないとき，裁判所は，当該文書の記載に関する相手方の主張を真実と認めることができるが**（224条1項），過料に処されることはない。H23-64-ウ，予H30-39-1

□当事者が，相手方の使用を妨げる目的で提出の義務がある文書を滅失させたときは，裁判所は，当該文書の記載に関する相手方の主張を真実と認めることができる（224条2項）。H18-68-5

□文書の所持者である**第三者が文書提出命令に従わないとき，裁判所は，決定で，20万円以下の過料に処することができるが**（225条1項），文書提出命令を申し立てた当事者による**当該文書の記載に関する主張を真実と認めることはできない**。H18-68-4，予H30-39-2

□相手方が正当な理由なく文字の筆記を命じた決定に従わないときは，裁判所は，文書の成立の真否に関する挙証者の主張を真実と認めることができる（229条4項前段）。予H30-39-3

□裁判所は，当事者が検証物提示命令に従わない場合，当該検証物の性状に関する相手方の主張を真実と認めることができる（232条1項・224条1項）。予H30-39-5

ビジュアルで覚える

●二段の推定

第三者が権限なく本人の印章を押印した場合や，同居者が本人の印章を自由に使用できる場合などには，推定が破れる

本人の意思に基づく押印後に第三者が権限なく文書に記載を付加した場合などには，推定が破れる

> 文書上の印影が本人の印章によって顕出されたものである
>
> ↓
>
> 事実上の推定（一段目の推定）
>
> ↓
>
> 当該印影は本人の意思に基づいて押印された
>
> ↓
>
> 228条4項による推定（二段目の推定）
>
> ↓
>
> 文書成立の真正

152

〈Essential Note〉5　証拠調べ手続

● 文書提出命令　判例一覧

判例	条文	判示事項
最決平 17. 10. 14 百選 A22 事件	220④ロ	○ 「公務員の職務上の秘密」（220④ロ）には，公務員の所掌事務に属する秘密だけでなく，職務を遂行するうえで知ることができた私人の秘密であって，それが公にされることにより，私人との信頼関係が損なわれ，公務の公正かつ円滑な運営に支障をきたすこととなるものも含まれる ○ 「その提出により公共の利益を害し，又は公務の遂行に著しい支障を生ずるおそれがある」（220④ロ）というためには，文書の性格から公共の利益を害し，又は公務の遂行に著しい支障を生ずるおそれの存在することが具体的に認められることが必要である
最決平 12. 3. 10 百選 A24 事件	220④ハ	「技術又は職業の秘密」（197 I ③）とは，その事項が公開されると，当該技術の有する社会的価値が下落しこれによる活動が困難になるもの又は当該職業に深刻な影響を与え以後その遂行が困難になるものをいう
最決平 11. 11. 12 百選 69 事件	220④ニ	○ i 文書の作成目的，記載内容などに照らして，専ら内部の者の利用に供する目的で作成され，外部の者に開示することが予定されていない文書であって，ii 開示されると個人のプライバシーが侵害されたり個人ないし団体の自由な意思形成が阻害されたりするなど，開示によって所持者の側に看過し難い不利益が生ずるおそれがあると認められる場合には，iii 特段の事情がない限り，当該文書は「専ら文書の所持者の利用に供するための文書」（220④ニ）に当たる ○ 貸出稟議書は，銀行内部において，融資案件についての意思形成を円滑，適切に行うために作成される文書であること，法令によってその作成が義務付けられたものではないことから，専ら銀行内部の利用に供する目的で作成され，外部に開示することが予定されていない文書であって，開示されると銀行内部における自由な意見の表明に支障をきたし銀行の自由な意思形成が阻害されるおそれがある
最決平 12. 12. 14	220④ニ	○ 「特段の事情」とは，文書提出の申立人がその対象である貸出稟議書の利用関係において所持者である信用金庫と同一視することができる立場にある場合をいう ○ 信用金庫会員が提起する代表訴訟は，会員としての立場から理事の責任を追及するものにすぎず，会員として閲覧できない書類を信用金庫と同一の立場で利用する地位を会員に付与するものではないから，特段の事情はない
最決平 18. 2. 17	220④ニ	銀行の社内通達文書は，i 開示によって自由な意思決定が阻害されないこと，ii 個人のプライバシーに関する情報や銀行の営業秘密に関する事項が記載されているものではないことから，銀行に看過し難い不利益が生じるおそれはない

11章

証

拠

〈Essential Note〉5　証拠調べ手続

05-4　その他（調査の嘱託）

□調査の嘱託は，個人に対してすることができない（186条参照）。H26-67-ウ

□裁判所から調査の嘱託があった場合において，嘱託先がこれに応じないときであっても，過料の制裁が科されることはない。H26-67-エ

□裁判所は，訴訟関係を明瞭にするため，釈明処分として，調査の嘱託をすることができる（151条1項6号）。H26-67-オ

05-5　証拠保全

□訴えの提起前に証拠保全の申立てをし，検証の申出をする場合には，検証物の所在地を管轄する地方裁判所又は簡易裁判所にしなければならない（235条2項）。予H26-41-1

□裁判所は，必要があると認めるときは，訴訟の係属中，職権で，証拠保全の決定をすることができる（237条）。予H26-41-2

□証拠保全の申立ては，相手方を指定することができない場合においても，することができる（236条前段）。予H26-41-3

□証拠保全の手続において尋問をした証人について，当事者が口頭弁論における尋問の申出をしたときは，裁判所は，その尋問をしなければならない（242条）。予H26-41-4

□**証拠保全の申立てを認める決定**に対しては**不服申立てをすることができない**が（238条），**却下する決定**に対しては**抗告をすることができる**（328条1項）。H19-64-4，予H26-41-5

〈Essential Note〉5　証拠調べ手続

ビジュアルで覚える

● 証拠調べ手続の流れ

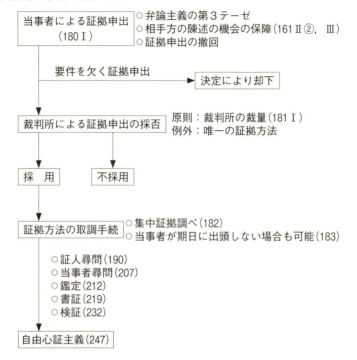

● 証拠の意義

	証拠方法（対象）	証拠資料（得られた内容）
証人尋問	証人	証言
鑑定	鑑定人	鑑定意見
当事者尋問	当事者本人	当事者の意見
書証	文書	文書の内容
検証	検証物	検証の結果

11章 証拠

第5編

訴訟の終了

1節 訴えの取下げ

No.
049

訴えの取下げ
H22-65

□ 月 日
□ 月 日
□ 月 日

訴えの取下げに関する次の1から5までの各記述のうち，正しいものを2個選びなさい。

□□□ 1．上告審においては，訴えを取り下げることができない。

□□□ 2．原告側の固有必要的共同訴訟においては，原告の一人による訴えの取下げは効力を生じない。

□□□ 3．判例によれば，詐欺脅迫等明らかに刑事上罰すべき被告の行為により訴えの取下げがされるに至った場合であっても，当該訴えの取下げは有効である。

□□□ 4．裁判所は，訴えの取下げの有効性について，職権で調査しなければならない。

□□□ 5．判例によれば，訴訟外で訴えを取り下げる旨の合意が成立し，被告がその合意の存在を主張立証した場合，裁判所は，請求棄却の判決をしなければならない。

12章
当事者の意思による訴訟終了

159

5編　訴訟の終了

No.
049　　正解　2，4　　　　訴えの取下げに関する重要な知識を問うものである。しっかりと復習しておこう。

1　誤り。

　訴えは，判決が確定するまで，その全部又は一部を取り下げることができる（261条1項）。したがって，事件が上告審に移審した後でも，判決が確定するまでは，訴えを取り下げることができる。

2　正しい。

　判決の合一確定の要請が働く**固有必要的共同訴訟**においては，**共同訴訟人の1人の訴訟行為**は，それが**全員の利益となる場合にのみ**，その**効力を生じる**とされており（40条1項），**不利になる訴訟行為**は，他の共同訴訟人のみならず，その行為をした共同訴訟人についても**効力を生じない**。そして，**共同原告の1人がする訴えの取下げ**は，固有必要的共同訴訟においては，それが認められると，他の共同訴訟人の訴えが不適法として却下されることになるため**不利な訴訟行為**とされるから，**効力を生じない**。判例も，固有必要的共同訴訟の係属中に共同原告の1人が訴えの取下げをしても，その取下げは効力を生じないとしている（最判昭46.10.7百選A31事件）。

3　誤り。

　判例は，「訴の取下は訴訟行為であるから，一般に行為者の意思の瑕疵がただちにその効力を左右するものではないが，詐欺脅迫等明らかに**刑事上罰すべき他人の行為**により**訴の取下**がなされる**にいたったとき**は，民訴法420条1項5号〔現338条1項5号〕の法意に照らし，その**取下は無効と解すべき**」としている（最判昭46.6.25百選91事件）。

4　正しい。

　訴えの取下げの有無及び効力は，訴訟係属の有無にかかわる事項であるため，裁判所は，これらについて職権で調査しなければならない。

5　誤り。

　判例は，「訴の取下に関する合意が成立した場合においては，右訴の原告は権利保護の利益を喪失したものとみうるから，右訴を却下すべき」としている（最判昭44.10.17百選92事件）。したがって，本記述の場合，裁判所は，請求棄却の判決をしなければならないわけではない。

[文献]　試験対策講座12章1節①・④，15章1節②【5】。判例シリーズ69事件，70事件

160

1節 訴えの取下げ

No.
050

訴えの取下げ
H26-72

☐ 月 日
☐ 月 日
☐ 月 日

　訴えの取下げに関する次の1から5までの各記述のうち，誤っているものはどれか。

1．訴えは，その一部を取り下げることができる。

2．訴えは，控訴審では取り下げることができない。

3．訴えの取下げは，相手方が本案について口頭弁論をした後には，その同意なしにすることができない。

4．訴えの取下げは，和解の期日において口頭ですることができる。

5．請求を放棄した場合と異なり，訴えを取り下げた場合には，確定判決と同一の効力は生じない。

12章
当事者の意思による訴訟終了

161

5編　訴訟の終了

| No. 050 | 正解　2 | 請求の放棄との違いを意識しながら，訴えの取下げの条文知識を整理しよう。 |

1　正しい。

訴えは，判決が確定するまで，その全部又は一部を取り下げることができる（261条1項）。これは，当事者の意思によって訴訟を終了させることを認めるものであり，請求の放棄・認諾と並ぶ，訴訟の終了の場面における処分権主義の表れのひとつである。

2　誤り。

1の解説で述べたように，訴えは，判決が確定するまでは，取り下げることができる（261条1項）。したがって，第一審係属中はもとより控訴審においても，終局判決が確定するまでは，訴えを取り下げることができる。

3　正しい。

訴えの取下げは，相手方が本案について準備書面を提出し，弁論準備手続において申述をし，又は口頭弁論後にあっては，相手方の同意を得なければ，その効力を生じない（261条2項本文）。これは，訴えの取下げにおいては，紛争解決が手続上保障されず，被告のそれまでの防御活動が無駄になるおそれがあることから，請求棄却判決による最終的な紛争解決を得ることについての被告の訴訟上の利益を保護するため，被告が防御態勢を整え，請求棄却判決を求めようとした後は，その同意を要求する趣旨である。

4　正しい。

訴えの取下げは，書面でしなければならない（261条3項本文）。もっとも，口頭弁論，弁論準備手続又は和解の期日においては，口頭ですることを妨げない（同項ただし書）。

5　正しい。

原告が請求を放棄した場合，裁判所はその要件を調査し，要件を具備していれば裁判所書記官において調書を作成する（160条，民訴規67条1項1号）。そして，請求の放棄が調書に記載されると，その調書の記載には，請求棄却の「確定判決と同一の効力」が生じる（民訴267条）。これに対し，**訴えを取り下げた場合**には，訴訟は，**取下げがあった部分**については，**初めから係属していなかったものとみなされる**ため（262条1項），確定判決と同一の効力が生じることはない。

文献　試験対策講座12章1節2・3・4・5

2節 請求の放棄・認諾／3節 訴訟上の和解

No.	訴訟上の和解	論	□ 月 日
051	H18-64		□ 月 日
			□ 月 日

訴訟上の和解に関する次のアからオまでの記述のうち，正しいものを組み合わせたものは，後記1から5までのうちどれか。

□□□　ア．訴えの利益を欠く訴訟においてした訴訟上の和解は，無効である。

□□□　イ．当事者双方が裁判所に出頭して合意をする方法以外の方法によっては，訴訟上の和解は成立しない。

□□□　ウ．訴訟代理人が訴訟上の和解をするには，特別の委任を受けることを要する。

□□□　エ．被告が訴訟物に関する原告の主張をすべて認めるが，訴訟費用については当事者の各自の負担とする旨の訴訟上の和解をすることは可能である。

□□□　オ．訴訟上の和解の内容となった私法上の契約が解除された場合，判例によれば，同一の請求の訴えを改めて提起することはできない。

1．ア　イ　　2．ア　オ　　3．イ　エ　　4．ウ　エ　　5．ウ　オ

12章 当事者の意思による訴訟終了

163

5編　訴訟の終了

No.
051　　　正解　**4**　　　訴訟上の和解は論文式試験でも重要なテーマである。しっかりと復習しよう。

ア　誤り。

訴訟上の和解の前提として，訴訟要件の具備は不要と解されている。ただし，確定判決と同一の効力を生じる以上，当事者の実在・専属管轄に反しないことのみ必要とされる。したがって，訴えの利益を欠いたとしても，訴訟上の和解は無効とはならない。

イ　誤り。

訴訟上の和解は，原則として，期日において当事者双方が裁判所に出頭し，口頭で陳述することで成立する。もっとも，一方の当事者が期日に出頭することが困難な事情がある場合に，その者があらかじめ裁判所等から示された和解条項案を受諾する旨の書面を提出し，他方の当事者が期日に出頭してその和解条項案を受諾したときには，和解が成立したとみなされる（264条）。また，当事者双方が共同して，裁判所等が定めた和解条項に服する旨を書面により申し立てたときは，裁判所等が事件の解決のために適当な和解条項を定めることができる（265条1項，2項）。

ウ　正しい。

訴訟代理人が訴訟上の和解をするには，特別の委任を受けなければならない（55条2項2号）。これは，訴訟上の和解等により訴訟法律関係自体を処分することについては，本人の意思を尊重する必要があることから，特別委任事項とされたものである。

エ　正しい。

訴訟上の和解とは，訴訟係属中に当事者双方が互いに譲歩（互譲）することによって，訴訟を終了させる旨の期日における合意をいう。被告が訴訟物に関する原告の主張をすべて認めても，訴訟費用の負担で互いに譲歩があれば互譲が認められる。

オ　誤り。

判例は，訴訟の係属中に和解が成立したものの，和解の内容たる契約が被告の債務不履行を理由に解除され，その解除を前提に原告が再び同一の訴えを提起したという事案において，「和解の内容たる私法上の契約が債務不履行のため解除されるに至ったとしても，そのことによっては，単にその契約に基づく私法上の権利関係が消滅するのみであって，和解によって一旦終了した訴訟が復活するものではない」として，後訴の提起が二重起訴に当たるとした被告の主張を排斥している（最判昭43.2.15百選94事件）。

文献 試験対策講座12章3節1・2・3・5。判例シリーズ72事件

164

3節 訴訟上の和解

No.
052

訴訟上の和解
H21-67

論 ☐ 月 日
☐ 月 日
☐ 月 日

訴訟上の和解に関する次のアからオまでの各記述のうち，誤っている
ものを組み合わせたものは，後記1から5までのうちどれか。

☐☐☐ ア．裁判所は，第1回口頭弁論期日においても和解を試みることがで
きる。

☐☐☐ イ．弁論準備手続の期日においては，当事者の一方がその期日に出頭
していない場合であっても，いわゆる電話会議システムを利用する
方法によって和解をすることができる。

☐☐☐ ウ．訴訟上の和解では，当事者は，当該訴訟の訴訟物に加えて訴訟物
以外の権利又は法律関係についても和解をすることができる。

☐☐☐ エ．訴訟上の和解が成立し，その内容が調書に記載されると，その調
書の記載は確定判決と同一の効力を有するから，判例によれば，和
解を締結する過程で意思表示の瑕疵があったとしても，当事者は，
再審の事由がない限り，和解の無効や取消しを主張することができ
ない。

☐☐☐ オ．和解の内容として，第三者を利害関係人に加えた上で，原告が被
告に対し，請求に係る債務の履行について期限の猶予を与えるとと
もに，当該第三者が原告に対し，被告の債務を保証することは許さ
れない。

1．ア イ　　2．ア オ　　3．イ ウ　　4．ウ エ　　5．エ オ

12章
当事者の意思に
よる訴訟終了

165

5編　訴訟の終了

No. 052　正解　5

訴訟上の和解に関する重要な知識を確認しておこう。

ア　正しい。

裁判所は，訴訟がいかなる程度にあるかを問わず，いつでも当事者に和解を勧めることができる（89条）。これは，当事者間の自主的で円滑な紛争解決を図り，それに伴う裁判所の負担を軽減する趣旨である。

イ　正しい。

裁判所は，当事者の一方が期日に出頭している場合に，当事者が遠隔地に居住しているときその他相当と認めるときは，当事者の意見を聴いて，電話会議システムの方法により弁論準備手続を行うことができる（170条3項）。そして，平成8年改正法では，弁論準備手続の期日に出頭せずに電話会議システムによって関与した当事者は，和解をすることができないとされていたが，平成15年改正法により，当該規定が削除されたことにより，和解をすることができるようになった。

ウ　正しい。

訴訟上の和解は，当事者双方が互いに譲歩すること（互譲）を要する。もっとも，この互譲の程度・態様は問われない。したがって，和解のため必要がある場合には，訴訟物以外の権利・法律関係を加えて和解をすることも可能である。

エ　誤り。

訴訟上の和解が成立し，その内容が調書に記載されると，その調書の記載は確定判決と同一の効力を有する（267条）。もっとも，**和解を締結する過程で意思表示の瑕疵があった場合**に訴訟上の和解の無効や取消しを主張する方法として，判例は，裁判所に対し**和解の瑕疵を理由に期日指定の申立て**をし，**旧訴の続行を求める方法**（大判昭6.4.22），**和解無効確認の別訴を提起**する方法（大判大14.4.24），**請求異議の訴えを提起**する方法（大判昭14.8.12）を認めている。したがって，再審の事由がない限り，和解の無効や取消しを主張することができないわけではない。

オ　誤り。

判例は，訴訟上の和解は，争いの終結を目的とするものであるから，争いの当事者ではない第三者の加入によりこの目的を達することができるならば，その第三者の加入により成立した和解も訴訟上の和解であるとしている（大判昭13.8.9）。したがって，和解の内容として，原告が被告に対し，請求に係る債務の履行につき期限の猶予を与えると共に，当該第三者が原告に対し，被告の債務を保証することも許される。

文献 試験対策講座8章2節[4]【2】(3)，12章3節[1]・[3]・[4]

166

3節　訴訟上の和解

No.	訴訟上の和解	論	□ 月 日
053	H25-72		□ 月 日
			□ 月 日

　訴訟上の和解に関する次の1から5までの各記述のうち，判例の趣旨に照らし正しいものを2個選びなさい。

□□□　1．訴訟上の和解をするためには訴訟が適法に係属していることが必要であるから，重複する訴えの場合には，前訴が取り下げられない限り，後訴において訴訟上の和解をすることはできない。

□□□　2．訴訟上の和解には，当事者以外の第三者も加わることができるが，そのためには訴訟参加の手続を経ることを要する。

□□□　3．成立した訴訟上の和解について当事者の一方が錯誤無効を主張して和解の効力を争うためには，和解が無効であることの確認を求める別訴を提起しなければならない。

□□□　4．裁判所は，訴訟の係属後であれば，第1回口頭弁論期日前であっても，和解を試みることができる。

□□□　5．筆界（境界）確定の訴えにおいて，筆界を定める効果を有する内容の和解をすることはできない。

12章
当事者の意思による訴訟終了

167

5編　訴訟の終了

No.
053　　　　正解　4，5　　　　和解に関する条文・判例知識を整理しておこう。

1　誤り。

訴え提起前の和解（275条）との均衡から，訴訟上の和解をするためには，事件が事実上係属すれば足り，係属が適法であることまでは要しないと解される。したがって，訴えが，訴訟要件のひとつである重複起訴禁止（142条）に触れる場合であっても，前訴を取り下げることなく，後訴において訴訟上の和解をすることができる。

2　誤り。

訴訟上の和解には，訴訟当事者以外の第三者も加わることができ（前掲大判昭13年参照），そのために訴訟参加の手続を経ることを要しない。

3　誤り。

判例は，訴訟上の和解が無効であると主張する方法として，和解が無効であることの確認を求める別訴を提起する方法（前掲大判大14年）のみならず，和解が無効であることを前提とする請求異議の訴えを提起する方法（前掲大判昭14年）や，期日指定の申立てをする方法（前掲大判昭6年）を認めている。したがって，本記述においては，必ずしも和解が無効であることの確認を求める別訴を提起する方法を採る必要はない。

4　正しい。

裁判所は，訴訟の係属後であれば，訴訟がいかなる程度にあるかを問わず，和解を試みることができる（89条）。したがって，裁判所は，訴訟の係属後であれば，第1回口頭弁論期日前であっても，和解を試みることができる。

5　正しい。

判例は，「相隣者間において境界を定めた事実があっても，これによって，その一筆の土地の境界自体は変動しない」としたうえで，当事者の「合意の事実を境界確定のための一資料にすることは，もとより差し支えないが，これのみにより確定することは許されない」としている（最判昭42.12.26）。したがって，境界確定の訴えにおいて，境界を定める効果を有する内容の和解をすることはできない。

文献 試験対策講座5章1節③【1】・【2】，12章3節②・③・④

〈Essential Note〉1　訴えの取下げ

Essential Note

01　訴えの取下げ

□訴えは，判決が確定するまででなければ，その全部又は一部を取り下げることができない（261条1項）。したがって，**判決確定後は，相手方の同意があっても，訴えを取り下げることはできない**。H24-69-ア，予H30-42-1

□**人事訴訟においては処分権主義が制限され**，原則として，当事者の意思による訴訟の終了（請求の放棄・認諾及び訴訟上の和解）は許されないが（人訴19条2項，民訴266条，267条），**訴えの取下げ**（261条）は，**訴訟係属を遡及的に消滅させるにすぎず，訴訟物**（身分関係）の処分をもたらさないため，人事訴訟である**実親子関係の不存在確認の訴えについても，訴えを取り下げることができる**。H24-69-エ

□**本訴の取下げ後に被告が反訴を取り下げるときは**，相手方が反訴の本案について口頭弁論をした後においても，**相手方の同意を要しない**（261条2項ただし書）。H24-69-ウ，予H30-42-4

□第一審判決に仮執行宣言が付された後，控訴審において訴えが取り下げられたときは，その仮執行宣言付判決は，効力を失う（262条1項，民執39条1項3号，22条2号参照）。H23-70-2

□本案について終局判決があった後に訴えを取り下げた場合には，同一の訴えを提起することができない（民訴262条2項）。H24-69-イ

□判例は，再訴禁止効（262条2項）の趣旨は裁判を徒労に帰せしめたことに対する制裁と濫訴防止にあるとしたうえで，「同一の訴え」とは，単に**当事者及び訴訟物を同じくするだけではなく，訴えの利益又は必要性の点についても事情を一にする訴え**を意味し，たとえ新訴と旧訴の訴訟物が同一であっても，再訴の提起を正当化し得る新たな利益又は必要性が存するときは，262条2項の規定はその適用がないとしている（最判昭52.7.19百選A29事件）。予H30-37-エ

□判例は，**第一審の本案の終局判決が控訴審で取り消された後は，差戻し後の第一審で本案の終局判決がなされるまでは**，「終局判決」（262条2項）は存在しないから，その間に訴えを取り下げたとしても，262条2項による**再訴禁止の効果は生じない**としている（最判昭38.10.1）。予H29-43-1

□261条3項は，訴えの取下げを，原則として書面を提出してするとしながらも（同項本文），口頭弁論，弁論準備手続又は和解の期日においては，口頭ですることもできるとしている（同項ただし書）。したがって，民事訴訟法は，期日外でも訴えの取下げ

12章

当事者の意思による訴訟終了

169

〈Essential Note〉1　訴えの取下げ／2　請求の放棄・認諾／3　訴訟上の和解

をすることができることを前提としているといえる。予H30-42-3

02　請求の放棄・認諾

□処分権主義が制限される**人事訴訟**においては，**離婚訴訟**と**離縁訴訟**を除き，当事者の意思による訴訟の終了（請求の放棄・認諾，訴訟上の和解）が**許されない**（人訴19条2項，37条1項本文，44条）。H22-66-3，H20-70-4，予H29-43-5

□**請求の放棄**又は**認諾**は，当事者の一方の意思表示により訴訟を終了させるものであるから，訴訟終了効が不安定になることを防止するため，**無条件になされなければならない**。H23-71-オ，H22-66-2，H20-70-5

□**請求の放棄**は，訴訟を完結させる重要な訴訟行為であるため，訴訟外でするのではなく，**口頭弁論，弁論準備手続**若しくは**和解の期日**又は**進行協議期日においてする**（民訴266条1項，261条3項ただし書参照，民訴規95条2項）。H23-71-ア・イ，H20-70-1

□**請求の放棄**又は**認諾**をする旨の**書面**を提出した**当事者**が口頭弁論，弁論準備手続又は和解の**期日に出頭しないとき**は，裁判所又は受命裁判官若しくは受託裁判官は，その旨の**陳述をしたものとみなすことができる**（民訴266条2項，261条3項ただし書参照）。H22-66-5，予H29-43-4

□請求の放棄をするには，被告が本案について口頭弁論をした後であっても，被告の同意を必要としない。H20-70-2

□請求の放棄又は認諾は，裁判所に対する原告又は被告の意思表示であることから，相手方が出頭していない口頭弁論の期日においても，することができる。H23-71-ウ

□請求の放棄は，1個の金銭請求の一部についてすることができる。H23-71-エ

□給付請求の認諾が調書に記載されたときは，その記載には執行力が認められる（267条，民執22条7号）。H22-66-4

03　訴訟上の和解

□口頭弁論の終結後においてする和解の期日に，口頭弁論終結時の裁判官以外の裁判官が関与することは許される（民訴89条）。H25-64-ウ

□裁判所は訴訟がいかなる程度にあるかを問わず，いつでも当事者に和解を勧めることができる（89条）。そして，和解自体は「対審」（憲82条）に当たらないため，公開は必要でない。したがって，裁判所が，口頭弁論の終結後に和解を試みるときは，改めて和解期日を指定するために，口頭弁論を再開する必要はない。予R1-34-1

〈Essential Note〉3　訴訟上の和解

□訴訟上の和解は，当事者双方が互いに譲歩すること（互譲）を要する（民695条）。もっとも，この互譲の程度・態様は問われない。したがって，建物明渡請求訴訟において，被告が請求原因事実をすべて認め，抗弁を提出しなかった場合でも，当事者は，建物明渡期限の猶予を内容とする和解をすることができる。予R1-34-4

□裁判所は，受命裁判官をして和解を試みさせることができる（民訴89条）。H26-63-5

ビジュアルで覚える

●当事者の意思による訴訟終了

	訴えの取下げ	請求の放棄・認諾	訴訟上の和解
意　義	訴えによる審判要求を取り下げる旨の裁判所に対する原告の意思表示	○ 請求の放棄＝請求に理由がないことを認める原告の裁判所に対する期日における意思表示 ○ 請求の認諾＝請求に理由があることを認める被告の裁判所に対する意思表示	訴訟係属中の両当事者が，訴訟物をめぐる主張につき，互譲により訴訟の全部又は一部を終了させる旨の期日における合意
	処分権主義に基づく紛争解決手段		
主　体	原　告	○請求の放棄 → 原告 ○請求の認諾 → 被告	両当事者
当事者の同意	被告が請求の当否につき弁論等をした場合には，被告の同意が必要（民訴261Ⅱ）	不　要	必　要
紛争解決の基準の提示	な　し	あ　り	
訴訟要件の具備の要否	不　要	必　要	訴訟要件一般は不要 当事者の実在・専属管轄に反しないことは必要
手　続	書面又は期日では口頭でも可能（261Ⅲ）	○ 期日における口頭又は書面（266Ⅰ） ○ 擬制放棄・認諾（266Ⅱ）	原則：期日における互譲合意 例外：ⅰ 一方当事者不出頭型 ⅱ 裁定型
	訴訟終了		
効　果	○訴訟係属の遡及的消滅（262Ⅰ） ○本案の終局判決後に取り下げた場合，再訴禁止（262Ⅱ）	確定判決と同一の効力（267）	
既判力	な　し	原則：あり 例外：意思表示の瑕疵による無効・取消しの主張は可能	

12章
当事者の意思による訴訟終了

171

5編　訴訟の終了

Memo

No.		判決の確定	□ 月 日
054		H24-70	□ 月 日
			□ 月 日

1 節　裁判

判決の確定に関する次の1から5までの各記述のうち，誤っているものはどれか。

1．第一審判決が原告の請求の一部を認容し，その余を棄却するものであった場合には，当事者双方が控訴せず，いずれの控訴期間も満了した時に，第一審判決は確定する。

2．控訴審で控訴棄却の判決がされたときは，その確定とともに第一審判決も確定する。

3．控訴権を有する全ての当事者が控訴権を放棄したときは，控訴期間の満了前であっても，第一審判決は確定する。

4．判例の趣旨によれば，通常共同訴訟において，共同訴訟人の一人が控訴したときは，他の共同訴訟人についても判決の確定が遮断される。

5．上告審の終局判決は，その言渡しとともに確定する。

13章
終局判決による
訴訟終了

173

5編　訴訟の終了

No.
054　　　正解　4　　　解説を読み，判決の確定に関する知識を整理しよう。

1　正しい。

判決は，不服申立ての利益を有する当事者に判決正本が送達された日から，当事者が上訴を提起することなく上訴期間を経過したときに確定する（116条1項）。そして，請求の一部認容判決に対しては，当事者双方がそれぞれ認容されなかった部分について上訴の利益を有することから，本記述の場合には，当事者双方が控訴せず，いずれの控訴期間も満了したときに，第一審判決が確定することになる。

2　正しい。

控訴棄却判決は，第一審判決に取り消されるべき原因がないことを判断の内容とするものであり（302条1項），その確定により，第一審判決も確定する。

3　正しい。

第一審判決は，控訴期間の満了前には確定しないものとされているが（116条1項），控訴権を有するすべての当事者が控訴権を放棄したときは，控訴期間の満了前であっても，控訴権の放棄をした時点で確定する。

4　誤り。

判決の確定は，控訴期間内にされた控訴の提起により，遮断される（116条2項）。もっとも，**通常共同訴訟においては，共同訴訟人の1人のした訴訟行為は，他の共同訴訟人に対して影響を及ぼさない**ことから（共同訴訟人独立の原則，39条），共同訴訟人の1人が控訴をしても，その控訴により他の共同訴訟人について判決の確定が遮断されることはない。

5　正しい。

判決はそれに対する不服申立手段が尽きたときに確定することから，上訴が許されない判決は，言渡しと同時に確定することになる。そして，上告審の終局判決は，上訴が許されない判決に当たる。

文献 試験対策講座13章1節3，15章1節1【4】(1)

1節 裁判

No.
055

判 決
予H29-40

□ 月 日
□ 月 日
□ 月 日

判決に関する次の1から5までの各記述のうち，正しいものはどれか。

□□□ 1．判決は，言渡しによってその効力を生じ，当事者が上訴をする場合には，判決の言渡しの日の翌日から14日以内にしなければならない。

□□□ 2．判決書の原本は，判決の言渡し後に作成することもできる。

□□□ 3．判決の言渡しは，当事者双方が欠席した場合であっても，することができる。

□□□ 4．判決の言渡しは，主文と理由を朗読する方法によりしなければならない。

□□□ 5．裁判所書記官は，当事者の申請がなければ，判決書の正本や判決書に代わる調書の謄本を当事者に送達する必要はない。

13章
終局判決による訴訟終了

5編　訴訟の終了

No.
055　　正解 3

判決の言渡しについての条文知識を中心に，
判決に関する知識を整理しよう。

1　誤り。

　判決は言渡しによってその効力を生じる（250条）。もっとも，上訴期間の起算
点は判決書又はそれに代わる調書の送達を受けた日からであり（285条本文，313
条），判決の言渡しの翌日からではない。

2　誤り。

　判決の言渡しは，判決書の原本に基づいてしなければならないから（252条），
言渡し前に判決書の原本が作成されていることが必要である。したがって，判決
書の原本は，判決の言渡し後に作成することはできない。

3　正しい。

　判決の言渡しは，当事者が在廷しない場合においてもすることが**できる**（251
条2項）。これは，当事者双方が口頭弁論期日に出頭しない場合には，原則とし
て訴訟行為をすることができないが，判決の言渡しに当事者の訴訟行為は必要な
いことから，規定された。

4　誤り。

　判決の言渡しは，裁判長が主文を朗読してしなければならないところ（民訴規
155条1項），裁判長は，相当と認めるときは，判決の理由を朗読し，又は口頭で
その要領を告げることができる（同条2項）。したがって，判決の言渡しにおい
ては，理由を朗読しなければならないわけではない。

5　誤り。

　判決書又はこれに代わる調書は当事者に送達しなければならない（民訴255条1
項）。これは，判決の理由が必ずしも告知されるとは限らないし（民訴規155条1項，
2項），判決自体は当事者が在廷しなくても行い得ることから（民訴251条2項），
当事者に判決の内容を知らせるために規定された。

文献 試験対策講座13章1節[3]【1】，16章2節[1]【4】(2)，3節[4]【1】

176

2節 判決の効力／3節 既判力

No.		論	□	月	日
056	確定判決の既判力 予H28-36		□	月	日
			□	月	日

　確定判決の拘束力に関する次の1から5までの各記述のうち，判例の趣旨に照らし誤っているものを2個選びなさい。

□□□　1．売買による所有権の取得を請求原因として買主が提起した所有権確認請求訴訟において，被告である売主が詐欺を理由として売買契約の取消しをすることができたのにこれをしないまま口頭弁論が終結し，請求を認容する判決が確定した場合には，売主は自己の所有権の確認を買主に対して求める後訴において当該取消しを主張して買主の所有権の取得を争うことができない。

□□□　2．貸金返還請求訴訟において，被告である借主が相殺適状にある反対債権を有していたものの，相殺の意思表示をしないまま口頭弁論が終結し，請求を認容する判決が確定した場合には，借主は，その確定判決について提起した請求異議の訴えにおいて，その後にした相殺の意思表示による債務の消滅の効果を請求異議の事由として主張することができる。

□□□　3．甲土地の所有権を主張するXが，Xからの贈与を原因とする所有権移転登記を有するYに対して贈与の不存在を理由に当該登記の抹消登記を求める抹消登記手続請求訴訟を提起した場合において，判決の理由中の判断においてXに甲土地の所有権があるとして，請求を認容する判決が確定したときは，YはXに対して甲土地の明渡しを求める後訴においてYが甲土地を所有する旨を主張することはできない。

□□□　4．土地の賃貸人から提起された建物収去土地明渡請求訴訟において，被告である借地人が建物買取請求権を行使しないまま口頭弁論が終結し，請求を認容する判決が確定した場合には，借地人は，その確定判決について提起した請求異議の訴えにおいて，その後にした建物買取請求権の行使の効果を請求異議の事由として主張することができない。

□□□　5．被相続人の貸金債務につき相続人が貸主から提起された貸金返還請求訴訟において，被告である相続人の限定承認の事実が認められ，相続財産の限度での債務の支払を命じる留保付判決が確定した場合には，貸主は，口頭弁論の終結の前に法定単純承認の事実があったとして，限定承認の効力を争い，無留保の判決を得るため，改めて貸金返還請求訴訟を提起することは，許されない。

5編　訴訟の終了

No.
056　　　　　　　正解　**3,4**　　　　既判力に関する重要な判例である。しっかり復習しておこう。

1　正しい。
　判例は，売買契約による所有権移転を請求原因とする所有権確認訴訟で，当事者が詐欺を理由とする契約の取消権を行使できたのにもかかわらず，これを行使しないまま口頭弁論を終結し，請求認容判決が確定した場合，後訴において取消権を行使して売買契約により移転した所有権の存否を争うことは許されないとしている（最判昭55.10.23百選77事件）。

2　正しい。
　判例は，「当該債務名義たる判決の口頭弁論終結前には相殺適状にあるにすぎない場合，口頭弁論の終結後に至ってはじめて相殺の意思表示がなされたことにより債務消滅を原因として異議を主張するのは民訴法545条2項〔現民執35条2項〕の適用上許される」としている（大判明43.11.26）。

3　誤り。
　確定判決は，主文に包含するものに限り，既判力を有する（民訴114条1項）。「主文に包含するもの」（同項）とは，訴訟物たる権利・法律関係の存否についての判断，又はその申立ての適法性に関する判断を意味し，それらの判断の前提となる判決理由中の判断は，相殺の抗弁を除き（114条2項），既判力を有しない。したがって，本記述の場合，前訴におけるXに甲土地の所有権があるという判決理由中の判断には既判力が生じないため，YはXに対して甲土地の明渡しを求める後訴においてYが甲土地を所有する旨を主張することができる。

4　誤り。
　判例は，借地人が**賃貸人から提起された建物収去土地明渡請求訴訟**の事実審口頭弁論終結時までに**建物買取請求権を行使しないまま**，当該請求を**認容**する**判決**が**確定**した場合であっても，借地人は建物買取請求権を行使し請求異議の訴えを提起したうえで，**建物買取請求権行使の効果を異議の事由として主張**することが**できる**としている（最判平7.12.15百選78事件）。

5　正しい。
　判例は，相続人が限定承認し，相続財産の限度で支払を命じた留保付判決が確定した場合には，訴訟物は給付請求権の存在と範囲であるが，限定承認の存在と効果もこれに準じて審理され，判決主文に明示されるから，この点にも既判力に準じた効力が生じるとしたうえで，債権者は，前訴で主張できた口頭弁論終結前の限定承認と相容れない事実（例えば，民法921条の法定単純承認の事実）を後訴で主張して限定承認の存在と効力を争うことは，許されないとしている（最判昭49.4.26百選85事件）。

文献 試験対策講座13章3節①・②・③。判例シリーズ56事件，59事件

178

3節　既判力

No.	確定判決の既判力	論	□	月	日
057	H25-70		□	月	日
			□	月	日

　確定判決の既判力に関する次の1から5までの各記述のうち，判例の趣旨に照らし誤っているものを2個選びなさい。

□□□　1．貸金返還請求訴訟において，被告がその債務につき消滅時効が完成していたのに援用の意思表示をしないまま口頭弁論が終結し，請求認容判決が確定した場合であっても，被告は，その後にした時効の援用の効果を請求異議の事由として主張することができる。

□□□　2．貸金返還請求訴訟において，被告が原告に対する反対債権を有し相殺適状にあったのに相殺の意思表示をしないまま口頭弁論が終結し，請求認容判決が確定した場合であっても，被告は，その後にした相殺の意思表示の効果を請求異議の事由として主張することができる。

□□□　3．売買による所有権の取得を請求原因として買主が提起した所有権確認訴訟において，売主である被告が詐欺を理由として当該売買契約の取消しをすることができたのにこれをしないまま口頭弁論が終結し，請求認容判決が確定した場合であっても，被告は，自己の所有権の確認を求める後訴において当該売買契約の取消しを主張して買主の所有権の取得を争うことができる。

□□□　4．土地の賃貸人から提起された建物収去土地明渡請求訴訟において，賃借人である被告が建物買取請求権を行使しないまま口頭弁論が終結し，請求認容判決が確定した場合であっても，被告は，その後にした建物買取請求権の行使の効果を請求異議の事由として主張することができる。

□□□　5．将来の賃料相当額の損害金請求を認容する判決が確定した場合であっても，その後，土地価格の昂騰等の事情によって当該判決の認容額が不相当となったときは，原告は，後訴により，当該認容額と適正賃料額との差額に相当する損害金の支払を求めることができる。

13章

終局判決による
訴訟終了

179

5編　訴訟の終了

No.
057　　正解　**1,3**

既判力に関する判例知識は論文式試験でも
頻出である。しっかりおさえておこう。

1　誤り。

判例は，給付訴訟において，債務者が債権の消滅時効を援用せずに口頭弁論が
終結し，当該債務者の敗訴判決が確定した場合，当該債務者は，後訴において，
当該債権が前訴の口頭弁論終結前に時効により消滅したことを主張することはで
きないとしている（大判昭14.3.29）。

2　正しい。

判例は，「相殺は当事者双方の債務が相殺適状に達した時において当然その効
力を生ずるものではなくて，その一方が相手方に対し相殺の意思表示をすること
によってその効力を生ずるものであるから，当該債務名義たる判決の**口頭弁論終
結前には相殺適状にあるにすぎない場合，口頭弁論の終結後に至ってはじめて相
殺の意思表示がなされたことにより債務消滅を原因として異議を主張**する」こと
は**許される**としている（最判昭40.4.2）。

3　誤り。

前掲最判昭55年（百選77事件）は，「売買契約による所有権の移転を請求原因と
する所有権確認訴訟が係属した場合に，当事者が右売買契約の詐欺による取消権
を行使することができたのにこれを行使しないで事実審の口頭弁論が終結され，
右売買契約による所有権の移転を認める請求認容の判決があり同判決が確定した
ときは，もはやその後の訴訟において右取消権を行使して右売買契約により移転
した所有権の存否を争うことは許されなくなる」としている。

4　正しい。

前掲最判平7年（百選78事件）は，土地の**賃貸人から提起された建物収去土地
明渡請求訴訟**において，賃借人が**建物買取請求権を行使しないまま口頭弁論が終
結し，請求認容判決が確定した場合**であっても，賃借人は，その後にした**建物買
取請求権行使の効果を請求異議の事由として主張**することができるとしている。
その理由として，同判決は，「建物買取請求権は，前訴確定判決によって確定さ
れた賃貸人の建物収去土地明渡請求権の発生原因に内在する瑕疵に基づく権利
……とは別個の制度目的及び原因に基づいて発生する権利」であることから，「訴
訟法上も，前訴確定判決の既判力によって同権利の主張が遮断されることはない」
ことを挙げている。

5　正しい。

判例は，将来の賃料相当額の損害金請求を認容する判決が確定した場合であっ
ても，事実審口頭弁論終結後の諸事情によって当該判決の認容額が不相当となっ
たときは，原告は，後訴により，当該認容額と適正賃料額との差額に相当する損
害金の支払を求めることができるとしている（最判昭61.7.17百選83事件）。

文献 試験対策講座6章4節③，13章3節②。判例シリーズ56事件，62事件

180

3節　既判力

No.
058

判決の効力

H19-68

論
□　　月　　日
□　　月　　日
□　　月　　日

判決の効力に関する次のアからオまでの各記述のうち，正しいものを組み合わせたものは，後記1から5までのうちどれか。

□□□　ア．Xが，甲土地をYから買い受けたとして，Yを被告とする所有権確認請求訴訟を提起し，Xの敗訴判決が確定した後，Xが再びYを被告として甲土地について所有権確認を求める訴えを提起し，前訴の口頭弁論終結前に甲土地を所有者であるZから相続により取得していたと主張することは，既判力により妨げられない。

□□□　イ．XのYに対する乙土地の所有権確認請求訴訟において，Xから乙土地を譲り受けたとするZが乙土地の所有権を有するものとして独立当事者参加をしてきたため，XがY及びZの同意を得て訴訟から脱退したときは，確定判決の効力はXに及ばない。

□□□　ウ．XのYに対する自動車引渡請求訴訟において，Xの勝訴判決が確定した場合には，Yからの依頼を受けて自動車を保管しているZについては，請求の目的物の所持者として，XとYとの間の確定判決の効力が及ぶ。

□□□　エ．XのYに対する保証債務履行請求訴訟において，主債務者ZがYを補助するため当該訴訟に参加したものの，Zが補助参加した時点においては，既に主債務はZの弁済により消滅した旨のYの主張が時機に後れた防御方法であるとして却下されていたため，自己の弁済の主張をZができないまま，Yの敗訴判決が確定した。この場合，Zは，Yからの求償訴訟において，Zには前訴の判決の効力が及ばないとして，自己の弁済を主張することができる。

□□□　オ．Y株式会社の株主Xが，Y株式会社の設立無効の訴えを提起し，その訴訟においてXの勝訴判決が確定したとしても，XY間の訴訟に参加していなかった他の株主Zには確定判決の効力は及ばない。

1．アイ　　2．アウ　　3．イオ　　4．ウエ　　5．エオ

13章

終局判決による
訴訟終了

181

5編　訴訟の終了

No.
058

正解　4

既判力の主観的範囲に関する知識を整理しよう。

ア　誤り。

前訴の敗訴判決の確定によって，Ｘが甲土地の所有権を有しないことについて既判力が生じる。そして，既判力は事実審の口頭弁論終結時における権利関係を確定するので，当事者は，以後，基準時前の事由を主張して確定された権利関係の存否を争うことはできない（民執35条2項参照）。したがって，Ｘが，後訴において，前訴の口頭弁論終結前に甲土地を所有者であるＺから相続により取得していたと主張することは，前訴の既判力により妨げられる。

イ　誤り。

自己の権利を主張するため訴訟に**独立当事者参加**（民訴47条1項）**した者がある場合**には，**参加前の原告又は被告は，相手方の承諾を得て訴訟から脱退する**ことができる（48条前段）。そして，この場合，**判決は，脱退した当事者に対してもその効力を有する**（同条後段）。

ウ　正しい。

確定判決は，当事者のために請求の目的物を所持する者に対してその効力を有する（115条1項4号）。これは，このような者には，実体法上の地位との関係で固有の手続保障を図る必要がないからである。本記述の場合，Ｙから依頼を受けて自動車を保管しているＺに対しても，ＸＹ間の確定判決の効力が及ぶ。

エ　正しい。

補助参加に係る訴訟の裁判は，参加時の訴訟の程度との関係で補助参加人が訴訟行為をすることができなかった場合（45条1項ただし書）には，**補助参加人に対してその効力を有しない**（46条1号）。本記述において，Ｚが補助参加した時点においては，既に主債務はＺの弁済により消滅した旨のＹの主張が時機に後れた防御方法であるとして却下されていたため，Ｚは自己の弁済の主張をすることができず，これは「参加時の訴訟の程度との関係で補助参加人が訴訟行為をすることができなかった場合」に当たる。したがって，Ｚは，Ｙからの求償訴訟において，Ｚには前訴の判決の効力が及ばないとして，自己の弁済を主張することができる。

オ　誤り。

会社の組織に関する訴えに係る請求を認容する確定判決は，第三者に対してもその効力を有する（会社838条）。そして，会社の設立無効の訴えは，「会社の組織に関する訴え」に当たる（834条1号参照）。本記述の場合，ＸＹ間の訴訟に参加しなかった他の株主Ｚに対しても，確定判決の効力が及ぶ。

文献 試験対策講座13章3節②【1】・④【4】・【5】(2)，15章2節①【5】，3節②

3節 既判力

No.	相 殺	論	□ 月 日
059	H19-58		□ 月 日
			□ 月 日

　　相殺に関する次のアからオまでの各記述のうち，判例の趣旨に照らし
正しいものを組み合わせたものは，後記1から5までのうちどれか。

□□□　ア．AのBに対する売買代金の支払を求める訴訟において，BがAに
　　　　対する貸金債権の一部をもって相殺する旨の抗弁を主張したところ，
　　　　自働債権の成立が認められず，請求を認容する判決が確定した。そ
　　　　の後，Bが同一の貸金債権のうち相殺をもって対抗した額を超える
　　　　部分について訴えを提起して，その支払を請求することは，前訴判
　　　　決の既判力により妨げられる。

□□□　イ．AのBに対する売買代金の支払を求める訴訟において敗訴判決を
　　　　受けたBが，請求異議訴訟において，Aに対する貸金債権による相
　　　　殺を主張したところ，自働債権の存在が認められず，請求を棄却す
　　　　る判決が確定した。その後，Bが同一の貸金債権について訴えの提
　　　　起をして，その支払を請求することは，請求異議訴訟における判決
　　　　の既判力により妨げられない。

□□□　ウ．AのBに対する売買代金の支払を求める訴訟において，BがAに
　　　　対する貸金債権をもって相殺する旨の抗弁を主張している場合，A
　　　　がBに対する請負代金債権をもって当該貸金債権と訴訟上相殺する
　　　　旨の再抗弁を主張することは許される。

□□□　エ．BのAに対する貸金債権の支払を求める訴訟において，Bの訴え
　　　　を却下する判決が確定した後，AのBに対する売買代金の支払を求
　　　　める訴訟において，Bが前訴と同一の貸金債権をもって相殺する旨
　　　　の抗弁を主張することは，前訴判決の既判力により妨げられない。

□□□　オ．BのAに対する貸金債権の支払を求める訴訟の係属中に，AのB
　　　　に対する売買代金の支払を求める別訴が提起された場合，当該別訴
　　　　において，Bが同一の貸金債権をもって相殺する旨の抗弁を主張す
　　　　ることは許されない。

1．ア　イ　　　2．ア　ウ　　　3．イ　オ　　　4．ウ　エ　　　5．エ　オ

13章
終局判決による
訴訟終了

183

5編　訴訟の終了

No.
059　　正解　5　　相殺の抗弁は論文式試験においても重要なテーマなので，関連する知識を整理しておこう。

ア　誤り。

相殺の抗弁についての判断の既判力は，相殺をもって対抗した額に限り生ずる（民訴114条2項）。したがって，本記述の場合，相殺をもって対抗した貸金債権の一部にのみ既判力が生じ，それを超える部分については，既判力は生じないので，Bが同一の貸金債権のうち相殺をもって対抗した額を超える部分について訴えを提起して，その支払を請求することは，前訴判決の既判力により妨げられない（最判平10.6.12百選80事件参照）。

イ　誤り。

114条2項は，「相殺のために主張した請求の成立又は不成立の判断は，相殺をもって対抗した額について既判力を有する」と規定し，既判力の生じる相殺についての判断を「相殺の抗弁」に限定していないことから，訴えを提起する債務者が相殺を行う場合にも，同項は適用される。すなわち，被告が債務名義を有する債権に対し，原告が相殺を理由に請求異議訴訟（民執35条）を提起する場合にも，自働債権の存否の判断に既判力が生じることになる。したがって，本記述の場合，自働債権たる貸金債権の不存在について既判力が生じるので，Bが同一の貸金債権について訴えの提起をして，その支払を請求することは，請求異議訴訟における判決の既判力により妨げられる。

ウ　誤り。

判例は，「被告による訴訟上の相殺の抗弁に対し原告が訴訟上の相殺を再抗弁として主張することは，不適法として許されない」としている（最判平10.4.30百選44事件）。

エ　正しい。

訴訟判決は，その判決で確定した訴訟要件の欠缺について，既判力を有する（東京地判平3.8.28参照）。本記述の場合，Bの訴えを却下する判決の既判力は，実体法上の請求権であるBのAに対する貸金債権の存否については及ばないため，Bが前訴と同一の貸金債権をもって相殺する旨の抗弁を主張することは，前訴判決の既判力により妨げられない。

オ　正しい。

判例は，「係属中の**別訴**において**訴訟物**となっている**債権**を**自働債権**として**他の訴訟**において**相殺の抗弁**を主張することは**許されない**」としている（最判平3.12.17百選38①事件）。したがって，Bが，別訴において，同一の貸金債権をもって相殺する旨の抗弁を主張することは許されない。

[文献] 試験対策講座5章3節③【3】(4)(b)，6章4節①，9章2節②【2】(3)，13章3節③【2】。判例シリーズ27事件，61事件，63事件

Memo

5編　訴訟の終了

No.
060

論

承継人の範囲
予H29-42

□　　月　　日
□　　月　　日
□　　月　　日

　BがAから賃借した土地上に建物を建築し所有していたところ，Aは，Bに対し，土地賃貸借契約の終了に基づく建物収去土地明渡請求訴訟を提起した。この場合に関する次の1から5までの各記述のうち，誤っているものを2個選びなさい。

□□□　1．民事訴訟法第50条の「義務承継人」の範囲を訴訟物たる義務の引受けをした者と解すると，口頭弁論終結前にBがCに当該建物を貸し渡した事案では，Cに訴訟を引き受けさせることはできないこととなる。

□□□　2．民事訴訟法第115条第1項第3号の「承継人」の範囲を訴訟物たる権利の譲受け又は義務の引受けをした者と解すると，口頭弁論終結後にBがCに当該建物を貸し渡した事案では，Cに確定判決の効力が及ぶこととなる。

□□□　3．民事訴訟法第50条の「義務承継人」の範囲を紛争の主体たる地位の移転を受けた者と解すると，口頭弁論終結前にCがBに無断で空き家だった当該建物に入居した事案では，Cに訴訟を引き受けさせることができることとなる。

□□□　4．民事訴訟法第50条の「義務承継人」の範囲を紛争の主体たる地位の移転を受けた者と解すると，口頭弁論終結前にBがCに当該建物を売却してこれを引き渡し，その所有権移転登記をした事案では，Cに訴訟を引き受けさせることができることとなる。

□□□　5．民事訴訟法第115条第1項第3号の「承継人」の範囲を紛争の主体たる地位の移転を受けた者と解すると，口頭弁論終結後にBがCに当該建物を売却してこれを引き渡し，その所有権移転登記をした事案では，Cに確定判決の効力が及ぶこととなる。

（参照条文）民事訴訟法

（義務承継人の訴訟引受け）

　第50条　訴訟の係属中第三者がその訴訟の目的である義務の全部又は一部を承継したときは，裁判所は，当事者の申立てにより，決定で，その第三者に訴訟を引き受けさせることができる。

　2・3　（略）

（確定判決等の効力が及ぶ者の範囲）

第115条　確定判決は，次に掲げる者に対してその効力を有する。

　　一　当事者

　　二　当事者が他人のために原告又は被告となった場合のその

　　　他人

　　三　前二号に掲げる者の口頭弁論終結後の承継人

　　四　前三号に掲げる者のために請求の目的物を所持する者

　2　（略）

5編　訴訟の終了

No.
060　正解　**2,3**　承継人の範囲に関する一定の見解からの論理的な帰結を問う問題である。じっくり取り組み，このような形式の問題に慣れておこう。

1　正しい。

本記述では，50条の「義務承継人」の範囲を訴訟物たる義務を引き受けた者と解するところ，Aから賃借した土地上に建物を建築し所有しているBに対する請求の訴訟物は，賃貸借契約の終了に基づく目的物返還請求権としての建物収去土地明渡請求権であるのに対し，Aとの契約関係にないCに対する請求の訴訟物は，所有権に基づく返還請求権としての建物退去土地明渡請求権であり，両請求は債権的請求権か物権的請求権かという点で訴訟物を異にするから，Cは訴訟物たる義務を引き受けた者とはいえない。したがって，本記述の事案では，Cに訴訟を引き受けさせることはできないこととなる。

2　誤り。

本記述では，115条1項3号の「承継人」の範囲を訴訟物たる権利の譲受け又は義務の引受けをした者と解するところ，1の解説で述べたように，Bに対する請求の訴訟物は，賃貸借契約の終了に基づく目的物返還請求権としての建物収去土地明渡請求権であるのに対し，Cに対する請求の訴訟物は，所有権に基づく返還請求権としての建物退去土地明渡請求権であり，両請求は訴訟物を異にするから，Cは訴訟物たる権利の譲受け又は義務の引受けをした者とはいえない。したがって，本記述の事案では，Cに確定判決の効力が及ぶことにはならない。

3　誤り。

義務承継人の訴訟引受け（50条）は，訴訟の係属中第三者がその訴訟の目的である義務の全部又は一部を承継したときに，これをすることができるところ，本記述におけるCは，口頭弁論終結前にBに無断で空き家だった建物に入居した不法占有者にすぎず，そもそも「義務……を承継した」場合に該当しないことから，「義務承継人」の範囲についての見解の如何にかかわらず，訴訟を引き受けさせることはできない。

4　正しい。

本記述では，50条の「義務承継人」の範囲を紛争の主体たる地位の移転を受けた者と解するところ，この見解は，新請求と旧請求とが主要な争点（攻撃防御方法）を共通にし，承継人との紛争が旧当事者間の紛争から派生又は発展したものと社会通念上みられる場合に承継を認めるものである。本記述におけるAのBに対する請求（旧請求）では，Bの土地賃借権の存否が主要な争点となると考えられるが，AのCに対する請求（新請求）でも，Cが自らの占有権原を基礎付ける事情としてBの土地賃借権の存続を主張することが考えられ，両請求は主要な争点を共通にするといえる。また，Cに対する請求は，口頭弁論終結前にBがCに建物を売却してこれを引き渡し，その所有権移転登記をしたことによって，係争物たる土地の占有がCに移転したことに基づくものであるから，Cとの紛争は，AB間の

188

紛争から派生・発展したものと社会通念上みることができる。したがって，本記述の事案では，Cに訴訟を引き受けさせることができることとなる。

　5　正しい。

　本記述では，115条1項3号の「承継人」の範囲を，紛争の主体たる地位の移転を受けた者と解するところ，この見解は，「前訴で解決された紛争及びそこから派生した紛争の主体たる地位を基準時後に取得した者」を承継人とするものである。そして，この「前訴で解決された紛争及びそこから派生した紛争の主体たる地位を基準時後に取得した者」には，①基準時後に，訴訟物たる権利又は義務自体の主体となった者と，②訴訟物たる権利関係又はこれを先決関係とする権利関係について基準時後に当事者適格を取得した者の2種類がある。本記述において，Cは，土地賃貸借契約の終了に基づく建物収去土地明渡請求訴訟の被告であるBから，当該訴訟の口頭弁論終結後に建物を譲り受けており，②訴訟物たる権利関係を先決関係とする権利関係について基準時後に当事者適格を取得した者に当たる。したがって，本記述の事案では，Cに確定判決の効力が及ぶこととなる。

　文献　試験対策講座13章3節4【3】(2)，15章4節2

Essential Note

01 裁判

☐ 判決及び決定は裁判所による裁判であり，命令は裁判長又は受命・受託裁判官による裁判である。予H28-34-ア

☐ 判決は公開の法廷における言渡しによってその効力を生ずるが（憲82条1項，民訴250条），決定及び命令は相当と認める方法で関係人に告知することによってその効力を生ずる（119条）。予H28-34-イ

☐ 判決書には，株式会社の代表者を記載しなければならない（37条・253条1項5号後段）。H25-59-5

☐ 判決書には，争点判断を中心として主文の正当性を基礎付けるために必要な事実を摘示すれば足りることから（253条2項），当事者が主張した主要事実であっても，それが請求を明らかにするものでなく，また，主文が正当であることを示すために必要な主張でもなければ，判決書に摘示しなくてもよい。H22-67-2

☐ **被告が口頭弁論において原告の主張した事実を争わず**，その他何らの**防御の方法も提出しない場合**において，**原告の請求を認容するときは**，判決の言渡しは，**判決書の原本に基づかないですることができる**（調書判決，254条1項1号）。H18-61-ア，予H30-36-2

☐ 数個の請求が1つの訴訟手続で審理されている場合において，そのうちの一部のみが先に裁判をするのに熟したときは，裁判所は，その一部の請求について弁論を分離し，終局判決をすることができる（一部判決，243条2項）。そして，その一部判決に対しては，独立して上訴をすることができる。H18-61-エ

☐ 裁判所が請求の一部について裁判を脱漏したときは，訴訟は，その請求の部分については，なおその裁判所に係属することから（258条1項），この判決に対して控訴が提起された後であっても，第一審裁判所は，その脱漏部分について追加判決をしなければならない。H22-67-5

☐ 受訴裁判所が合議体である場合において，判決についての評議が終了した後に，評議に関与した裁判官の一部が判決書に署名押印することができなくなっても，判決の成立は妨げられない（大判昭15.3.9参照）。H22-67-1

☐ 訴訟費用は，敗訴の当事者が負担するのが原則であるが（61条），裁判所は，事情により，勝訴の当事者に，その権利の伸張又は防御に必要でない行為によって生じた訴訟費用の全部又は一部を負担させることができる（62条）。予H27-34-4

〈Essential Note〉1　裁判／2　判決の効力

□当事者が適切な時期に攻撃防御方法を提出しないことにより訴訟を遅滞させたときは，裁判所は，その当事者に，その勝訴の場合においても，遅滞によって生じた訴訟費用の全部又は一部を負担させることができる（63条）。H23-64-オ

□裁判所は，終局判決において，当事者の申立てがなくても，訴訟費用の負担について裁判をしなければならない（67条1項本文）。予H27-34-1

□訴訟費用の負担の裁判の対象となる「訴訟費用」（67条）は，民事訴訟費用等に関する法律2条各号に列挙された費用を指すことから，当事者が任意で選任した訴訟代理人である弁護士に対して支払う報酬は含まれない（民訴費2条各号参照）。予H27-34-2

□当事者が裁判所において和解をした場合において，和解の費用について特別の定めをしなかったときは，その費用は，各自が負担する（民訴68条）。予H27-34-5

□訴訟上の救助の決定は，裁判所の職権ではなく，申立てによりすることができる（82条1項本文）。予H27-34-3

ビジュアルで覚える

● 裁判の種類

	判　決	決　定	命　令
主　体	裁判所		裁判官（137等）
審理方法	必要的口頭弁論（87 I 本文）	任意的口頭弁論（87 I ただし書）	
告知方法	判決書・言渡し（252，253）	相当と認める方法（119）	
上訴方法	控訴・上告	抗告・再抗告	
裁判事項	重要事項	付随的事項	
判事補	単独では不可	単独で可（123）	

02　判決の効力

□裁判所は，判決に計算違い，誤記その他これらに類する**明白な誤り**があるときに，**申立て又は職権で，更正決定をすることができる**ほか（257条1項），**判決に法令の違反があることを発見したときは，言渡し後1週間以内で，判決が未確定な場合に限り，変更の判決をすることができる**（256条1項本文）。H22-67-3，予H28-34-エ

□判例は，原告が被告の住所を知りながらこれを不明としてした申立てに基づき訴状等の公示送達が実施されたため，被告が訴え提起の事実を知らないまま被告敗訴の第一審判決が下され，その後，控訴期間を徒過した場合には，「当事者がその責めに帰することができない事由により不変期間を遵守することができなかった場合」（97条1項本文）に当たり，当該被告は控訴を追完できるとしている（最判昭42.2.24百選A12事件）。予H27-31-1

〈Essential Note〉2　判決の効力／3　既判力

ビジュアルで覚える

●判決の変更と更正

	判決の変更（256）	判決の更正（257）
事　由	法令違反	計算違い・誤記その他明白な誤り
手　続	職権による	申立て又は職権による
期　間	確定前の言渡し後1週間以内	いつでもよい
審　理	口頭弁論を経ない	任意
裁判形式	判決	決定
不服申立手段	上訴	即時抗告

03　既判力

□既判力は，**前訴と後訴の訴訟物**が，同一・先決・矛盾関係のいずれかに該当する場合に，後訴に作用する。前訴の訴訟物が甲土地の所有権に基づく妨害排除請求権としての所有権移転登記抹消登記請求権であり，後訴の訴訟物が甲土地の売買契約に基づく土地明渡請求権である事案では，両訴訟物は同一・先決・矛盾関係のいずれにも該当しないため，前訴判決の既判力は後訴に作用しない。予H30-41-4

□判例は，手形の所持人から提起された振出人に対する白地手形に基づく手形金請求訴訟において，白地部分が補充されず，請求を棄却する判決が確定した場合，当該手形の所持人は，その後に提起した訴えにおいて，当該白地部分を補充して振出人に対し手形上の権利の存在を主張することは，前訴の既判力に遮断され特段の事情のない限り認められないとしている（最判昭57.3.30百選A26事件）。H23-69-5

□XがYに対して土地の所有権の確認を求めた前訴に対して請求棄却判決がなされた後に，XがYに対して土地の所有権の確認を求める後訴を提起した場合，前訴判決基準時後の新事情が認められれば，それを踏まえた本案判決がなされ，認められなければ請求が棄却されるので，前訴判決の既判力により訴えが却下されることはない。
H20-69-1

□XがYに対して土地の所有権の確認を求めた前訴に対して請求認容判決がなされた場合，XがYに対して土地の所有権の確認を再度求める後訴は，前訴判決の既判力に抵触するとの理由で却下されることはない。H20-69-3

□XがYに対して土地の所有権の確認を求めた前訴に対して請求認容判決がなされた場合，その後Xから土地を借り受けたZが債権者代位権の行使としてYに対して土地の引渡しを求めたときには，前訴の判決によって，Xが甲土地の所有権を有するという点について既判力が生じ（114条1項），これが，前訴の当事者であるYに及ぶことから（115条1項1号），Yは前訴判決基準時におけるXの所有権の存在と矛盾しない攻撃

〈Essential Note〉3　既判力

防御方法のみ提出できる。H20-69-4

□前掲最判平10年（百選80事件）は，**金銭債権の数量的一部請求訴訟で敗訴した原告に
よる残部請求の訴え**について，前訴判決は債権の全部について行われた審理の結果に
基づいて，当該債権が全く現存しないか又は一部として請求された額に満たない額し
か現存しないとの判断を示すものであるから，当該残部請求の訴えは，**実質的には前
訴で認められなかった請求・主張の蒸し返し**であり，**特段の事情がない限り，信義則
に反して許されない**としている。予H30-41-2

□判例は，前訴判決確定後，同一事故を原因とする後遺症による損害賠償を求める訴え
が提起された事案において，前訴の請求を，その訴訟の事実審口頭弁論終結時までに
発生した損害に限定する趣旨であり一部であることを明示したものであるとしたうえ
で，「前訴と本件訴訟とはそれぞれ訴訟物を異にするから，前訴の確定判決の既判力
は本件訴訟に及ばない」としている（最判昭42.7.18百選82事件）。予H30-41-3

□判例は，主債務者に対する確定判決の既判力を連帯保証人に拡張することは認めてい
ない（最判昭51.10.21百選90事件）。このような既判力の拡張を認めると，「実質的には
前記保証人敗訴の確定判決の効力により保証人が主張することのできない事実に基づ
いて再び債権者の権利を争うことを容認する」ことになるからである。予H30-41-5

ビジュアルで覚える

● 既判力の作用場面
　e.g. XとYが同一の土地をめぐって争っている場合

	前訴の判決	後訴の判決	既判力の作用	作用類型
i	X 所有権確認の判決	X所有権の確認請求	○	同一関係
	訴訟物：Xの所有権	訴訟物：Xの所有権		
ii	X 所有権確認の判決	X所有権に基づく明渡請求	○	先決関係
	訴訟物：Xの所有権	訴訟物：Xの明渡請求権		
iii	X 所有権に基づく明渡請求の認容判決	X所有権の確認請求	×	―
iv	訴訟物：Xの明渡請求権	訴訟物：Xの所有権		
v	X 所有権確認の判決	Y所有権確認の判決	○	矛盾関係
	訴訟物：Xの所有権	訴訟物：Yの所有権		
vi	X 所有権確認の判決	Y所有権に基づく明渡請求	○	先決関係・矛盾関係
	訴訟物：Xの所有権	訴訟物：Yの明渡請求権		

13章
終局判決による
訴訟終了

〈Essential Note〉3　既判力

● 基準時後の形成権の行使の可否

	可否(判例)	理由
無効の主張	否定	無効事由は，口頭弁論終結時よりも前に存在する。そして，無効事由が存在する法律行為は，形成権の行使を待つまでもなく，初めから無効なのであるから，無効の主張は，基準時後に変動事由を生じさせるものではない
取消権 最判昭 55.10.23 百選 77 事件	否定	請求権自体に付着する瑕疵である ※無効の主張が遮断されることとのバランス
解除権	否定	取消権と同じと解される
白地補充権 最判昭 57.3.30 百選 A26 事件	否定	前訴の訴訟物も白地補充を前提とした現在の手形金請求であり，白地補充後の訴訟物と同一である（白地補充権も一種の形成権と解されるが，その行使で新たな事情により権利変動を生じたと捉えていないものと思われる）。手形所持人の意思でいつでも補充できた
時効援用権 大判昭 14.3.29	否定	前訴での主張を期待しても酷ではない
相殺権 最判昭 40.4.2	肯定	請求債権と自働債権とは別個のものである。実質的には敗訴であり，前訴での行使を期待するのは酷といえる
建物買取請求権 最判平 7.12.15 百選 78 事件	肯定	請求権自体に付着する瑕疵ではない 建物買取請求権は，建物の社会的効用を維持するという政策上別個の制度目的・原因に基づく 実質的には敗訴であり，前訴での行使を期待できない

● 既判力の主観的範囲

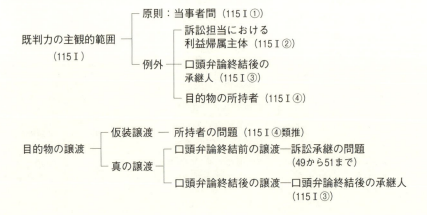

〈Essential Note〉4 執行力

04 執行力

□財産上の請求に関する判決であって，手形又は小切手による金銭の支払及びそれに附帯する法定利率による損害賠償の請求に関するもの以外の判決について，裁判所は，必要があると認めるときは，申立てにより又は職権で，仮執行宣言をすることができる（259条1項）。H25-71-1

□裁判所は，判決に仮執行宣言を付すときは，申立てにより又は職権で，担保を立てて仮執行を免れることができることを宣言することができる（259条3項）。H25-71-2

□仮執行宣言は，本案判決を変更する判決の言渡しにより，仮執行宣言を取り消す裁判をしなくても，変更の限度においてその効力を失う（260条1項）。H25-71-3

□判例の趣旨によれば，貸金返還請求訴訟において，債権者が，仮執行宣言付きの第一審判決に基づく強制執行によって弁済を受けた場合であっても，控訴裁判所は，その弁済の事実を考慮せず，請求の当否を判断すべきである（最判平24.4.6参照）。H25-71-4，H18-61-オ

□控訴裁判所は，第一審判決について不服の申立てがない部分に限り，当事者の申立てにより，決定で，仮執行宣言をすることができる（294条）。H25-71-5

13章 終局判決による訴訟終了

第6編

複雑訴訟

1節　訴えの客観的併合

No.	請求の併合	□	月	日	14章
061	H26-60	□	月	日	複雑請求訴訟
		□	月	日	

　請求の併合に関する次の1から5までの各記述のうち，誤っているものを2個選びなさい。

□□□ 　1．配偶者の不貞行為を理由として離婚の訴えを家庭裁判所に提起する場合には，原告は，被告に対する当該不貞行為による慰謝料請求を併合することができる。

□□□ 　2．土地の所有者が地上建物の所有者に対して建物収去土地明渡しを求める訴えを当該土地の所在地を管轄する裁判所に提起する場合には，原告は，被告に対する貸金返還請求を併合することができない。

□□□ 　3．土地の明渡請求と当該土地の明渡しまでの賃料に相当する額の損害の賠償請求とが一の訴えでされた場合には，裁判所は，各請求について判決をする必要がある。

□□□ 　4．消費貸借契約に基づく貸金100万円の支払請求と，仮に当該契約が無効であるときには不当利得として同額の支払を求める請求とが一の訴えでされた場合において，裁判所は，前者の請求を認容するときは，後者の請求について判決をする必要はない。

□□□ 　5．不特定物の引渡しの請求とその執行不能の場合における代償請求とが一の訴えでされた場合において，裁判所は，前者の請求を認容するときは，後者の請求について判決をする必要はない。

6編　複雑訴訟

No.
061

正解 2,5

客観的併合の要件と各併合形態の定義を確認しよう。

1　正しい。

　数個の請求は，同種の訴訟手続による場合に限り，1つの訴えですることができる（136条）。ただし，本記述のように，人事訴訟に係る請求と当該請求の原因である事実によって生じた損害の賠償に関する請求とは，136条の規定にかかわらず，1つの訴えですることができるとされている（人訴17条1項）。

2　誤り。

　請求の客観的併合の場合，各請求について受訴裁判所に管轄権があることが要件となるが，受訴裁判所が民事訴訟法4条から6条の2まで（6条3項を除く）の規定により1つの請求について管轄権を有するときは，他の裁判所の法定専属管轄に属する請求を除き（13条），本来的には管轄権のない他の請求についても管轄権が生じる（7条本文）。したがって，本記述の場合には，建物収去土地明渡しを求める訴えについて，当該土地の所在地を管轄する裁判所が管轄権を有することから（5条12号），貸金返還請求についても併合することができる。

3　正しい。

　相互に両立し得る複数の請求を並列的に併合し，そのすべてにつき判決を求める場合を請求の単純併合という。単純併合の場合，裁判所は，併合されたすべての請求について判決をしなければならない。本記述の訴えは単純併合に当たるため，裁判所は，各請求について必ず判決を言い渡さなければならない。

4　正しい。

　法律上相互に両立し得ない複数の請求に順位を付して，主位的請求の認容を解除条件として，予備的請求の審判を求める場合を，請求の予備的併合という。本記述の訴えは予備的併合に当たるため，裁判所は，主位的請求である前者の請求を認容するときは，後者の請求について判決をする必要はない。

5　誤り。

　不特定物の引渡しの請求とその執行不能の場合における代償請求とが1つの訴えでされた場合，前者は現在給付の訴えであり，後者は執行不能の時点における給付請求権の存在を主張する将来給付の訴えであって，両者は両立する関係にあることから，その併合形態は単純併合である。そして，3の解説で述べたように，請求の単純併合の場合，裁判所は，併合されたすべての請求について判決をしなければならない。したがって，本記述の場合，裁判所は，前者の請求を認容するときでも，後者の請求について判決をしなければならない。

文献　試験対策講座3章1節②【2】(4)，14章1節①・②・③

200

1節 訴えの客観的併合

No.		論	□ 月 日	14章
062	訴えの客観的併合 H19-59		□ 月 日 □ 月 日	複雑請求訴訟

　同一の訴訟手続において複数の請求を審判対象とする場合に関する次の1から5までの各記述のうち，誤っているものを2個選びなさい。

□□□　1．同一の相手方に対し，貸金債権と，それとは無関係に成立した売買代金債権とを有する者は，当初から一の訴えでこれらの貸金の返還及び売買代金の支払を求めることができる。

□□□　2．訴えの変更及び反訴の提起は，攻撃防御方法の提出ではないので，訴訟手続を著しく遅滞させることになることを理由に不適法とされることはない。

□□□　3．被告が訴えの変更に同意した場合，判例によれば，当該訴えの変更は，請求の基礎の同一性がないことを理由に不適法とされることはない。

□□□　4．売買代金請求に加え，売買が無効と判断される場合に備えて売買の目的物の返還請求を予備的に併合する訴訟において，裁判所が売買代金請求を認容するときは，目的物返還請求を棄却する必要はない。

□□□　5．判例によれば，主位的請求を棄却し，予備的請求を認容した第一審判決に対して，被告のみが控訴し，原告が控訴も附帯控訴もしなかった場合でも，主位的請求に関する部分も控訴審の審判対象となる。

201

6編　複雑訴訟

No.
062　　　　　正解　2, 5　　　この問題では特に記述3と記述5の判例が重要である。しっかりおさえよう。

1　正しい。

数個の請求についての審判を求める1つの訴えを提起するための要件は，①数個の請求が同種の訴訟手続により審判されるものであること（136条），②法律上併合が禁止されていないこと，③各請求について受訴裁判所に管轄権があることであり，請求間の関連性は要求されていない。したがって，同一の相手方に対し，貸金債権と，それとは無関係に成立した売買代金債権とを有する者は，当初から1つの訴えでこれらの貸金の返還及び売買代金の支払を求めることができる。

2　誤り。

訴えの変更は，著しく訴訟手続を遅滞させないことが要件とされている（143条1項ただし書）。また，反訴についても，著しく訴訟手続を遅滞させないことが要件とされている（146条1項2号）。

3　正しい。

訴えの変更は，「請求の基礎に変更がない」場合に認められる（143条1項本文）。もっとも，「請求の基礎に変更がない」という要件は，防御の目標が予想外に変更されて不利益を被る被告を保護することを趣旨としているので，被告が変更に対して同意し又は異議なく応訴した場合には，請求の基礎に変更がある訴えの変更も適法であると解されている（大判昭11. 3. 13，最判昭29. 6. 8参照）。

4　正しい。

判例は，請求が予備的に併合されている場合，裁判所は，先順位の請求を認容するときは，後順位の請求について裁判することができないとしている（大判昭16. 5. 23）。したがって，本記述の場合，裁判所が，売買代金請求を認容するときは，目的物返還請求を棄却する必要はない。

5　誤り。

判例は，「主位的請求を棄却し予備的請求を認容した第一審判決に対し，第一審被告のみが控訴し，第一審原告が控訴も附帯控訴もしない場合には，主位的請求に対する第一審の判断の当否は控訴審の審判の対象となるものではない」としている（最判昭58. 3. 22百選111事件）。

文献 試験対策講座14章1節②・④【2】・【3】(3)(c)，2節③，3節③【4】。判例シリーズ88事件

Essential Note

01　訴えの客観的併合

□請求の予備的併合及び選択的併合においては，その性質上全部の請求が1つの訴えとして不可分的に結合しており，各請求についてそれぞれ独立して審判を求めるものではないため，弁論を分離することは許されない。H24-72-1

02　訴えの変更

□判例は，訴訟において，取消債権者の被保全債権に係る主張が交換的に変更されたとしても，攻撃防御方法が変更されたにすぎず，訴えの交換的変更には当たらないとしている（最判平22.10.19）。予H28-38-1

□判例は，訴えの交換的変更における旧請求について，訴えの取下げ及び相手方の同意又は請求の放棄がなければ，その訴訟係属は消滅しないとしている（最判昭32.2.28百選33事件）。H26-61-3

□判例は，**相手方の陳述した事実を新請求の原因とする場合**には，かりにその新請求が**請求の基礎を変更する**ものであっても，相手方の同意の有無にかかわらず，その**訴えの変更**は**許される**としている（最判昭39.7.10）。例えば，建物所有権に基づく建物明渡請求訴訟を提起した原告が，当該建物の所有権が自己に帰属する旨の被告の陳述に基づいて，土地所有権に基づく建物収去土地明渡請求訴訟に訴えを変更する場合である。H24-72-2，予H30-37-ア，予H28-38-4

□判例は，ある土地の所有権確認請求訴訟において，原告が初め被告からの売買による取得を主張し，後にその時効による取得を主張することは，攻撃防御の変更にすぎないことから，訴えの変更に当たらないとしている（最判昭29.7.27）。H26-61-4

□離婚請求に当該婚姻の取消請求を追加することは，請求の基礎の変更にかかわらず，許される（人訴18条1項）。H26-61-5

□「著しく訴訟手続を遅滞させ」ないこと（民訴143条1項ただし書）は，公益を理由とする要件であるため，訴えの変更は，**著しく訴訟手続を遅滞させる場合**には，**相手方の同意があるときや相手方の陳述した事実に基づいてするときであっても，許されない**（最判昭42.10.12参照）。H26-61-2，予H28-38-3

〈Essential Note〉2　訴えの変更／3　反訴／4　中間確認の訴え

□控訴審における訴えの変更に，相手方の同意は不要である。予H28-38-2

□判例は，訴えの変更を許さない旨の決定（143条4項）は，新請求を既存の請求に係る
訴訟手続では審理しないという審理の整除のための中間的裁判であるから，独立の不
服申立ての対象とならないとしている（大決昭8.6.30）。予H28-38-5

03　反訴

□判例は，土地の占有に基づく占有保持の訴えが係属している場合，被告は，所有権に
基づく土地明渡しを求める反訴を提起することができるとしている（最判昭40.3.4百
選34事件）。H22-69-2

□反訴を提起することができるのは，本訴の事実審の口頭弁論の終結に至るまでである
（146条1項柱書本文，最判昭43.11.1参照）。H25-64-オ

□判例は，**控訴審において第一審で認められた防御方法に基づいて反訴を提起**する場合，
相手方の同意は不要であるとしている（最判昭38.2.21）。H22-69-4，予H30-37-イ

□控訴審において，反訴の提起の相手方が異議を述べないで反訴の本案について弁論を
したときは，反訴の提起に同意したものとみなされる（300条2項）。H26-65-オ

□本訴の係属する裁判所とは別の裁判所を専属管轄とする旨の合意（11条）がある請求
については，これを反訴の目的とすることができる（146条1項ただし書，同項1号括
弧書参照）。H22-69-3

□判例は，反訴は訴訟係属中の新訴の提起であり，その併合要件は同時に反訴提起の訴
訟の要件であるから，この要件を欠く反訴は不適法であるとしている（最判昭41.11.
10）。H22-69-1

□反訴が提起された場合，本訴及び反訴は併合審理され，訴訟資料及び証拠資料を共通
にするところ，本訴が取り下げられても，これについての訴訟行為は反訴との関係で
は効力が持続するので，反訴の提起後に本訴が取り下げられた場合であっても，本訴
の訴訟資料を反訴の判決の基礎とすることはできる。H24-72-4

04　中間確認の訴え

□中間確認の訴えに対する裁判は，中間判決ではなく，全部判決たる終局判決である。
H23-62-3

□中間確認の訴えによって，当事者間に争いがある訴訟要件の存否の確認を求めること
はできない（145条1項本文参照）。H23-62-2

204

〈Essential Note〉4　中間確認の訴え

14章　複雑請求訴訟

□**中間確認の訴え**は，その**確認の請求**が**他の裁判所の専属管轄に属する場合**には，**許されない**が（145条1項ただし書），この専属管轄に**当事者の合意による専属管轄**（11条）は**含まれない**（145条1項ただし書括弧書）。H24-72-3，H23-62-5

□地方裁判所における中間確認の訴えは，書面でしなければならない（145条4項・143条2項）。H23-62-1

□中間確認の訴えを控訴審で提起する場合，相手方の同意は不要である。H23-62-4

□建物収去土地明渡請求訴訟の係属中に，原告が土地所有権についての中間確認の訴えを提起し，原告の請求をいずれも認容する判決がされた場合，被告が控訴すれば，控訴不可分の原則により，中間確認の訴えについての判決の確定も遮断されることから，被告は，建物収去土地明渡請求の部分のみならず，所有権確認請求の部分に対しても不服を申し立てることができる。H18-61-ウ

ビジュアルで覚える
● 複数請求訴訟の客体

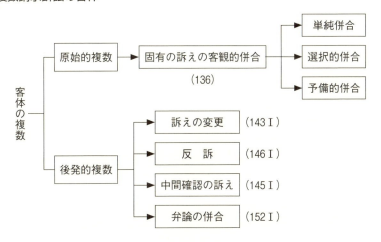

205

〈Essential Note〉4　中間確認の訴え

ビジュアルで覚える

●訴えの変更・反訴・中間確認の訴えの異同

	訴えの変更 (143)	反　訴 (146)	中間確認の訴え (145)
趣　旨	被告の地位を害しない範囲で従来の手続を利用して原告の便宜及び訴訟経済を図る	原告に訴えの変更が認められることとの公平（当事者平等原則の要請），審理重複と矛盾判決を回避する	先決関係を既判力により確定して，別訴による不経済や裁判の不統一を回避する
主　体	原告	被告	原告，被告
要　件	複数請求訴訟の一般的要件の具備（136） （ⅰ同種の訴訟手続で審理するもの，ⅱ法律上併合が禁止されていないこと，ⅲ他の専属管轄に属しないこと）		
	請求の基礎の同一性	本訴請求又は本訴請求に対する防御方法との関連性	先決関係にある権利・法律関係について当事者間に争いがあること
	事実審の口頭弁論終結前		
	※控訴審における相手方の同意・応訴の必要		
	必要なし	必要（300Ⅰ）	必要なし
	著しく訴訟手続を遅滞させないこと		—
手　続	裁判所への書面の提出，相手方への送達		
審　判	○追加的変更の場合は請求を併合 ○交換的変更の場合は新請求のみ審判	○併合して審判 ○別訴禁止の場合や予備的反訴の場合には弁論の分離，一部判決は不可	○併合して審判 ○弁論の分離，一部判決は不可
法的性質	○訴えの追加的変更 　→訴えの客観的併合 ○訴えの交換的変更 　→追加的変更 　　＋訴えの取下げ	—	○原告提起 　→訴えの追加的変更 ○被告提起 　→反訴

206

1節　共同訴訟

No.		論	☐	月	日
063	賃借人及び転借人に対する建物明渡請求訴訟 予H27-37		☐	月	日
			☐	月	日

15章

多数当事者訴訟

　賃貸人が自己所有の建物を賃借人に賃貸していたところ，賃借人の無断転貸の事実が判明したため，賃貸人が原告となり，賃借人に対しては無断転貸による解除を理由とする賃貸借契約の終了に基づく建物明渡しを，転借人に対しては所有権に基づく建物明渡しを，それぞれ求める訴えを併合提起した。この訴訟（以下「本訴」という。）について，次の1から5までの各記述のうち，判例の趣旨に照らし誤っているものはどれか。

☐☐☐　1．訴状等を受領した転借人が最初の口頭弁論期日に答弁書その他の準備書面を提出しないで欠席したときは，裁判所は，弁論を分離し，転借人に対する建物明渡請求を認容する判決をすることができる。

☐☐☐　2．賃借人が取調べを申し出た証人が，賃貸人が転貸借について承諾した事実を証言したときは，当該証言は，転借人に対する建物明渡請求についても，転借人の援用を要することなく証拠資料となる。

☐☐☐　3．訴訟代理人によって代理されていない賃借人が訴訟の係属中に死亡したときは，転借人に対する建物明渡請求訴訟も中断する。

☐☐☐　4．賃貸人は，本訴提起に先立ち，転借人が建物の占有を他に移転することに備えて，転借人に対し，占有移転禁止の仮処分を申し立てることができる。

☐☐☐　5．賃借人に対する建物明渡請求において，賃借人の転貸借が賃貸人に対する背信的行為と認めるに足りない特段の事情があることを基礎付ける事実は，賃借人が主張立証責任を負う。

207

6編　複雑訴訟

No.
063　正解　3　通常共同訴訟に関する条文・判例について，正確に理解しよう。

1　正しい。

　本訴における賃借人に対する建物明渡請求と転借人に対する建物明渡請求は，訴訟の目的である権利又は義務が同種であって事実上及び法律上同種の原因に基づくことから，通常共同訴訟となる（38条後段）。**通常共同訴訟では，共同訴訟人の１人について生じた事項**は，**他の共同訴訟人に影響を及ぼさず**（共同訴訟人独立の原則，39条），裁判所が**弁論の分離**（152条１項）をすること**も許される**。そして，訴状等を受領した被告が，最初の口頭弁論の期日に出頭せず，かつ，答弁書その他の準備書面を提出しない場合には，訴状に記載された事実について擬制自白が成立する（159条３項本文・１項）。本記述の場合，裁判所は，弁論を分離し，転借人に対する建物明渡請求を認容する判決をすることができる。

2　正しい。

　判例は，**共同訴訟人の１人が提出した証拠**は，援用の有無にかかわらず，**他の共同訴訟人**についても証拠として裁判所の事実認定の資料とすることができるとしている（共同訴訟人間における証拠共通の原則）。本記述における証言は，転借人の援用を要することなく証拠資料となる（最判昭45.1.23）。

3　誤り。

　訴訟代理人によって代理されていない当事者が訴訟の係属中に死亡したときは，訴訟手続は中断する（124条１項１号，２項）。もっとも，**通常共同訴訟**では，共同訴訟人独立の原則（39条）により，**共同訴訟人の１人について生じた事項**は，**他の共同訴訟人に影響を及ぼさない**。

4　正しい。

　係争物に関する仮処分に係る保全命令は，係争物の現状の変更により給付請求権を執行することが不能又は著しく困難になるおそれがある場合（保全の必要性，民保23条１項）でなければ発せられないところ，係争物の占有を第三者に移転するおそれがあることは，この場合に当たる。したがって，賃貸人は，本訴提起に先立ち，転借人に対し，占有移転禁止の仮処分を申し立てることができる。

5　正しい。

　判例は，「土地の賃借人が賃貸人の承諾を得ることなくその賃借地を他に転貸した場合においても，賃借人の右行為を賃貸人に対する背信行為と認めるに足りない特段の事情があるときは，賃貸人は民法612条２項による解除権を行使し得ない」としたうえで，「かかる特段の事情の存在は土地の賃借人において主張，立証すべき」であるとしている（最判昭41.1.27百選64事件）。

[文献]　試験対策講座８章３節[6]【1】(2)(a)(ⅰ)，11章２節[7]，４節[3]【2】(2)(c)，15章１節[1]【3】・【4】。
　　判例シリーズ47事件

208

1節　共同訴訟

No.
064

共同訴訟
予H29−32

論　□　月　日
　　□　月　日
　　□　月　日

15章

多数当事者訴訟

　主債務者と保証人を共同被告とする訴訟に関する次の1から5までの各記述のうち，判例の趣旨に照らし正しいものを2個選びなさい。

□□□　1．訴訟の係属中に主債務者が死亡した場合には，主債務者に訴訟代理人があるときを除き，主債務者についての訴訟手続は中断するが，保証人についての訴訟手続は，保証人に訴訟代理人があるか否かを問わず，中断しない。

□□□　2．原告が主債務者に対する訴えを取り下げた場合には，保証人に対する訴えも，同時に取り下げられたことになる。

□□□　3．主債務者が主たる債務の弁済の事実を主張した場合には，保証人がその事実を主張していなくても，保証人との関係でその事実が主張されたことになる。

□□□　4．被告らがいずれも主たる債務の弁済の事実を主張した場合において，主債務者が提出した証拠によりその事実が認められるものの，保証人が証拠を提出しないときは，保証人との関係でその事実を認定することはできない。

□□□　5．主債務者が請求原因事実を争っている場合には，保証人が請求原因事実の全てを自白したとしても，主債務者との関係で請求原因事実の証明を要しないことになるわけではない。

209

6編　複雑訴訟

No. 064　正解　**1, 5**　通常共同訴訟の基礎的な理解を問う問題なので，しっかりと確認しよう。

　主債務者と保証人を共同被告とする訴訟は，通常共同訴訟に当たる。以下では，このことを前提として解説する。

1　正しい。
　当事者が訴訟係属中に死亡した場合，当事者に**訴訟代理人がいるときを除き**，訴訟手続は**中断**する（124条1項1号，2項）。したがって，本記述の場合，主債務者に訴訟代理人があるときを除き，主債務者についての訴訟手続は中断する。もっとも，**共同訴訟人の1人に生じた事項**は，**他の共同訴訟人に影響を及ぼさない**（共同訴訟人独立の原則，39条）。したがって，本記述の場合，主債務者が死亡したとしても，保証人についての訴訟手続は中断しない。

2　誤り。
　共同訴訟人の1人の訴訟行為は，**他の共同訴訟人に影響を及ぼさない**（共同訴訟人独立の原則，39条）。したがって，本記述の場合，原告が主債務者に対する訴えを取り下げたとしても，保証人に対する訴えが取り下げられたことにはならない。

3　誤り。
　前掲最判昭43年は，通常共同訴訟における**共同訴訟人間の主張共通を否定**している。したがって，主債務者と保証人を共同被告とする訴えにおいては，主債務者による主債務の弁済の事実に関する主張は保証人との関係でも主張されたものとすることはできない。

4　誤り。
　前掲最判昭45年は，**通常共同訴訟における共同訴訟人間の証拠共通を肯定**している。したがって，主債務者が提出した証拠により弁済の事実が認定できれば，保証人との関係でもその事実を認定することができる。

5　正しい。
　通常共同訴訟においては，共同訴訟人独立の原則（39条）により，共同訴訟人の1人の訴訟行為の効果は，行為者と相手方との間においてのみ生ずることから，共同訴訟人の1人がした自白は，かりに他の共同訴訟人がこれを争っていたとしても，自白をした者と相手方との間で効力を生じる。したがって，本記述の場合，保証人が請求原因事実のすべてを自白したとしても，主債務者に自白の効果は及ばず，主債務者との関係で請求原因事実の証明を要しないことにはならない。

文献 試験対策講座15章1節①【4】

210

1 節　共同訴訟

No.	当 事 者	□	月	日
065	H26-57	□	月	日
		□	月	日

15章

多数当事者訴訟

　当事者に関する次の1から5までの各記述のうち，誤っているものを
2個選びなさい。

1．訴え又は訴えられることにより判決の名宛人となる者が当事者で
あるとする考え方によれば，訴訟物として他人の権利を主張する者
であっても当事者になることができる。

2．判例の趣旨によれば，土地の共有者の一人が不実の登記名義を有
する者を被告としてその抹消登記手続を求める訴えを提起すること
はできない。

3．胎児は，不法行為に基づく損害賠償請求権を訴訟物とするときは，
当事者になることができる。

4．判例の趣旨によれば，土地所有者がその所有権に基づいて土地上
の建物の共有者を相手方として建物収去土地明渡しを求める訴えを
提起する場合には，建物共有者全員を被告にしなければならない。

5．解散した法人は，清算の目的の範囲内では存続するとみなされる
から，その限度で当事者となることができる。

211

6編　複雑訴訟

No.
065　　正解　2，4　　当事者能力の有無の判断と固有必要的共同
訴訟に関する判例を正確におさえよう。

1　正しい。

本記述の考え方（形式的当事者概念）によれば，「当事者」であるためには，自己の名において判決を求めればよく，必ずしも権利者自身であることを要しない。そのため，訴訟物として他人の権利を主張する者が当事者となることも可能である。

2　誤り。

判例は，ある不動産の共有者の１人が，その持分に基づき当該不動産の登記簿上の所有名義人に対してその登記の抹消を求めることは，妨害排除の請求にほかならず，いわゆる保存行為に属するものであるとして，共有者の１人は，単独で当該不動産に対する所有権移転登記の全部の抹消を求め得るとしている（最判昭31．5．10）。

3　正しい。

民事訴訟の当事者となることのできる一般的資格を当事者能力という。当事者能力の有無の判断は，基本的に実体法上の権利能力の有無の判断に準じて行われる（民訴28条前段）。そして，胎児については，権利能力が認められていないため（民３条１項），原則として当事者能力が認められないが，損害賠償請求権に関しては権利能力が認められるため（721条），その限度で当事者能力も認められる。したがって，胎児は，不法行為に基づく損害賠償請求権を訴訟物とするときは，当事者になることができる。

4　誤り。

判例は，土地の所有者がその所有権に基づき当該土地上の建物の共同所有者に対して建物収去土地明渡しを請求する訴訟は，固有必要的共同訴訟ではないとしている（最判昭43．3．15百選99事件）ため，本問の事案において，建物共有者全員を被告としなくても，当事者適格は認められ，訴えは適法に提起できる。

5　正しい。

３の解説で述べたように，当事者能力の有無の判断は，基本的に実体法上の権利能力の有無の判断に準じて行われるため（民訴28条前段），実体法上権利能力を認められる法人は，当然に当事者能力が認められる。そして，解散した法人は，清算の目的の範囲内において，清算が結了するまではなお存続するものとみなされるため（一般法人207条，会社476条，645条，宗法48条の２等），その限度で，当事者能力も認められる。

[文献] 試験対策講座４章１節[2]【1】，２節[1]，15章１節[2]【4】⑹。判例シリーズ75事件

212

1節　共同訴訟

No.

066

論

□　　月　　日
□　　月　　日
□　　月　　日

固有必要的共同訴訟の成否
予H30−33

15章

多数当事者訴訟

　　固有必要的共同訴訟の成否に関する次の1から5までの各記述のうち，判例の趣旨に照らし誤っているものはどれか。

□□□　1．不動産の共有者は，共有者以外の者がその不動産につき不実の所有権移転登記を経由した場合には，その者を被告として，各自単独で，持分権に基づき，所有権移転登記の抹消登記手続を求める訴えを提起することができる。

□□□　2．被相続人から被相続人名義の不動産の贈与を受けた者は，被相続人の共同相続人のうちの一人を被告として，贈与契約に基づき，所有権移転登記手続を求める訴えを提起することができる。

□□□　3．不動産の共有者は，他の共有者のうちの一人を被告として，各自単独で，共有物分割を求める訴えを提起することができる。

□□□　4．土地の所有者は，土地上の建物の共有者のうちの一人を被告として，所有権に基づき，建物収去土地明渡しを求める訴えを提起することができる。

□□□　5．不動産の賃貸人は，共同賃借人のうちの一人を被告として，賃貸借契約の終了に基づき，不動産の明渡しを求める訴えを提起することができる。

213

6編　複雑訴訟

No.
066　　　　正解　3　　　　固有必要的共同訴訟に関する重要判例はとても多いので，判例の思考過程を1つひとつ正確に理解しよう。

1　正しい。

前掲最判昭31年は，本記述と同様の事案において，当該請求は「妨害排除の請求に外ならずいわゆる保存行為〔民252条ただし書〕に属する」として，共有権者の1人による所有権移転登記の抹消登記請求を認めている。

2　正しい。

判例は，不動産の買主が売主の共同相続人に対して売買契約に基づく所有権移転登記を求めた事案において，通常共同訴訟であるとしている（最判昭44. 4. 17）。これは，売買契約に基づく所有権移転登記義務が不可分債務（430条）であるところ，債権者は不可分債務者の1人に対して全部の履行を請求できる（430条・436条）からである。

3　誤り。

判例は，本記述と同様の事案において，共有物分割の訴えは固有必要的共同訴訟であるとしている（大判明41. 9. 25）。これは，共有者全員に画一的な紛争解決基準を示す必要があり，また，共有者各人に重大な利害関係があるため，各共有者の手続保障を図る必要があるからである。

4　正しい。

前掲最判昭43年（百選99事件）は，本記述と同様の事案において，「共同相続人らの義務はいわゆる不可分債務であるから，その請求において理由があるときは，同人らは土地所有者に対する関係では，各自係争物件の全部についてその侵害行為の全部を除去すべき義務を負うのであって，土地所有者は共同相続人ら各自に対し，順次その義務の履行を訴求することができ，必ずしも全員に対して同時に訴を提起し，同時に判決を得ることを要しない」こと等を理由に，通常共同訴訟であるとしている。

5　正しい。

前掲最判昭43年（百選99事件）は，建物収去土地明渡しの義務が不可分債務に当たることを理由として，土地上の建物の共有者に対する所有権に基づく建物収去土地明渡請求訴訟は固有必要的共同訴訟ではないとしているが，賃貸借契約の終了に基づく明渡請求訴訟についても同様に解すべきものとしている（東京高判昭56. 10. 26参照）。したがって，不動産の賃貸人は，共同賃借人のうちの1人を被告として，賃貸借契約の終了に基づき，不動産の明渡しを求める訴えを提起することができる（大阪高判昭51. 5. 7参照）。

文献 試験対策講座15章1節[2]【4】(6)。判例シリーズ75事件

214

1 節　共同訴訟

No.
067

必要的共同訴訟
H23-57

☐　月　　日
☐　月　　日
☐　月　　日

15章

多数当事者訴訟

　必要的共同訴訟に関する次の1から5までの各記述のうち，誤っているものはどれか。

☐☐☐　1．必要的共同訴訟において共同訴訟人の一人が死亡した場合，その者に訴訟代理人がいるときを除き，訴訟手続は，共同訴訟人の全員について中断する。

☐☐☐　2．必要的共同訴訟の口頭弁論の期日に共同訴訟人の一部が欠席した場合，相手方は，準備書面に記載していない事実を主張することはできない。

☐☐☐　3．必要的共同訴訟の口頭弁論の期日に共同訴訟人の一部が欠席した場合，出頭した共同訴訟人がその期日において自白をしても，欠席した共同訴訟人は，その後の期日において，その自白に係る事実を争うことができる。

☐☐☐　4．必要的共同訴訟において共同訴訟人の一人について上訴期間が経過しても，他の共同訴訟人の上訴期間が経過していなければ，判決は全体として確定しない。

☐☐☐　5．必要的共同訴訟において共同訴訟人の一人が上訴をすれば，共同訴訟人の全員に対する関係で判決の確定が遮断され，当該訴訟は全体として移審する。

215

6編　複雑訴訟

No.
067　　　正解　2　　　必要的共同訴訟と通常共同訴訟との手続上の規律の相違点を整理しよう。

1　正しい。

訴訟手続は，当事者が死亡すると，その者に訴訟代理人がいるときを除き，中断する（民訴124条1項1号，同条2項）。そして，必要的共同訴訟において，共同訴訟人の1人について訴訟手続の中断又は中止の原因があるときは，その中断又は中止は，全員についてその効力を生ずる（40条3項）。

2　誤り。

相手方が在廷していない口頭弁論においては，**準備書面に記載した事実でなければ，主張**することができない（161条3項）。もっとも，**必要的共同訴訟**においては，**共同訴訟人の1人に対する相手方の訴訟行為**は，**全員に対してその効力を生ずる**（40条2項）。したがって，必要的共同訴訟の口頭弁論の期日に共同訴訟人の一部が欠席した場合であっても，相手方は，準備書面に記載していない事実を主張することができる。

3　正しい。

必要的共同訴訟においては，**共同訴訟人の1人の訴訟行為**は，**全員の利益においてのみその効力を生ずる**（40条1項）。すなわち，他の共同訴訟人の不利になる訴訟行為については，他の共同訴訟人に対する関係のみならず，訴訟行為をした本人についても，その効力を生じない。したがって，本記述の場合，欠席した共同訴訟人は，その後の期日において，自白に係る事実を争うことができる。

4　正しい。

必要的共同訴訟においては，判決は，共同訴訟人全員について上訴期間が経過するまでは確定しない。

5　正しい。

必要的共同訴訟において，判決に対し共同訴訟人の1人が上訴すれば，全員に対する関係でその判決の確定が遮断され，当該訴訟は全体として，上訴審に移審する（最判平12.7.7百選101事件）。

文献　試験対策講座8章3節⑥【1】(2)(a)(i)，15章1節②【2】・【5】。判例シリーズ76事件

2節　補助参加訴訟

No.	補助参加訴訟	論	□	月	日
068	H23−59		□	月	日
			□	月	日

15章
多数当事者訴訟

補助参加に関する次の1から5までの各記述のうち，正しいものを2個選びなさい。

□□□　1．被参加人が訴訟外で解除権を行使したとしても，被参加人が訴訟においてその事実を主張しない限り，補助参加人は，その事実を主張することができない。

□□□　2．貸主Xの借主Yに対する貸金返還請求訴訟において，Yの連帯保証人ZがYに補助参加した場合，Yが自白をしても，Zは，その自白に係る事実を争うことができる。

□□□　3．判例の趣旨によれば，補助参加人がする上告の提起は，被参加人が上告を提起することができる期間内にしなければならない。

□□□　4．Xは，その所有する建物をYに賃貸し，Yは，Xの承諾を得てその建物をZに転貸した。その後，Xが，Yの債務不履行を理由にYとの建物賃貸借契約を解除したとして，Zに対し，建物の明渡しを求める訴えを提起した場合，Yは，Zに補助参加することができる。

□□□　5．当事者が補助参加について異議を述べた場合，補助参加人は，補助参加を許す旨の裁判が確定するまでの間は，訴訟行為をすることができない。

217

6編　複雑訴訟

No.
068　　　正解　**3，4**　　42条と45条を，具体的な適用場面を踏まえて理解しよう。

1　誤り。

　補助参加人は，訴訟について，攻撃又は防御の方法の提出，異議の申立て，上訴の提起，再審の訴えの提起その他**一切の訴訟行為**をすることができる（45条1項本文）。これは，独自の利益を確保すべく訴訟に参加した補助参加人における，訴訟追行上の地位の独立性を確保する趣旨である。したがって，被参加人が訴訟外で解除権を行使すれば，被参加人が訴訟においてその事実を主張しなくても，補助参加人は，その事実を主張することができる。

2　誤り。

　補助参加人の訴訟行為は，**被参加人の訴訟行為と抵触するとき**は，その**効力を生じない**（45条2項）。これは，補助参加人はあくまで一方当事者を補助する者にすぎないという，その地位の従属性の側面に由来する制約である。したがって，被参加人Yが自白をした場合，参加人Zは，その自白に係る事実を争うことができない。

3　正しい。

　判例は，「補助参加人は，独立して上訴の提起その他一切の訴訟行為をなしうるが，補助参加の性質上，当該訴訟状態に照らし被参加人のなしえないような行為はもはやできないものであるから，被参加人……のために定められた控訴申立期間内に限って控訴の申立をなしうる」としている（最判昭37.1.19百選A34①事件）。この趣旨からすれば，補助参加人がする上告の提起も，被参加人が上告を提起することができる期間内にしなければならない。

4　正しい。

　賃貸人が建物の賃借人（転貸人）の債務不履行を理由に賃借人との建物賃貸借契約を解除し，これを理由として，転借人に建物の明渡しを求める訴えを提起した場合，賃借人（転貸人）は，当該訴えの結果につき利害関係を有する第三者に該当し，転借人のために補助参加（42条）することができる（東京地判昭47.12.20）。

5　誤り。

　補助参加人は，補助参加について異議があった場合においても，補助参加を許さない裁判が確定するまでの間は，訴訟行為をすることができる（45条3項）。これは，裁判の確定を待たずに適時適切な攻撃防御活動を行う機会を補助参加人に保障する趣旨である。

文献 試験対策講座15章2節①【2】・【4】

218

3節　三面訴訟

No.
069

独立当事者参加
H22−71改題

論　□　月　日
　　□　月　日
　　□　月　日

15章
多数当事者訴訟

　独立当事者参加に関する次の1から5までの各記述のうち，正しいものを2個選びなさい。

□□□　1．独立当事者参加の申出は，原告及び被告双方を相手方としなければならず，当事者の一方のみを相手方とすることは許されない。

□□□　2．独立当事者参加がされた訴訟においては，原告，被告又は参加人の一人について中断の事由が生ずると，すべての者との関係において訴訟手続が中断する。

□□□　3．判例によれば，上告審における独立当事者参加の申出は，許されない。

□□□　4．独立当事者参加がされた訴訟において原告が脱退した場合，原告と被告との間の請求との関係で訴訟係属は遡及的に消滅し，原告が脱退前にした主張立証は，以後の訴訟における裁判資料とならない。

□□□　5．債権者が債務者に対する甲債権を被保全債権とし，債務者が第三債務者に対して有する乙債権に基づく金銭の支払を求めて債権者代位訴訟を提起した場合，債務者が債権者に対し甲債権の不存在を主張し，第三債務者に対し乙債権に基づく自己への金銭の支払を求めて独立当事者参加をすることは許されない。

219

6編　複雑訴訟

No. 069　正解　2,3

解説中の条文・判例はいずれも極めて重要なので確実におさえよう。

1　誤り。

訴訟の結果によって権利が害されることを主張する第三者又は訴訟の目的の全部若しくは一部が自己の権利であることを主張する第三者は，その訴訟の当事者の双方又は一方を相手方として，当事者としてその訴訟に参加することができる（47条1項）。

2　正しい。

独立当事者参加の審判手続において，**共同訴訟人の1人**について**訴訟手続の中断又は中止の原因**があるとき，その中断又は中止は，**全員**についてその**効力を生ずる**（47条4項・40条3項）。

3　正しい。

判例は，上告審における独立当事者参加（47条）の可否について，「上告審である当裁判所に対し同条による本件参加の申出をすることは許されない」としている（最判昭44. 7. 15）。

4　誤り。

訴訟脱退（48条）は，脱退者が将来に向かって訴訟関係から離脱するものであり，訴えの取下げと異なり，その者を当事者とする訴訟係属が遡及的に消滅するわけではない。そのため，脱退以前に脱退者がした主張・立証も，残存当事者についての裁判資料となる。

5　誤り。

判例は，「**債権者が民法423条1項の規定により代位権を行使して第三債務者に対し訴を提起した場合**であっても，**債務者**が民訴法71条〔現47条〕により**右代位訴訟に参加し第三債務者に対し右代位訴訟と訴訟物を同じくする訴を提起する**ことは，民訴法231条〔現142条〕の**重複起訴禁止にふれるものではない**」としている（最判昭48. 4. 24百選108事件）。

そして，債務者は債権者が被代位債権を行使した場合であっても，なお被代位債権について処分権限を有するから（民423条の5），当事者適格も有するので，独立当事者参加をすることができる。

文献 試験対策講座15章3節①【3】・【4】(1)・【6】・②。判例シリーズ85事件

3節　三面訴訟

No.	独立当事者参加	論	□	月	日
070	予R1-33		□	月	日
			□	月	日

15章

多数当事者訴訟

　独立当事者参加に関する次の1から5までの各記述のうち，判例の趣旨に照らし正しいものはどれか。

□□□　1．訴訟の結果によって権利が害されることを主張する第三者は，原告の請求を棄却する判決を求める旨を述べれば，自ら請求を定立しなくとも，その訴訟に参加することができる。

□□□　2．訴訟の目的の全部が自己の権利であることを主張する第三者が原告及び被告を相手方として参加の申出をした場合において，原告と被告のいずれもが異議を述べなかったときは，裁判所は，その第三者がその訴訟に参加することを許さなければならない。

□□□　3．土地の所有権確認請求訴訟において，原告が売買契約により土地を取得したと主張し，被告がこの売買契約の成立の事実を認めた場合であっても，その訴訟係属前からその土地の所有権を有することを主張する第三者が原告及び被告を相手方としてその訴訟に参加し，その売買契約の成立の事実を否認したときは，裁判所は，終局判決において，証拠調べの結果に基づき，その売買契約の成立を認めないとの判断をすることができる。

□□□　4．第三者が自己の権利を主張するために原告及び被告を相手方として訴訟に参加した場合に，原告は，被告の同意を得てその訴訟から脱退することができるが，被告及び参加人の同意を得ても訴えを取り下げることはできない。

□□□　5．訴訟の目的の全部が自己の権利であることを主張する第三者が原告及び被告を相手方として訴訟に参加した場合において，原告の訴えが訴えの利益を欠き不適法であるときは，裁判所は，その参加に係る訴えについて，不適法なものとして却下しなければならない。

221

6編　複雑訴訟

No.
070　　　正解　3　　　三面訴訟は論文式試験との関係でも重要であるから，この機会に三面訴訟に関する知識を一度整理しよう。

1　誤り。

判例は，独立当事者参加の申出は，参加人が参加を申し出た訴訟において裁判を受けるべき請求を提出しなければならず，単に当事者の一方の請求に対して訴え却下又は請求棄却の判決を求めるだけの参加の申出は許されないとしている（最決平26.7.10）。独立当事者参加の申出は，訴え提起の実質を有し，またもし参加人が訴え却下又は請求棄却の判決を求めるのみであるとすれば，当事者と参加人との間に審理の対象となるべき請求が存在しないこととなるからである。

2　誤り。

参加人は，補助参加（42条）の場合と異なり，自ら訴訟の当事者になることから，参加申出のなかには第三者が新たな訴えを提起する行為が含まれる。したがって，このような参加申出の訴え提起としての性質に鑑みると，参加人の相手方となる従前の訴訟の当事者は，参加につき異議（44条1項）を述べることはできない。そして，判例も同様に解している（大判昭15.4.10）。

3　正しい。

独立当事者参加については**必要的共同訴訟についての特則が準用**されており，判決の合一性を確保するために**当事者の1人のなす訴訟行為**は，**参加人の不利益**になる限りその**効力を生じない**（47条4項・40条1項）。本問において被告が売買契約の成立の事実を認めたことは裁判上の自白であるが，裁判上の自白は参加人にとって不利益になる訴訟行為であるから，効力を生じない。そのため，本問のように参加人が売買契約の成立の事実を否認したときは，自白は成立せず，審判排除効も生じない。

4　誤り。

判例は，参加人としては，残存当事者に対して勝訴すれば，脱退者に対する勝訴も保障されるから（48条後段），訴訟脱退における「相手方」（48条）には，参加人は含まれないとしているので（大判昭11.5.22），原告は，被告の同意のみで訴訟から脱退することができる。また，判例は，合一確定の要請される独立当事者参加においては，参加人も本訴の維持について利益を有するから，被告の同意だけでなく，参加人の同意も要するとしている（最判昭60.3.15）。そのため，原告は，被告及び参加人の同意があれば訴えを取り下げることができる。

5　誤り。

原告の訴えが却下される場合，参加申出は他人間に訴訟が係属しているという参加要件を欠くことになるが，裁判例は，これを新訴の提起と解し，一般の訴訟要件を具備している場合には，これを却下することなく，本案について審理しなければならないものと解するのが相当であるとしている（東京高判昭46.6.11）。

文献 試験対策講座12章1節②，15章3節①【3】・【4】⑴

4節　当事者の交替

No.	訴訟の承継		□	月	日
071	H22−72改題		□	月	日
			□	月	日

15章

多数当事者訴訟

　　訴訟の承継に関する次の1から5までの各記述のうち，正しいものを
2個選びなさい。

□□□　1．貸金返還請求訴訟の係属中に，原告が死亡し相続人が訴訟を承継
　　　　した場合，訴え提起による時効の完成猶予の効力は承継人に及ぶ。

□□□　2．貸金返還請求訴訟の係属中に，訴訟の目的である貸金債務につい
　　　　て，第三者による免責的債務引受けが行われたため，原告の申立て
　　　　に基づき，当該第三者に訴訟を引き受けさせる旨の決定がされ，原
　　　　告が当該第三者に対する請求を定立した場合には，その後の訴訟は
　　　　被告側の必要的共同訴訟となる。

□□□　3．土地所有権に基づく建物収去土地明渡請求訴訟の係属中に，建物
　　　　が被告から第三者に譲渡された場合，裁判所は，原告の申立てがあ
　　　　っても，当該第三者に訴訟を引き受けさせることができない。

□□□　4．判例によれば，土地賃貸借契約の終了を理由とする建物収去土地
　　　　明渡請求訴訟の係属中に，第三者が被告から建物の一部を賃借し，
　　　　当該建物の一部及び建物敷地の占有を承継した場合，裁判所は，原
　　　　告の申立てがあっても，当該第三者に訴訟を引き受けさせることが
　　　　できない。

□□□　5．貸金返還請求訴訟の係属中に，貸金債権が原告から第三者に譲渡
　　　　された場合，裁判所は，被告の申立てにより，当該第三者に訴訟を
　　　　引き受けさせることができる。

6編　複雑訴訟

No. 071　正解　**1, 5**　訴訟承継の条文操作と記述4の判例はしっかりと理解しよう。

1　正しい。

訴訟の承継があると，承継人は旧当事者が追行した訴訟の結果をそのまま承継し，訴え提起の効果としての**時効の完成猶予**や**期間遵守の効力**（民訴147条）**も維持**される。49条は，参加承継についてこのことを規定しているが，当然承継や引受承継についても同じであるとされている。したがって，訴え提起による時効の完成猶予の効力は，原告を相続した承継人に及ぶ。

2　誤り。

訴訟の係属中第三者がその訴訟の目的である義務の全部又は一部を承継したときは，裁判所は，当事者の申立てにより，決定で，その第三者に訴訟を引き受けさせることができる（50条1項）。そして，この場合，同時審判申出共同訴訟について規定する41条が準用される（50条3項）。

3　誤り。

訴訟の係属中第三者がその訴訟の目的である義務の全部又は一部を承継したときは，裁判所は，当事者の申立てにより，決定で，その第三者に訴訟を引き受けさせることができる（50条1項）。ここにいう義務の承継については，訴訟物である債権関係より発生する狭義の債務承継に限らず，土地所有権に基づく建物収去土地明渡請求訴訟の係属中に，建物が被告から第三者に譲渡されたという本記述の場合のような，物権的請求権に対応する義務承継をも含むと解されている。したがって，本記述の場合，裁判所は，建物の譲渡を受けた第三者に訴訟を引き受けさせることができる。

4　誤り。

判例は，「賃貸人が，土地賃貸借契約の終了を理由に，賃借人に対して地上建物の収去，土地の明渡を求める訴訟が係属中に，土地賃借人からその所有の前記建物の一部を賃借し，これに基づき，当該建物部分および建物敷地の占有を承継した者は，民訴法74条〔現50条〕にいう『其の訴訟の目的たる債務を承継したる』者に該当する」として，「訴訟引受の申立を許容すべきものとした原審の判断は正当」であるとしている（最判昭41. 3. 22百選109事件）。

5　正しい。

訴訟係属中に第三者がその訴訟の目的である権利の全部又は一部を譲り受けた場合，**裁判所**は，当事者の申立てにより，決定で，その**第三者に訴訟を引き受けさせることができる**（51条後段・50条1項）。したがって，本記述の場合，裁判所は，貸金債権を譲り受けた第三者に対して，訴訟を引き受けさせることができる。

文献 試験対策講座15章4節②【3】・【6】(2)・(3)(b)・(4)(b)。判例シリーズ86事件

4節　当事者の交替

No.
072

訴訟承継
H25-58改題

□　月　日
□　月　日
□　月　日

15章
多数当事者訴訟

　訴訟承継に関する次の1から5までの各記述のうち，誤っているもの
を2個選びなさい。

□□□　1．貸金返還請求訴訟の係属中に，当事者が死亡したときは，その者
　　　　の相続人は，相続の放棄をしない限り，当事者となる。

□□□　2．貸金返還請求訴訟の係属中に，訴訟物とされている貸金債権を譲
　　　　り受けた者は，参加承継の申立てをして訴訟を承継する義務を負う。

□□□　3．貸金返還請求訴訟の係属中に，訴訟物とされている貸金債権を譲
　　　　り受けた者が適法に参加承継をしたときは，その参加は，訴訟の係
　　　　属の初めにさかのぼって時効の完成猶予の効力を生ずる。

□□□　4．貸金返還請求訴訟の係属中に，訴訟物とされている貸金債権を譲
　　　　り受けた者が適法に参加承継をしたときは，参加前の原告は，相手
　　　　方の承諾を得ることなく訴訟から脱退する。

□□□　5．貸金返還請求訴訟の係属中に，訴訟物とされている貸金債権に係
　　　　る債務を第三者が引き受けたときは，原告は，当該第三者に対して，
　　　　訴訟引受けの申立てをすることができる。

6編　複雑訴訟

No.
072　正解　2, 4　　訴訟承継に関する条文を正確に理解して,
確実に得点しよう。

1　正しい。

当事者が死亡した場合, その相続人は, 訴訟手続を受け継がなければならない
(124条1項1号)。もっとも, 相続の放棄をした者は, その相続に関しては, 初め
から相続人とならなかったものとみなされることから (民939条), この場合でも
当事者とはならない。したがって, 相続人は, 相続の放棄をしない限り, 当事者
となる。

2　誤り。

訴訟の係属中その訴訟の目的である権利の全部又は一部を譲り受けたことを主
張する第三者は, 当事者としてその訴訟に参加することができる (参加承継, 民
訴49条)。これは, 従来の当事者間の訴訟状態をそのまま, 承継人と相手方との
紛争の解決に利用できるよう, 承継人が自発的に参加して訴訟の承継をなすこと
を認めたものである。したがって, 本記述において, 貸金債権を譲り受けた者は,
参加承継の申立てをして訴訟を承継する義務を負うわけではない。

3　正しい。

訴訟係属中その訴訟の目的である権利の全部又は一部を譲り受けたことを主張
して, 47条1項の規定により第三者が訴訟参加をしたときは, その参加は, 訴訟
係属の初めに遡って時効の完成猶予又は法律上の期間の遵守の効力を生ずる (49
条)。

4　誤り。

**47条1項の規定により自己の権利を主張するため訴訟に参加した者がある場
合には, 参加前の原告又は被告は, 相手方の承諾を得て訴訟から脱退**すること**が
できる** (48条前段)。したがって, 本記述において, 参加前の原告は, 相手方の
承諾を得ることなく訴訟から脱退することはできない。

5　正しい。

訴訟の係属中に第三者がその訴訟の目的である義務の全部又は一部を承継した
ときは, 裁判所は, 当事者の申立てにより, 決定で, その第三者に訴訟を引き受
けさせることができる (50条1項)。これは, 権利承継人の場合 (49条) と同様に,
訴訟係属中に訴訟の目的物となっている権利又は義務, 係争物の譲渡があった場
合に, 承継人となる第三者との間の請求についても, 従来の訴訟手続の成果を活
かしつつ併合審理を求める機会を提供する趣旨である。したがって, 本記述にお
いて, 原告は, 訴訟物とされている貸金債権に係る債務を引き受けた第三者に対
して, 訴訟引受けの申立てをすることができる。

文献 試験対策講座15章3節②【2】, 4節②【3】・【5】・【6】(3)(a)・(b)

226

〈Essential Note〉 1 共同訴訟

Essential Note

01 共同訴訟

□固有必要的共同訴訟においては，合一確定の要請から，一部判決をすることができない。したがって，**裁判所が誤って一部判決をした場合**には，事件が二分されることを防ぐため，**全部判決として取り扱い**，判決の名宛人ではない共同訴訟人も，その判決に対して**上訴をすることができる**。H18-66-エ

□固有必要的共同訴訟においては，共同訴訟人となるべき者の全員が当事者とならなければ当事者適格を欠くが，訴え提起時に共同訴訟人となるべき者の一部が脱落していても，訴え提起後に，その者が共同訴訟参加（52条1項）をして訴訟に加わり，口頭弁論終結時に全員が当事者となっていれば，当該訴えは適法である（大判昭9.7.31参照）。H18-66-オ

□判例は，各共有者は，その持分権に基づき，その土地の一部が自己の所有に属すると主張する第三者に対し，単独で，係争地が自己の共有持分権に属することを確認する訴えを提起することができるとしている（最判昭40.5.20）。予H27-44-3

□不動産について被相続人との間に締結された契約上の義務の履行を主張して，所有権移転登記手続を求める訴えは，その相続人が数人いるときでも，通常共同訴訟に当たると解されているので（最判昭36.12.15），共同相続人の1人を相手方として当該訴えを提起することができる。予H27-44-4

□ある株主が提起した責任追及等の訴え（会社847条）は，他の株主が共同訴訟参加した場合（849条1項本文，民訴52条1項），類似必要的共同訴訟になると解されている（前掲最判平12年百選101事件参照）。そして，必要的共同訴訟において，共同訴訟人の1人の訴訟行為は，全員の利益においてのみその効力を生じるとされているから（40条1項），不利益となる場合には，他の共同訴訟人に対する関係のみならず，その訴訟行為をした本人との関係でも，その効力を生じない。H19-63-1

□判例は，入会集落の構成員の一部は，入会地についての使用収益権に基づいて，入会地への立入りを妨害する者に対し，その排除を求める訴えを提起することができるとしている（最判昭57.7.1）。予H27-44-1

□**境界確定を求める訴えは，隣接する土地の一方又は双方が数名の共有に属する場合に**は，**固有必要的共同訴訟に当たる**と解されているので（最判昭46.12.9），**共有者全員を相手方として当該訴えを提起しなければならない**。そして，**当該訴えに同調しない共有者がいるときには，その余の共有者は，この同調しない者を共同被告として訴えを提起することが許される**（最判平11.11.9）。H22-56-イ，H21-72-3，予H27-44-5

227

15章

多数当事者訴訟

〈Essential Note〉1 共同訴訟

□前掲最判昭43年（百選99事件）によれば，土地所有者がその所有権に基づいて地上の
建物所有者である共同相続人を相手方として建物収去土地明渡を請求する訴訟は，通
常共同訴訟と解されているので，その後，共同相続人の一部の者が訴訟手続を受継し
たときは，受継した者との間だけで審理，判決することが許される。H21-72-4

□判例は，**共同相続人間における遺産確認の訴えは固有必要的共同訴訟に当たるとして
いる**（最判平元.3.28百選100事件）。H20-70-3

□共同相続人が，遺産分割の前提として，被告が被相続人の遺言書を隠匿又は破棄した
行為が相続欠格事由に当たることを理由に，他の共同訴訟人が相続人の地位を有しな
いことの確認を求める訴えは，固有必要的共同訴訟と解されているから（最判平16.7.
6），他の共同相続人のうちの1人のみを被告とする場合には，不適法である。H21-
72-5

□判例は，**1個の物を共有する数名の者全員が，共同原告となり，共有権に基づき，共
有権の確認を求める訴えは，固有必要的共同訴訟に当たるとしている**（最判昭46.10.
7百選A31事件）。したがって，**共有者の1人が単独で当該訴えを提起**することができ
ない**し，訴訟の係属中に共同原告の1人が訴えの取下げをしても，その取下げは効力
を生じない**。H18-66-ア，予H27-44-2

□通常共同訴訟において，一方当事者から同時審判の申出があっても，「法律上併存し
得ない関係にある場合」（41条1項），すなわち，主張レベルで法律上請求が両立し得
ない場合でない限り，裁判所は，弁論及び裁判を分離してすることができる（152条
1項）。H18-57-4

□土地の工作物の占有者及び所有者を共同被告とする，その工作物の瑕疵を理由とする
損害賠償請求訴訟において，両請求権は「法律上併存し得ない関係にある」（41条1項）
ことから，原告の申出があれば，その弁論及び裁判は分離することができなくなる（同
項）。H21-72-2

□同時審判申出共同訴訟は，通常共同訴訟であるから，共同訴訟人間の証拠共通の原則
が働く（前掲最判昭45年参照）。H20-65-1

□**同時審判申出共同訴訟は，通常共同訴訟であり，共同訴訟人独立の原則**（39条）が働
くことから，共同訴訟人の1人がした**自白は，他の共同訴訟人に影響を及ぼさないし，
他の共同訴訟人がこれを争っていても，自白をした者と相手方との関係でその効力を
生じる。**H20-65-2，H19-63-4

□**同時審判申出共同訴訟においては共同訴訟人独立の原則が働くため，原告は，共同被
告のうちの1人に対する訴えのみを取り下げることができる。**H20-65-3

〈Essential Note〉1　共同訴訟／2　補助参加訴訟

□同時審判申出共同訴訟においては共同訴訟人独立の原則が働くため，共同被告の一方に対する請求についての判決に対して**上訴がなされた場合**，その効果は当該請求についてのみ生じ，他方の請求には及ばない。H20-65-4

□同時審判申出共同訴訟において，**各共同被告に係る控訴事件**が同一の控訴裁判所に各別に係属するときは，弁論及び裁判は，**併合してしなければならない**（41条3項）。H20-65-5

15章

多数当事者訴訟

ビジュアルで覚える

●通常共同訴訟と固有必要的共同訴訟の区別

区別の基準		実体法上の管理処分権の帰属態様の観点を中心に訴訟政策的考慮により修正する
共有者原告の場合	通常	○共有不動産の持分権確認 ○持分権に基づく妨害排除請求・引渡請求 ○持分権に基づく抹消登録手続請求
	固有	○共有不動産についての所有権確認 ○共有権に基づく移転登記手続請求
共有者被告の場合	通常	○自己の所有権確認 ○自己の賃貸借権確認 ○所有権に基づく引渡登記手続請求
	固有	―
共有者内部での紛争	通常	○自己の共有持分権確認 ○共有者間の更正登記手続請求
	固有	○共有物分割の訴え ○共有関係が成立するかどうかに争いがある場合の訴訟 ○共同相続人間の遺産確認 ○共同相続人間の相続人たる地位存否確認

02　補助参加訴訟

□**当事者が**補助参加について**異議を述べない限り**，裁判所は補助参加の許否について判断をしないため（44条1項前段），当事者が異議を述べていない場合には，**補助参加人が参加の理由を疎明する必要はない**。H26-65-イ，予H27-43-1

□当事者が補助参加について異議を述べたときは，裁判所は，補助参加の許否について，決定で裁判をするので（44条1項前段），当事者の異議がなければ，法律上の利害関係を有しない者に対しても，参加を許さない旨の裁判をすることはできない。H20-71-エ

□補助参加人は，補助参加について異議があった場合においても，補助参加を許さない裁判が確定するまでの間は，訴訟行為をすることができる（45条3項）。予R1-45-4

229

〈Essential Note〉2　補助参加訴訟

□補助参加人の訴訟行為は，補助参加を許さない裁判が確定した場合においても，当事者が援用したときは，その効力を有する（45条4項）。予H27-43-2

□補助参加人は，**判決が確定した後でも，補助参加の申出と共に**（43条2項），**再審の訴えを提起することができる**（45条1項本文）。H20-71-イ

□補助参加人は，当事者として訴訟に参加するわけではないので（42条，47条1項参照），参加後も証人能力は否定されず，証人になることができる。H20-71-ア

□補助参加人は，訴訟について，一切の訴訟行為をすることができるが（45条1項本文），補助参加のときにおける訴訟の程度に従いすることができないものについては，許されない（同項ただし書）。したがって，補助参加前の被参加人による自白が撤回できない場合には，補助参加人も当該自白を撤回することができない。予H27-43-5

□**補助参加人による訴訟行為は，被参加人に有利なものであっても，参加時既に当事者ができなくなっている訴訟行為**（45条1項ただし書），**被参加人の訴訟行為と抵触する訴訟行為**（45条2項），**訴えの取下げなどの訴訟を処分・変更する行為などについては，効力を生じない。**H20-71-ウ，予H27-43-3

□補助参加の取下げについては，明文の規定がないが，被参加人や相手方の同意がなくとも，判決確定までの間はいつでもすることが許されると解されている（261条類推適用）。H20-71-オ

ビジュアルで覚える

●訴訟参加

	共同訴訟参加（52）	共同訴訟的補助参加（解釈）	補助参加（42）
意　義	他人間の訴訟の判決効が拡張される地位にあり，当事者適格を有する第三者に，訴訟参加を認める→類似必要的共同訴訟になる	他人間の訴訟につき，当事者適格を欠くため共同訴訟参加できないものの，判決効が及ぶ第三者に訴訟参加を認める	他人間の訴訟の結果につき利害関係を有する第三者に訴訟参加を認める
既判力	及　ぶ	及　ぶ	及ばない（参加的効力が生じる）
当事者適格	あ　り	な　し	な　し

230

● 既判力と参加的効力

	既判力	参加的効力
主観的範囲	当事者	敗訴当事者たる被参加人と参加人
客観的範囲	判決主文中の判断	判決理由中の判断も含む
拘束力の例外の有無	なし	あり（46①から④まで）
当事者の援用の要否	不要（職権調査事項）	必要

03 三面訴訟

☐ 独立当事者参加（47条1項）することができる場合であっても、参加するか否かは第三者の任意であることから、同一の紛争について、独立当事者参加をせずに別訴を提起することは許される。H18-57-1

☐ 第三者が独立当事者参加をした場合、当事者の1人がした訴訟行為は、参加人に不利益になる限り、当該訴訟行為をした者との関係でもその効力を生じない（47条4項・40条1項）。H18-57-2

☐ 債権者代位訴訟においては、債権者は自己の名で権利を行使することができるが、行使する権利は、債務者が第三債務者に対して有する債権である。H19-61-1

☐ 債権者代位訴訟における被担保債権の存在は、当事者適格の存否を基礎づける訴訟要件であるから、被担保債権が存在しない場合には、裁判所は、訴訟要件を欠くものとして、訴えを却下しなければならない。H19-61-3

☐ 当事者適格を欠くことを看過してなされた本案判決の効力は、代位債権者及び第三債務者を拘束しない（大阪地判昭45.5.28参照）。H19-61-5

ビジュアルで覚える

● 多数当事者訴訟のまとめ

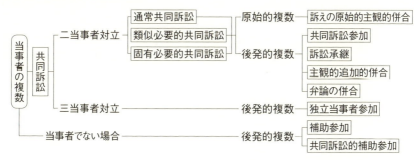

〈Essential Note〉4　当事者の交替

04　当事者の交替

☐判例は，生活保護法に基づく医療扶助に関する行政処分取消訴訟において，訴訟物たる権利が一身専属権である場合には，原告の死亡によって，訴訟は当然に終了するとしている（最大判昭42.5.24）。予H29-36-イ

☐参加承継の場合，承継人は独立当事者参加の形式で参加の申出をするところ（51条前段・47条1項），参加人と被承継人との間に争いがないときは，相手方当事者に対してだけ請求を立てて訴訟に参加することができる。H21-71-2

☐被承継人の相手方は，承継人に対し，承継したものが義務であっても権利であっても訴訟引受けの申立てをすることができるが（50条1項，51条後段），申立ての時期は事実審の口頭弁論終結前に限られる（最決昭37.10.12）。H21-71-1

☐**参加承継**後の訴訟の審理には**必要的共同訴訟の規定が準用**されるのに対し（51条前段・47条4項・40条1項，2項，3項），**引受承継**後の訴訟の審理には**同時審判の申出がある共同訴訟の規定が準用**される（50条3項・41条1項，3項，51条後段・50条3項・41条1項，3項）。したがって，**いずれの場合も弁論の分離，一部判決が禁止**される。H21-71-3

☐**参加承継**と**引受承継**のいずれの場合であっても，**脱退**の場合には**相手方の承諾が要求**される（48条，51条前段・48条，50条3項・48条，51条後段・50条3項・48条）。H21-71-4

ビジュアルで覚える

● 当事者の交替

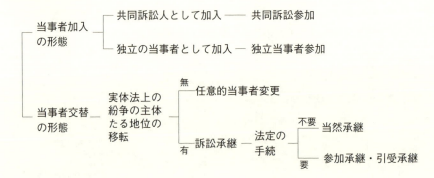

第7編

不服申立手続と略式手続

1節　上訴総説

No.
073

控訴の利益
H23-72

□ 月 日
□ 月 日
□ 月 日

　Xは，Yに1000万円を貸し付けたとして，Yに対して，そのうち400万円の貸金の返還を求める訴えを提起した。これに対し，Yは，請求棄却の判決を求め，当該貸付けの事実を否認するとともに，消滅時効又は相殺による当該貸金債権の消滅を主張した。この事例に関する次の1から5までの各記述のうち，判例の趣旨に照らし正しいものを2個選びなさい。

□□□　1．第一審裁判所が，XのYに対する貸付けの事実を認めた上で，Yの主張する消滅時効を理由にXの請求を全部棄却した場合，Yは，貸付けの事実を認めたことを不服として控訴することができる。

□□□　2．第一審裁判所がXの請求を全部認容した場合，Xは，Yに対する請求を1000万円に拡張するために控訴することができる。

□□□　3．第一審裁判所がYの主張する相殺を理由にXの請求を全部棄却した場合，Yは，これを不服として控訴することができる。

□□□　4．第一審裁判所がXの請求を全部認容し，Yがこれを不服として控訴した場合，Xは，附帯控訴の方式により，請求を1000万円に拡張することができる。

□□□　5．第一審裁判所が，Xの請求を全部認容したが，訴訟費用の一部をXの負担とした場合，Xは，訴訟費用の負担の裁判を不服として控訴することができる。

16章

上

訴

235

7編　不服申立手続と略式手続

No. 073　正解　3，4

控訴の利益の有無について，判例の考え方を正確に理解しよう。

1　誤り。

　控訴を提起するには，原判決に対する不服（控訴）の利益が必要であり，この不服の対象は，訴訟物についての判決主文中の判断に限定され，判決理由中の判断は，原則として不服の対象とならない（最判昭31. 4. 3百選110事件参照）。したがって，貸付けの事実を裁判所が認めたことに不服があるとしても，それが判決理由中の判断にすぎず，また，Ｘの請求が全部棄却されている以上，不服の利益は認められず，Ｙは，控訴することができない。

2　誤り。

　本問において，Ｘは，一部請求であることを明示したうえで400万円の貸金の返還を求める訴えを提起しており，このような明示的一部請求訴訟においては，訴訟物は，その明示された債権の一部に限定される（最判昭37. 8. 10）。そして，Ｘは，一部に限定された訴訟物について全部認容判決を得ており，また，後訴において残部を請求することが妨げられない以上，不服の利益は認められず，Ｙに対する請求を1000万円に拡張するために控訴することはできない。

3　正しい。

　控訴における不服の対象は，訴訟物についての判決主文中の判断に限定され，判決理由中の判断は，原則として不服の対象とならないが，例外的に，理由中の判断により当事者に不利益な効力が生じる場合には，不服の対象となる。相殺の抗弁の成否については，判決理由中の判断にも既判力を生じ（114条2項），その成立が認められた場合，自働債権は消滅し，その不存在が既判力をもって確定されることから，当事者に不利益な効力が生じる場合に当たる。したがって，本記述において，Ｘは，控訴することができる。

4　正しい。

　判例は，「第一審において，全部勝訴の判決を得た当事者（原告）も，相手方が該判決に対し控訴した場合，附帯控訴の方式により，その請求の拡張をなし得る」としている（最判昭32. 12. 13百選A38事件）。したがって，Ｘは，附帯控訴の方式により，請求を1000万円に拡張することができる。

5　誤り。

　訴訟費用の負担の裁判に対しては，独立して控訴をすることができない（282条）。本記述において，Ｘの請求は全部認容されており，本案の判決に対して控訴することができないのであるから，Ｘは，訴訟費用の負担の裁判のみを不服として控訴することができない。

文献　試験対策講座6章4節①【2】，16章1節②【3】，2節①【1】(2)・③【2】。判例シリーズ87事件

2節 控訴

No.

074

控 訴 審
H18-63

☐ 月 日
☐ 月 日
☐ 月 日

民事訴訟の控訴審に関する次の1から5までの記述のうち，誤っているものはどれか。

☐☐☐ 1．第一審判決が同一当事者間の数個の請求についてされた1個の判決である場合，その中の一つの請求についてだけ控訴の申立てがあっても，全請求について確定遮断及び移審の効力が生じる。

☐☐☐ 2．控訴裁判所は，第一審で提出された資料と控訴審で提出された資料を基礎として，不服申立ての限度で独自に事実認定を行い，審理の結果と第一審判決とを比較する形で，不服の当否を審理する。

☐☐☐ 3．攻撃防御方法の提出が時機に後れたかどうかは，第一審及び控訴審を通じて判断されるため，控訴審の第1回期日に提出されても，時機に後れたものとして却下されることがある。

☐☐☐ 4．判例によれば，控訴審において訴えの交換的変更があった場合，新訴については控訴裁判所が事実上第一審裁判所として裁判するのであるから，新訴についての判決の結論が第一審判決の主文と全く同一となっても，控訴棄却の裁判をすべきではない。

☐☐☐ 5．主位的請求を認容した判決に対して控訴がされ，控訴裁判所が主位的請求に理由がないと判断した場合に，予備的請求について判断をすることは，相手方の同意がない限り，許されない。

16章

上

訴

237

7編　不服申立手続と略式手続

No.
074　　　正解　5　　　控訴に関する判例・条文の問題である。テキストや判例集でしっかり確認しよう。

1　正しい。
　控訴の提起による確定遮断及び移審の効力は，控訴人のした不服申立ての範囲にかかわらず，控訴の対象となった判決全部に生じる（控訴不可分の原則）。したがって，本記述の場合，1つの請求についてだけ控訴の申立てがあっても，全請求について確定遮断及び移審の効力が生じる。

2　正しい。
　現行法の控訴審は続審制を採用しており，控訴裁判所は，第一審で提出された資料と控訴審で追加された資料を基礎として，不服申立ての限度で独自に事実認定を行い，これに法を適用して事件を再審理し，その結果と第一審判決とを比較するかたちで，不服の当否を審理する。

3　正しい。
　判例は，157条1項が口頭弁論に関する総則規定であり，訴訟の完結遅延を防止する目的で設けられた点及び控訴審が第一審の続審である点などに鑑みれば，事件が控訴審に係属した場合に，当事者が第一審で提出しなかった攻撃防御方法を提出したときは，控訴審としては，第一審における訴訟手続の経過をも通観して，その時機に後れたか否かを判断するべきであり，当事者が第一審の口頭弁論終結以前に提出できた攻撃防御方法を控訴審で初めて提出したときは，たとえその提出が控訴審の第1回口頭弁論期日になされたとしても，時機に後れたものとなる場合があるとしている（大判昭8.2.7）。

4　正しい。
　判例は，第一審の請求認容判決に対して被告が控訴し，控訴審において訴えの交換的変更が適法になされた場合に，控訴審が新請求を認容すべきと判断したときは，それは実質上初審としてする裁判にほかならないのであるから，新請求の判決主文の文言が原判決の主文と全く同一になるとしても，新請求認容の裁判をすべきであるとしている（最判昭32.2.28百選33事件）。

5　誤り。
　判例は，請求の予備的併合において，被告が主位的請求を認容する判決に対して控訴した場合，予備的請求も控訴審に移審し，控訴裁判所は，主位的請求に理由がないと判断するときは，これを排斥して予備的請求について判断することができるとしている（最判昭33.10.14）。したがって，本記述の場合，控訴裁判所は，相手方の同意がなくとも，予備的請求について判断することができる。

文献　試験対策講座8章3節[2][3](1)(b)，14章1節[4][3]，16章2節[1][5](1)。判例シリーズ25事件

2節 控訴

No.

075

控 訴
H25-73

☐ 月 日
☐ 月 日
☐ 月 日

控訴に関する次の1から5までの各記述のうち，判例の趣旨に照らし正しいものを2個選びなさい。

☐☐☐ 1. 被告が第一審で請求棄却を求めた場合において，訴えを却下する判決が言い渡されたときは，被告には控訴の利益が認められない。

☐☐☐ 2. 第一審判決が予備的相殺の抗弁を認めて原告の請求を棄却したのに対し，原告が控訴し，被告が控訴も附帯控訴もしない場合において，控訴裁判所が原告の請求債権はそもそも存在しないと判断するときは，控訴裁判所は，第一審判決を維持し，控訴を棄却しなければならない。

☐☐☐ 3. 裁判所は，控訴審の第一回口頭弁論期日において初めて提出された攻撃又は防御の方法を，時機に後れたものとして却下することはできない。

☐☐☐ 4. 一部請求であることを明示した訴えにおいて全部勝訴した原告は，被告が控訴をしたときは，附帯控訴により残部について請求を拡張することができる。

☐☐☐ 5. 控訴審が原判決を取り消し，事件を原審に差し戻す判決をした場合には，それにより事件が原裁判所に移審するため，当該差戻判決に対して上告をすることはできない。

16章

上

訴

239

7編　不服申立手続と略式手続

No.
075　　正解　**2,4**　　控訴に関する重要判例をしっかり整理しておこう。

1　誤り。
　判例は，第一審判決が訴えの利益がないとして原告の請求を排斥した場合，被告は形式的には全部勝訴の判決を得たようなかたちとなるが，被告は更に原告の請求棄却を求めるため，第一審判決に対し控訴の利益を有するとしている（最判昭40.3.19）。

2　正しい。
　判例は，「訴求債権が有効に成立したことを認めながら，被告の主張する相殺の抗弁を採用して原告の請求を棄却した第一審判決に対し，原告のみが控訴し被告が控訴も附帯控訴もしなかった場合において，控訴審が訴求債権の有効な成立を否定したときに，第一審判決を取消して改めて請求棄却の判決をすることは，民訴法199条2項〔現114条2項〕に徴すると，控訴した原告に不利益であることが明らかであるから，不利益変更禁止の原則に違反して許されないものというべきであり，控訴審としては被告の主張した相殺の抗弁を採用した第一審判決を維持し，原告の控訴を棄却するにとどめなければならない」としている（最判昭61.9.4百選112事件）。

3　誤り。
　前掲大判昭8年は，控訴審における157条の適用について，第一審における訴訟手続の経過をも通観して時機に後れたか否かを判断すべきであるとしている。したがって，裁判所は，控訴審の第1回口頭弁論期日において初めて提出された攻撃又は防御の方法であっても，157条1項の要件を充足するときは，時機に後れたものとして却下することができる（297条本文・157条1項）。

4　正しい。
　前掲最判昭32年（百選A38事件）は，「第一審において，全部勝訴の判決を得た当事者（原告）も，相手方が該判決に対し控訴した場合，附帯控訴の方式により，その請求の拡張をなし得る」としている。

5　誤り。
　判例は，第一審判決を取り消し，事件を第一審に差し戻した控訴審判決によって，事件は当該審級から離脱するのであるから，当該判決は終局判決であると解するのが相当であるとして，これに対して直ちに上告することができるとしている（最判昭26.10.16）。

文献　試験対策講座8章3節②【3】(1)(b)，16章1節②【3】(2)，2節②【4】(3)・③【2】，3節①。判例シリーズ89事件

2節　控訴

No.
076

控　訴　審
H21-73

☐　月　日
☐　月　日
☐　月　日

　控訴審に関する次の1から5までの各記述のうち，誤っているものを2個選びなさい。

☐☐☐　1．控訴の提起は，控訴期間内に，控訴裁判所に控訴状を提出して行う。

☐☐☐　2．原告の請求を一部認容する第一審判決に対し，被告が控訴すれば，原告は自らの控訴権が消滅した後でも，附帯控訴をすることによって，請求棄却部分についてその取消しを求めることができる。

☐☐☐　3．控訴審での口頭弁論は，当事者が第一審判決の変更を求める限度においてのみ，これをする。

☐☐☐　4．予備的相殺の抗弁を容れて原告の請求を棄却した第一審判決に対して，原告が控訴し，被告が控訴も附帯控訴もしない場合，控訴裁判所が，原告の訴求債権はそもそも存在しないと判断するときは，原判決を取り消し，改めて原告の請求を棄却すべきである。

☐☐☐　5．控訴人は，控訴審の終局判決の後に控訴を取り下げることはできない。

16章

上

訴

241

7編　不服申立手続と略式手続

No.
076　　正解　**1, 4**　　控訴に関する条文知識をしっかり定着させよう。

1　誤り。

　控訴の提起は，**判決書の送達を受けた日から2週間の不変期間内**に，**控訴状を第一審裁判所に提出**してしなければならない（285条本文，286条1項）。したがって，控訴裁判所に控訴状を提出して行うわけではない。

2　正しい。

　被控訴人は，控訴権が消滅した後であっても，口頭弁論の終結に至るまで，附帯控訴をすることができる（293条1項）。これは，不利益変更禁止の原則（296条1項，304条）により，被控訴人は控訴審における応訴に成功しても原判決どまりであるのに対し，控訴人は控訴審においても審判の対象を拡大し得ることから（297条・143条），当事者の公平を図るべく，被控訴人にも控訴審で自己に有利な原判決に変更させる可能性を与えたものである。

3　正しい。

　控訴審において，口頭弁論は，当事者が第一審判決の変更を求める限度においてのみすることができる（296条1項）。これは，控訴は不可分であり，移審の効力は訴訟の全体について生じるが，処分権主義を採用する民事訴訟においては，当事者が求める以上の裁判はできないことから，審理の範囲を限定したものである。

4　誤り。

　前掲最判昭61年（百選112事件）は，本記述と同様の事案において，「控訴審が訴求債権の有効な成立を否定したときに，第一審判決を取消して改めて請求棄却の判決をすることは，民訴法199条2項〔現114条2項〕に徴すると，控訴した原告に不利益であることが明らかであるから，不利益変更禁止の原則に違反して許されないものというべきであり，控訴審としては被告の主張した相殺の抗弁を採用した第一審判決を維持し，原告の控訴を棄却するにとどめなければならない」としている。

5　正しい。

　控訴は，控訴審の終局判決があるまで，取り下げることができる（292条1項）。これは，控訴審の終局判決後の控訴取下げを認めると，控訴人が第一審判決と控訴審判決を比較して控訴の取下げをすることができることになり，相手方との間で不公平が生じるからである。

文献 試験対策講座16章2節①【4】・【5】(2)・【6】(2)・②【4】(3)・③【2】。判例シリーズ89事件

242

2節 控訴

No.
077

控 訴 審
予R1-44

論 | □ 月 日
□ 月 日
□ 月 日

16章

上

訴

　控訴審における審理に関する次のアからオまでの各記述のうち，判例の趣旨に照らし正しいものを組み合わせたものは，後記1から5までのうちどれか。

□□□　ア．当事者の一方が控訴審の第1回口頭弁論期日に欠席した場合に，その期日に出頭した当事者は，当事者双方に係る第一審口頭弁論の結果を陳述することができる。

□□□　イ．第一審において，被告が請求原因事実の全部を自白したとみなされたために請求を全部認容する判決がされた場合であって，被告が控訴審において当該請求原因事実の全部又は一部を争うときは，その旨を明らかにするとともに，その争おうとする請求原因事実が真実でないことを立証しなければならない。

□□□　ウ．第一審において弁論準備手続を終結している場合であって，当事者が控訴審において新たな攻撃防御方法を提出しないときは，控訴裁判所は，事件を弁論準備手続に付することはできない。

□□□　エ．第一審裁判所が専属管轄を定める合意があることを理由とする管轄違いの主張を排斥して本案判決をした場合であって，当該管轄違いの主張に係る判断に誤りがあるときは，当事者は，控訴審において，当該合意があることを理由として，第一審裁判所が管轄権を有しないことを主張することができる。

□□□　オ．当事者が控訴審において新たに提出した攻撃防御方法について，控訴裁判所は，控訴審の審理経過だけでなく，第一審における審理経過についても考慮し，時機に後れたものであるか否かを判断する。

1．ア　イ　　2．ア　オ　　3．イ　ウ　　4．ウ　エ　　5．エ　オ

243

7編　不服申立手続と略式手続

No.
077　　　　正解　2　　　　上訴は手薄になりがちだが，短答式試験では頻出なので，条文・判例知識を確認しておこう。

ア　正しい。

　控訴審において当事者は第一審における口頭弁論の結果を陳述しなければならない（296条2項）。そして，判例は，「控訴審において当事者が第一審における口頭弁論の結果を陳述すべき場合，当事者の一方が口頭弁論期日に欠席したときは出頭した方の当事者に双方に係る第一審口頭弁論の結果を陳述させることができるものと解すべきである」としている（最判昭33.7.22）。

イ　誤り。

　第一審においてした訴訟行為は，控訴審においてもその効力を有するが（298条1項），判例は，擬制自白は，当事者の行為たる真正の自白とは異なり，法規により自白とみなすという裁判所の判断であるから，各審級において独自に生ずる問題であり，その効力が当然に上級審に及ぶことはないとしている（大判昭8.4.18）。したがって，第一審で擬制自白が成立しても，控訴審で被告が請求原因事実の全部又は一部を争うときは，その旨を明らかにすれば足り，その争おうとする請求原因事実が真実でないことの立証まではする必要はない。

ウ　誤り。

　第一審の訴訟手続は特別の事情がない限り，控訴審の訴訟手続にも準用されるから（297条），控訴審でも弁論準備手続を行うことは可能であり，本記述のような制限は規定されていない。

エ　誤り。

　控訴審においては，専属管轄の場合，第一審の管轄違いの主張をすることができるが（299条1項ただし書），専属的合意管轄の場合は除かれているので（同項ただし書括弧書），専属管轄を定める合意の存在を理由とした第一審の管轄違いの主張をすることはできない。これは専属的合意管轄が公益とは無関係だからである。

オ　正しい。

　判例は，控訴審で提出された攻撃防御方法が時機に後れたかどうかは，第一審・第二審の弁論全体を通じて判断されるとしている（前掲大判昭8.2.7参照）。

文献 試験対策講座8章3節[2]【3】(1)(b)，16章2節

2節　控訴

No.				月 日
078	**上　訴** 予H28-45			月 日
				月 日

　民事訴訟における上訴に関する次の１から５までの各記述のうち，正しいものを２個選びなさい。

□□□　1．第一審の判決の言渡し後その判決書又は判決書に代わる調書の送達を受ける前においては，控訴を提起することは，許されない。

□□□　2．裁判所に対し控訴権を放棄する旨の申述をした者が附帯控訴をすることは，許されない。

□□□　3．控訴の取下げには，相手方の同意を要しない。

□□□　4．上告は，判決に憲法の解釈の誤りがあることその他憲法の違反があることを理由とするときに限り，することができる。

□□□　5．即時抗告期間は，裁判の告知を受けた日から１週間の不変期間である。

16章

上

訴

7編　不服申立手続と略式手続

No.
078　　　正解　**3, 5**　　　上訴に関する条文は手薄になりがちなので，しっかり確認しておこう。

1　誤り。

　控訴は，判決書又は判決書に代わる調書の**送達を受けた日から2週間の不変期間内**に提起しなければならないが（285条本文），**当該期間前に提起した控訴の効力は妨げられない**（同条ただし書）。この規定は，特に，仮執行宣言付判決に基づく強制執行を事前に防ぐために，判決送達前に控訴を提起し執行停止決定（403条）を得る必要があることから，実務的にも有用とされる。したがって，第一審の判決の言渡し後その判決書又は判決書に代わる調書の送達を受ける前に控訴を提起することは，許される。

2　誤り。

　被控訴人は，控訴権が消滅した後であっても，口頭弁論の終結に至るまで，附帯控訴をすることができる（293条1項）。したがって，裁判所に対し控訴権を放棄する旨の申述をしたことにより控訴権が消滅した者も，控訴審の口頭弁論が終結するまでの間は，附帯控訴をすることが許される。

3　正しい。

　判例は，控訴の取下げについて訴えの取下げに関する規定の準用を定める292条2項は，261条2項を準用していないため，控訴の取下げに，相手方の同意は不要であるとしている（最判昭34. 9. 17）。これは，訴えの取下げと異なり，控訴が取り下げられても，相手方としては自己に有利な第一審の判決が確定するのみで，何ら不利益を被る可能性がないからである。

4　誤り。

　上告は，**判決に憲法の解釈の誤りがあることその他憲法の違反があること**を理由とするとき（312条1項）のほか，**絶対的上告理由があること**を理由とするとき（同条2項各号），**高等裁判所にする場合は，判決に影響を及ぼすことが明らかな法令の違反があること**を理由とするとき（同条3項）にもすることができる。

5　正しい。

　即時抗告は，**裁判の告知を受けた日から1週間の不変期間内**にしなければならない（332条）。これは，一定の決定又は命令については，迅速に確定させる必要があるため，その不服申立ての方法を即時抗告としたうえで，その申立期間を，通常抗告と比べて限定的なものとしたものである。

文献　試験対策講座16章2節①【4】(2)・【6】(2)・③【2】，3節③，4節①【2】

246

3節　上告

No.			
079			

上　告　審
H25-74

☐　月　日
☐　月　日
☐　月　日

16章

上

訴

　上告審に関する次の1から5までの各記述のうち，正しいものを2個選びなさい。

☐☐☐　　1．最高裁判所は，上告理由や上告受理の申立ての理由において上告人が主張していない限り，判決に影響を及ぼすことが明らかな法令の違反が認められる場合であっても，原判決を破棄することはできない。

☐☐☐　　2．最高裁判所への上告も，高等裁判所への上告も，判決に憲法の解釈の誤りがあることその他憲法の違反がある場合のほか，重大な手続違反（絶対的上告理由）がある場合に限り，許される。

☐☐☐　　3．上告裁判所が，上告状，上告理由書，答弁書その他の書類を調査して上告に理由がないと判断したときは，口頭弁論を開かずに，上告棄却の判決をすることができる。

☐☐☐　　4．最高裁判所は，上告受理決定をする場合であっても，上告受理の申立ての理由中に重要でないと認めるものがあるときは，これを排除することができる。

☐☐☐　　5．判例の趣旨によれば，上告受理の申立てに対して附帯上告をし，又は上告に対して附帯上告受理の申立てをすることができる。

7編　不服申立手続と略式手続

No.
079　　　正解　3, 4　　　上告理由の制限を中心に，上告審特有の規律について整理しよう。

1　誤り。

　判決に影響を及ぼすことが明らかな法令の違反があることは，最高裁判所への上告理由とはならない（312条3項参照）。もっとも，**最高裁判所は**，適法な上告を契機として職権調査をした結果，**憲法違反**（同条1項）**又は絶対的上告理由**（同条2項各号）**に当たる事由がない場合でも，判決に影響を及ぼすことが明らかな法令の違反が認められるときは，原判決を破棄できる**（特別破棄，325条2項）。この場合，職権調査事項については調査事項の限定がなされず（320条，322条），最高裁判所は，上告理由とは関係のない事項についても調査できる。

2　誤り。

　最高裁判所への上告は，判決に憲法の解釈の誤りがあることその他憲法の違反がある場合（312条1項）のほか，重大な手続違反（絶対的上告理由，同条2項各号）がある場合に限り，許される。もっとも，高等裁判所への上告は，これらの場合に加えて，判決に影響を及ぼすことが明らかな法令の違反がある場合にも，することができる（同条3項）。

3　正しい。

　上告裁判所が，上告状，上告理由書，答弁書その他の書類により，上告を理由がないと認めるときは，口頭弁論を経ないで，判決で，上告を棄却することができる（319条）。これは，訴訟経済及び上告裁判所の負担軽減の見地から，必要的口頭弁論の原則（87条1項）の例外（同条3項）を認めたものである。

4　正しい。

　最高裁判所は，上告受理決定をする場合において，上告受理の申立ての理由中に重要でないと認めるものがあるときは，これを排除できる（318条3項）。これは，最高裁判所の負担軽減の見地から，上告審として調査する範囲（320条参照）を，最高裁判所が自ら判断に値すると認めるものに限定したものである。

5　誤り。

　293条は，上告手続に準用されるから（313条），被上告人は，上告に附帯して，原判決を自己に有利に変更することを求める申立て（附帯上告）をすることができ，また，被上告受理申立人は，上告受理の申立てに附帯して，原判決を自己に有利に変更することを求める申立てをすることができる。もっとも，判例は，「上告受理の申立てに対して附帯上告を提起し，又は上告に対して附帯上告受理の申立てをすることはできない」としている（最決平11.4.23）。

文献　試験対策講座16章2節③【3】，3節③・④【3】

248

〈Essential Note〉1　上訴総説／2　控訴

Essential Note

01　上訴総説

□第一審において，被告に訴訟能力が欠けていることを看過して請求棄却判決が言い渡された場合，勝訴している被告の法定代理人は，上訴の利益がない以上，本人に訴訟能力がないことを理由として控訴することはできない。H19-62-オ

02　控訴

□2つの請求が併合されている訴訟において，第一審裁判所がそのうちの1つの請求について判決（一部判決，243条3項・2項）をした場合には，当事者は，残りの請求についての判決を待たずに，独立して控訴を提起することができる。H22-73-1

□控訴状に控訴の理由の記載がない場合において，控訴人は控訴の提起後50日以内に控訴裁判所に控訴理由書を提出しなければならないが（民訴規182条），この規定は制裁のない訓示規定であるから，控訴裁判所が控訴理由書の不提出を理由として控訴を却下することはできない。H24-73-ア

□控訴審の審判の対象は，処分権主義の現れとして，不服申立ての範囲に限定されるが（民訴296条1項参照），職権調査事項については，当事者の不服申立ての有無に関係なく，裁判所が職権で判断しなければならない。H24-73-ウ

□現行民事訴訟法は，第一審の資料に控訴審での新資料を加えて，第一審判決の当否を判断するという続審制を採用していることから（296条2項，298条1項参照），控訴審において提出することができる攻撃又は防御の方法は，第一審の口頭弁論終結後に生じた事由に関するものに限られない。H24-73-エ

□第一審の口頭弁論終結後に当事者から書証として提出された文書は，第一審の裁判資料とすることはできない。そして，弁論の更新（296条2項）により控訴審の裁判資料となるのは第一審の裁判資料であるため，控訴審において第一審の口頭弁論の結果が陳述され，その文書が訴訟記録につづられていたとしても，当該文書は，第一審の裁判資料になっていない以上，控訴審の裁判資料にもならない。H25-64-エ

□控訴審は事実審であるから，控訴裁判所は，第一審判決を取り消す場合には，事件を第一審裁判所に差し戻さず，自判をすることができる。H24-73-オ

□控訴裁判所は，訴えを不適法として却下した第一審判決を取り消す場合には事件を第一審裁判所に差し戻さなければならないが（307条本文），事件につき更に弁論をする必要がないときは，差し戻す必要はない（307条ただし書）。H22-73-5

〈Essential Note〉2　控訴／3　上告／4　抗告・特別上訴

□292条2項は261条2項を準用していないことから，被控訴人が附帯控訴をしているとき
　であっても，被控訴人の同意がなくても，控訴の取下げをすることができる。H23-70-5

□原告が一部認容判決に対して控訴を提起し，控訴裁判所が職権調査事項である訴訟要
　件がないと判断した場合，処分権主義の現れである不利益変更禁止の原則（304条）
　は適用されないことから，訴えを却下することができる。H22-73-3

03　上告

□**最高裁判所への上告**は，判決に憲法の解釈の誤りがあることその他**憲法の違反**がある
　ことを**理由とするとき**に，することが**できる**（312条1項）。H22-74-イ

□「判決に理由を付せず，又は理由に食違いがあること」は，絶対的上告理由に当たる
　（312条2項6号）。H22-67-4

□最高裁判所に上告がされた場合において，上告人が主張している事由が上告理由に該
　当しないことが明らかなとき，最高裁判所は，決定で，当該上告を棄却することがで
　きる（317条2項）。H22-74-ア

□請求の拡張は訴えの変更に当たると解されているところ，法律審である上告審におけ
　る訴えの変更は認められないことから（143条1項本文参照），控訴審の全部認容判決
　に対して上告がなされた場合，被上告人は，請求を拡張するために附帯上告をするこ
　とができない。H22-74-ウ

□上告裁判所は，職権調査事項を除いて，原判決において適法に確定された事実に拘束
　される（321条1項，322条）。H22-74-エ

□高等裁判所が上告審としてした終局判決に対しては，憲法違反を理由として最高裁判
　所に対して更に不服を申し立てることができる（特別上告，327条1項）。H22-74-オ

04　抗告・特別上訴

□適法に抗告がされた場合，原裁判をした裁判所又は裁判長は，当該抗告を理由がある
　と認めるときは，その裁判を更正しなければならない（再度の考案，333条）。予H28-
　34-オ

〈Essential Note〉1　再審

「第17章（再審）には，登載基準を満たすフル問題がありません。」

Essential Note

□法律により判決に関与することができない裁判官が判決に関与したことは再審事由に当たるが（338条1項2号），当事者が上告によりその事由を主張したときには，再審の訴えを提起することができない（同項柱書ただし書）。H26-75-1

□「不服の申立てに係る判決が前に確定した判決と抵触すること」（338条1項10号）を再審事由とする場合には，再審期間の制限がない（342条3項）。H26-75-2

□再審の訴えを提起した当事者は，不服の理由を変更することができる（344条）。H26-75-3

□裁判所は，再審の訴えが不適法である場合には，決定でこれを却下し（345条1項），再審の事由がない場合には，決定で再審の請求を棄却しなければならない（同条2項）。H26-75-4

□裁判所は，再審開始の決定が確定した場合において，本案の審理及び裁判の結果，判決を正当とするときは，再審の請求を棄却しなければならない（348条2項，1項）。H26-75-5

ビジュアルで覚える

● 上訴のまとめ

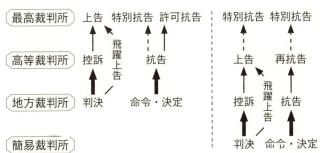

※控訴・上告は終局判決に対するものである。
　抗告は決定・命令に対するものである。

7編　不服申立手続と略式手続

Memo

1節 特別手続

No. 080

異 議
H20-73

☐ 月 日
☐ 月 日
☐ 月 日

民事訴訟法における異議に関する次の1から5までの各記述のうち，誤っているものを2個選びなさい。

☐☐☐ 1．裁判長の釈明権の行使に対して不服がある当事者は，受訴裁判所に対して異議を申し立てることができる。

☐☐☐ 2．裁判所書記官の処分に対する異議の申立てについては，その裁判所書記官の所属する裁判所が裁判をする。

☐☐☐ 3．少額訴訟の終局判決に対して不服がある当事者は，異議を申し立てることも控訴をすることもできる。

☐☐☐ 4．手形訴訟の認容判決に対して不服のある当事者は，異議を申し立てることができ，その場合，事件は控訴審に係属することになる。

☐☐☐ 5．支払督促に対して適法な督促異議の申立てがあったときは，第一審裁判所に訴えの提起があったものとみなされる。

18章

特別手続

253

7編　不服申立手続と略式手続

No. 080　正解　3，4

異議に関する条文について，この機会に整理しよう。

1　正しい。

当事者が，149条1項の定める裁判長の釈明権の行使に対し異議を述べたときは，裁判所は，決定でその異議について裁判をする（150条）。これは，釈明権行使（149条1項，2項）をする裁判官に対して，合議体による監督を及ぼす必要があることから，その監督の手続を定めたものである。したがって，当事者は裁判長の釈明権の行使に対して異議を述べることができる。

2　正しい。

裁判所書記官の処分に対する異議の申立てについては，その裁判所書記官の所属する裁判所が，決定で，裁判をする（121条）。これは，裁判所書記官の処分に対する訴訟法上の不服申立てを認め，その手続を規定したものである。

3　誤り。

少額訴訟の終局判決に対しては，判決書又はそれに代わる調書の送達を受けた日から2週間の不変期間内であれば，その判決をした裁判所に異議を申し立てることができるが（378条1項本文），控訴をすることはできない（377条）。

4　誤り。

手形訴訟の終局判決に対しては，訴えを却下した判決を除き，判決書又は254条2項の調書の送達を受けた日から2週間の不変期間内に，その判決をした裁判所に異議を申し立てることができる（357条本文）。そして，適法な異議があったときは，訴訟は，口頭弁論の終結前の程度に復し，この場合においては，通常の手続によりその審理及び裁判が行われる（361条）。すなわち，手形判決に対し異議が申し立てられた場合には，同一審級で通常の訴訟手続により審判がやり直されるのであって，事件が控訴審に係属するわけではない。

5　正しい。

適法な督促異議の申立てがあったときは，督促異議に係る請求については，その目的の価額に従い，支払督促の申立ての時に，支払督促を発した裁判所書記官の所属する簡易裁判所又はその所在地を管轄する地方裁判所に訴えの提起があったものとみなされる（395条前段）。これは，支払督促に対し適法に督促異議の申立てがあった場合は，督促異議がなされた範囲で，督促手続を当然に通常訴訟に移行させる趣旨である。

[文献] 試験対策講座10章3節①，18章1節②【2】(6)・③【5】(2)・⑤【5】

〈Essential Note〉1　特別手続

Essential Note

□支払督促は，債務者を審尋しないで発する（386条１項）。予H28-44-4

□手形による金銭の支払の請求を目的とする訴えについては，手形訴訟による審理及び裁判を求めることができる（350条１項）。予H28-44-1

□手形訴訟においては，原告は，口頭弁論の終結に至るまで，被告の承諾を要しないで，訴訟を通常の手続に移行させる旨の申述をすることができる（353条１項）。予H28-44-2

□簡易裁判所の訴訟手続において，訴えは，口頭で提起することができる（271条）。予H24-45-1

□**簡易裁判所に対する訴えの提起**においては，請求の原因に代えて，**紛争の要点を明らかにすれば足りる**（272条）。H19-66-4，予H24-45-2

□簡易裁判所の訴訟手続においても，反訴を提起することができる（274条１項）。予H24-45-3

□簡易裁判所の訴訟手続において，被告が口頭弁論の続行の期日に欠席した場合においても，裁判所は，被告が提出した準備書面に記載した事項を陳述したものとみなし，出頭した原告に弁論をさせることができる（277条・158条）。予H24-45-4

□簡易裁判所の訴訟手続においては，証拠調べは，即時に取り調べることができる証拠に限ってすることができるという制約はない。予H24-45-5

□簡易裁判所においては，訴訟の目的の価額が60万円以下の金銭の支払の請求を目的とする訴えについて，少額訴訟による審理及び裁判を求めることができる（368条１項本文）。予H28-44-3

□同一の簡易裁判所において同一の年に少額訴訟による審理及び裁判を求めることができる回数については，10回に制限されている（368条１項ただし書，民訴規223条）。H24-74-ア

□**少額訴訟においては，反訴を提起することができない**（民訴369条）。H24-74-イ，H22-69-5

18章

特別手続

255

〈Essential Note〉 1 特別手続

□少額訴訟における証拠調べは，即時に取り調べることができる証拠に限ってすることができる（371条）。H24-74-ウ

....

□被告は，少額訴訟を通常の手続に移行させる旨の申述をすることができるが（373条1項本文），最初にすべき口頭弁論の期日において弁論をし，又はその期日が終了した後は，この限りではない（同項ただし書）。H24-74-エ

ビジュアルで覚える

● 手形・小切手訴訟と少額訴訟の比較　　　　■法令名なき条文は民訴を指す

	手形・小切手訴訟	少額訴訟
対象	手形による金銭支払請求・附帯法定利率による損害賠償請求を目的とする訴訟（350 I）	金銭支払請求でかつ訴訟の目的額が60万円以下である訴訟 なお，同一簡裁では年に10回を超えての利用はできない（368 I，民訴規223）
訴訟手続を利用する意思表明の時期	訴状に手形訴訟を利用する旨記載（350 II）	訴えの提起の際に少額訴訟を利用する旨を申述（368 II）
審理	原則として最初の期日で弁論終結（民訴規214）	原則として最初にすべき口頭弁論の期日で終結（370 I）
証拠調べ	原則として，書証に限定（352 I） 文書提出命令，送付嘱託は不可（352 II） 文書の成立の真否・手形の提示に関する事実については当事者尋問が可（352 III）	即時に取り調べることができる証拠に限定（371） →即時にできれば証人尋問も可 証人尋問は宣誓をさせないですることができる（372 I）
通常手続の移行	原告の申述により通常手続に移行（353 I） 被告の承諾は不要	被告の申述により通常手続に移行 ただし，最初にすべき口頭弁論期日において弁論をし，又はその期日が終了した後は申述不可（373 I）

256

〈Essential Note〉 1 特別手続

● 地方裁判所と簡易裁判所の異同

■法令名なき条文は民訴を指す

	地方裁判所	簡易裁判所
裁 判 権	裁判所法 33 I①の請求以外の請求に係る訴訟 裁判所法 33 I①の請求に係る訴訟のうち不動産に関する訴訟(裁 24①)	訴訟の目的の価額が 140 万円を超えない請求 (裁 33 I①)
反 訴	○ (146)	○ (146, なお 274 I)
判決の言渡し	原則:原本に基づいてする (252) 例外:254 I各号に該当する場合で,原告の請求を認容する場合	
仮執行の宣言	申立て又は職権 (259)	
控 訴	高等裁判所 (裁 16①)	地方裁判所 (裁 24③)
口頭弁論調書の記載	原則:弁論の要領を記載し,民訴規 67 I各号に掲げる事項を明確にする必要がある 例外:民訴規 67 Ⅱ	裁判所の許可を得て証人等の陳述又は検証の結果の記載を省略することができる (民訴規 170)
期日の呼出し	呼出状の送達,当該事件について出頭した者に対する期日の告知その他相当と認める方法 (94 I)	
尋問に代わる書面の提出	裁判所が相当と認める場合において,当事者に異議がないときは証人の尋問に代えて書面の提出可 (205)	左欄のような証人尋問に代わる書面提出に加え,裁判所が相当と認めるときは,当事者の異議を問題にせず,当事者本人の尋問又は鑑定人の意見の陳述に代えて書面提出可 (278)
訴訟代理人	法令による訴訟代理人,弁護士 (54 I本文)	簡易裁判所の許可を得て弁護士でないものを訴訟代理人とすることができる (54 Iただし書)
口頭弁論	書面で準備しなければならない (161 I)	原則:書面で準備することを要しない (276 I) 例外:276 Ⅱ
陳述擬制	原告又は被告が最初に期日に出頭せず,又は出頭したが本案の弁論をしないとき (158)	原告又は被告が口頭弁論の続行の期日に出頭せず,又は出頭したが本案の弁論をしないとき (277・158)
訴えの提起等	訴状を裁判所に提出 (133 I) 裁判長が口頭弁論期日を指定し,当事者を呼び出す (139)	訴えは口頭でなし得る (271, 273) 当事者双方が任意に出頭すれば,直ちに口頭弁論の開始を求めることができる (273)
訴状の記載事項	当事者・法定代理人,請求の趣旨・原因 (133 Ⅱ)	紛争の争点を明らかにすれば足りる (272)

18章

特別手続

第8編

総合問題

No.		論	☐ 月 日
081	**訴訟要件** 予R1-36		☐ 月 日 ☐ 月 日

　訴訟要件に関する次の1から5までの各記述のうち，正しいものを2個選びなさい。

☐☐☐　1．第一審裁判所は，法律の定めにより他の裁判所が専属的な土地管轄を有する訴えが提起された場合には，判決でその訴えを不適法なものとして却下しなければならない。

☐☐☐　2．第一審裁判所は，訴えが不適法であると認める場合には，口頭弁論を経ずに判決で訴えを却下しなければならない。

☐☐☐　3．第一審裁判所の裁判長は，訴えの適法性を判断するための事実上及び法律上の事項について，当事者に対して釈明権を行使することができない。

☐☐☐　4．第一審裁判所は，当事者間で争いになった訴訟要件の存在について中間判決をすることができる。

☐☐☐　5．第一審裁判所は，訴えの取下げが効力を生じた後においては，その訴えが不適法であると認める場合であっても，訴えを却下する判決をすることができない。

19章

総合問題

261

8編 総合問題

No.
081　　　正解　**4, 5**　　　訴訟要件に関する知識が幅広く問われている。この機会に知識を整理して，条文をチェックしよう。

1　誤り。

訴訟要件に不備がある場合，訴えを却下するのが原則である。もっとも，訴訟要件の欠缺の一場面である管轄権の不存在の場合に訴えを却下し，当事者が新たに管轄裁判所に訴えを提起したのでは時効の完成猶予や出訴期間厳守の利益を失うおそれがある。そこで，裁判所は，管轄違いの訴えは却下せず，申立てにより又は職権で，これを管轄裁判所に移送する（16条1項）。このように移送することで，訴訟は最初の訴えの提起の時点から管轄裁判所に係属したものとみなされ（22条3項），時効の完成猶予や出訴期間厳守の利益は失われないですむことになる。

2　誤り。

訴えが不適法でその不備を補正することができないときは，裁判所は，口頭弁論を経ないで，判決で，訴えを却下することができる（140条）。もっとも，本記述は，「その不備を補正することができないとき」という要件を欠く。また，裁判所は訴えを「却下することができる」のであり，却下しなければならないのではない。

3　誤り。

裁判長は，口頭弁論の期日又は期日外において，訴訟関係を明瞭にするため，事実上及び法律上の事項に関し，当事者に対して問いを発し，又は立証を促すことができる（149条1項，釈明権）。したがって，第一審裁判所の裁判長は，訴えの適法性を判断するための事実上及び法律上の事項について，当事者に対して釈明権を行使することができる。

4　正しい。

裁判所は，独立した攻撃又は防御の方法その他中間の争いについて，裁判をするのに熟したときは，中間判決をすることができる（245条前段）。ここでいう中間の争いとは，訴訟手続上の事項の争いのうち必要的口頭弁論に基づき判断するものをいい，訴訟要件の存否はこれに含まれる。したがって，第一審裁判所は，当事者間で争いになった訴訟要件の存在について中間判決をすることができる。

5　正しい。

訴えの取下げが効力を生じると，訴訟係属は遡及的に消滅する（262条1項）。したがって，裁判所の証拠調べや裁判も当然に失効し，裁判所がその訴えが不適法であると認める場合であっても，訴えを却下する判決をすることができない。

[文献] 試験対策講座3章1節④【1】，8章1節②【3】(1)(a)，10章3節①，12章1節④【1】，13章1節②【2】(2)(b)

262

No.		□ 月 日
082	**訴訟法上の義務** 予R1－39	□ 月 日 □ 月 日

　訴訟上の義務に関する次の1から5までの各記述のうち，誤っているものはどれか。

□□□　1．当事者は，訴訟において引用した文書を自ら所持する場合に，その文書につき文書提出命令の申立てがされたときは，その文書を提出しなければならない。

□□□　2．鑑定に必要な学識経験を有し，鑑定人となることができる者は，受訴裁判所により鑑定人に指定された場合には，鑑定をしなければならない。

□□□　3．裁判所は，事件を弁論準備手続に付する裁判をした場合において，当事者の一方がその取消しを申し立てたときは，当該裁判を取り消さなければならない。

□□□　4．被告は，訴訟が係属した場合には，送達を受けるべき場所を受訴裁判所に届け出なければならない。

□□□　5．単独の裁判官が代わった場合において，その前に尋問をした証人について，当事者が更に尋問の申出をしたときは，裁判所は，その尋問をしなければならない。

19章

総合問題

263

8編　総合問題

No.
082　　正解　3　　訴訟法上の義務に関する条文知識を確認しよう。

1　正しい。

　当事者が訴訟において**引用した文書**を自ら所持するときは，文書の所持者は，**その提出を拒むことができない**（220条1号）。争点整理のために当事者が十分な訴訟準備を行い，また争点についての審理の充実を図るためには，当事者が自ら所持する証拠だけではなく，相手方当事者が有する証拠の利用も可能にすべきである。また，証拠の構造的偏在が生じている場合もあり，当事者の地位の実質的平等を図る必要もある。そこで，訴訟に協力する国民の義務として，文書提出義務が定められている。

2　正しい。

　鑑定に必要な学識経験を有する者は，鑑定をする義務を負う（212条1項）。

3　誤り。

　裁判所は，相当と認めるときは，申立てにより又は職権で，弁論準備手続に付する裁判を取り消すことができる。ただし，当事者双方の申立てがあるときは，これを取り消さなければならない（172条）。したがって，当事者の一方が取消しを申し立てたにすぎない場合は，当該裁判を取り消さなければならないわけではない。

4　正しい。

　当事者は，送達を受けるべき場所を受訴裁判所に届け出なければならない（104条1項前段）。

5　正しい。

　単独の裁判官が代わった場合又は合議体の裁判官の過半数が代わった場合において，その前に尋問をした証人について，当事者が更に尋問の申出をしたときは，**裁判所は，その尋問をしなければならない**（249条3項）。証人尋問については，証人の供述の把握，殊に証言の信憑性の判断に当たって，**証人の供述態度が裁判官の心証形成を大きく左右する**からである。

文献　試験対策講座5章2節②【2】，8章1節③【4】(3)(a)，2節④【2】，11章5節②【4】，5節②【5】(4)(b)

264

No.		□ 月 日
083	**裁判に対する不服申立て** 予H27-45	□ 月 日 □ 月 日

裁判に対する不服申立てに関する次の1から5までの各記述のうち，誤っているものを2個選びなさい。

- □□□ 1．忌避の申立てを認容する決定に対しては，不服を申し立てることができない。

- □□□ 2．移送の申立てを却下する決定に対しては，不服を申し立てることができる。

- □□□ 3．文書提出義務がないことを理由として文書提出命令の申立てを却下する決定に対しては，不服を申し立てることができない。

- □□□ 4．補助参加の申出を認める決定に対しては，不服を申し立てることができない。

- □□□ 5．訴訟費用の負担の裁判に対しては，独立して不服を申し立てることができない。

19章

総合問題

265

8編　総合問題

No.
083　　正解　**3, 4**　　不服申立てについての総合問題である。しっかり条文を確認しておこう。

1　正しい。

　忌避を理由があるとする決定に対しては，不服を申し立てることができない（25条4項）。これは，忌避を申し立てた当事者は，申立てが認められた以上，不服申立ての必要がなく，相手方当事者は，利害関係人に当たらないことから，不服申立てをすることができず，対象裁判官は，公平な裁判を維持するべく，他の裁判機関によって忌避の原因があると判断された以上，その判断に従うことが望ましいことによる。

2　正しい。

　移送の申立てを却下した決定に対しては，即時抗告をすることができる（21条）。これは，いずれの裁判所で審判を受けるかは当事者にとって重大な関心事であり，特に一方当事者が経済上の優位を利用して合意管轄を定めたような場合には，移送の申立てを却下した決定に対する即時抗告を認めないと，当事者の利益の救済に十分でないからである。

3　誤り。

　文書提出命令の申立てについての決定に対しては，即時抗告をすることができる（223条7項）。これは，証拠申出の採否の決定には独立の不服申立てが認められないのが原則であるが（328条1項参照），文書提出命令の申立てについての決定は，単なる証拠申出の採否の決定とは異なり，文書の所持者に文書提出義務という特別の義務を課すものであるから，独立の不服申立てを認めて迅速な解決を可能にすることで，文書の所持者及び申立人を保護するものである。

4　誤り。

　補助参加の許否についての決定（44条1項）に対しては，即時抗告をすることができる（同条3項）。

5　正しい。

　訴訟費用の負担の裁判に対しては，独立して控訴をすることができない（282条）。これは，訴訟費用の負担の裁判は，本案の請求の当否についての判断をしなければこれをすることができないものであるところ，かりに，訴訟費用の負担の裁判のみに対する不服申立てを許すとすれば，その当否を審判するためだけに，不服のない本案の請求の当否までも改めて判断することを要することとなり，裁判所の負担があまりに重くなるからである。

文献 試験対策講座3章1節④【3】，2節②，11章5節②【5】(4)(c)(ⅱ)，15章2節①【3】，16章2節①【1】(2)

266

No.		☐ 月 日
084	# 訴訟行為 H18-67	☐ 月 日 ☐ 月 日

訴訟行為に関する次の1から5までの記述のうち，誤っているものを2個選びなさい。

☐☐☐　1．反訴を提起することができるのは，事実審の口頭弁論の終結に至るまでである。

☐☐☐　2．請求の放棄は，上告審においてはすることはできない。

☐☐☐　3．中間確認の訴えは，上告審においては提起することができない。

☐☐☐　4．訴訟上の和解は，上告審においてもすることができる。

☐☐☐　5．同時審判の申出は，第一審の口頭弁論の終結の時までにしなければならない。

19章

総合問題

267

8編　総合問題

No. 084　正解　2,5

基本的な訴訟手続に関する条文問題である。
手続の流れも条文で確認しておこう。

1　正しい。

反訴とは，**訴訟の係属中**に，**被告が原告に対して同一訴訟手続による審理裁判を求めるために提起する訴え**である。そして，反訴の提起があれば，裁判所は，反訴の当否について証拠調べをする必要があるため，反訴を提起することができるのは，事実審の口頭弁論の終結に至るまでである（146条1項本文）。

2　誤り。

請求の放棄とは，**請求に理由がないことを自認する原告の裁判所に対する意思表示**であり，請求自体について裁判所の審理を不要とするものであるから，判決が確定するまでは，**事実審においても，上告審においても請求の放棄をすることができる**（大判明42.2.10参照）。

3　正しい。

中間確認の訴えとは，訴訟係属中に，本来の請求の当否の判断に対し先決関係にある法律関係の存否について，当事者が追加的に提起する確認の訴えである。そして，中間確認の訴えについても，本来の請求と同様に事実審理が必要であるため，上告審においては提起することができない。

4　正しい。

裁判所は，訴訟がいかなる程度にあるかを問わず，和解を試み，又は受命裁判官若しくは受託裁判官に和解を試みさせることができるとされており（89条），事件が係属する限り，上告審においても和解を勧告することができる。

5　誤り。

同時審判の申出は，**控訴審の口頭弁論終結時までにしなければならない**（41条2項）。これは，同時審判の保障は，共同訴訟形態を採ることによって，証拠共通が働き，事実認定に関する判断が別々になることを防止するために規定された。

文献　試験対策講座12章2節③，3節③【2】，14章3節③【2】，4節②【3】・③，15章1節③【4】(3)

268

No.	要件事実総合	☐ 月 日
085	H21-74	☐ 月 日
		☐ 月 日

次の【事例】を前提とし，要件事実に関する次の1から5までの各記述のうち，誤っているものはどれか。

【事　例】

　Aは，かつて世話になったことのある知人Bに対し，平成11年1月5日，自己が所有する甲絵画を，代金200万円で売却し，同日，これをBに引き渡したが，いまだに代金が支払われていないとして，平成21年3月1日，Bに対し，代金200万円の支払を求める訴えを地方裁判所に提起した（以下，Aが主張する売買契約を「本件売買契約」という。）。

　これに対して，Bは，Aが主張するとおりの売買契約を締結して甲絵画を受け取ったのは事実であり，その際，代金の支払期限は定められなかったものの，平成11年1月10日に代金を既にAに支払済みであり，仮にその弁済の事実が認められないとしても，Aが訴求する売買代金請求権は，既に時効消滅していると主張し，前記訴訟の第1回口頭弁論期日（平成21年4月3日）において時効を援用した。

　Aは，Bの弁済の事実を否認するとともに，Bの消滅時効の主張については，第2回口頭弁論期日において，Bに対し，かねてから再三にわたり代金の支払を求めていたところ，平成20年1月5日，Bは，Aから代金の支払を催促された際，Aに対し，1か月間支払を待ってほしいと要請したと主張したが，Bはその主張事実を否認した。

☐☐☐　1．AのBに対する請求は，訴訟物としては，平成11年1月5日にAとBとの間で締結された甲絵画を代金200万円で売る旨の売買契約に基づくAのBに対する代金200万円の支払請求権と特定することができる。

☐☐☐　2．Aが訴訟で請求原因として主張しなければならない要件事実は，「Aは，Bに対し，平成11年1月5日，甲絵画を，代金200万円で売り，これを即日，Bに引き渡した。」である。

☐☐☐　3．Bの弁済の主張は抗弁であるが，その要件事実は，「Bは，Aに対し，平成11年1月10日，本件売買契約に基づく代金支払債務の履行として200万円を支払った。」である。

☐☐☐　4．Bの消滅時効の主張は抗弁であるが，その要件事実は，「平成21年1月5日は経過した。Bは，Aに対し，平成21年4月3日の第1回口頭弁論期日において，時効を援用するとの意思表示をした。」である。

☐☐☐　5．Bが，平成20年1月5日，Aから代金の支払を催促された際，支払を1か月間待ってほしいと要請したとのAの主張は，時効更新事由である権利の承認に該当する事実を主張するものであり，消滅時効の抗弁に対する再抗弁となる。

19章

総合問題

269

8編　総合問題

No.
085　正解　2　要件事実に関する問題では，実体法との関係を意識して具体的に考えよう。

1　正しい。

原告が，訴えを提起する場合，訴訟物を特定しなければならない（133条2項2号，民訴規53条1項）。本問の訴訟物は，売買契約に基づく代金支払請求権である。債権は，物権と異なり排他性を有しないので，主体及び内容を同一とする権利が同時に複数存在する可能性がある。したがって，債権は，権利義務の主体，権利の内容，発生原因によって特定する必要がある。本問では，契約の当事者，契約の目的物，契約締結日，代金額が明示されており，訴訟物である売買契約に基づく代金支払請求権は特定されている。

2　誤り。

請求原因事実とは，訴訟物である権利又は法律関係を発生させるための必要最小限度の事実をいう。売買契約に基づく代金支払請求権は，売買契約の成立によって直ちに発生するので（民555条），その請求原因事実は，「売買契約を締結したこと」のみである。したがって，Aが訴訟で請求原因として主張しなければならない要件事実は，「Aは，Bに対し，平成11年1月5日，甲絵画を，代金200万円で売った。」で足り，「これを即日，Bに引き渡した。」ことまでは主張する必要がない。

3　正しい。

弁済は，債権の消滅原因であるので，弁済の主張は抗弁である。弁済の要件事実は，①債務者（又は第三者）が債権者に対し，債務の本旨に従った給付をしたこと，②①の給付がその債権についてされたことである。したがって，Bの弁済の主張は抗弁であり，その要件事実は，「Bは，Aに対し，平成11年1月10日，本件売買契約に基づく代金支払債務の履行として200万円を支払った。」である。

4　正しい。

消滅時効は，代金債権の消滅原因であるので，消滅時効の主張は抗弁である。民法166条1項2号に定める債権の消滅時効の要件事実は，①権利を行使することができる状態になったこと（166条1項2号），②①の時から10年間が経過したこと（同号），及び③援用権者が相手方に対し時効援用の意思表示をしたこと（145条）である。このうち①の事実について，本問においては，請求原因において売買契約が締結された事実が主張されたことにより，権利を行使することができる状態になったことが現れているので，Bは主張する必要はない。次に，②の事実については，消滅時効の期間計算は，初日を算入しないとされているので，Bは時効期間の末日である平成21年1月5日が経過したことを示せば足りる。したがって，Bの消滅時効の主張は抗弁であり，その要件事実は，「平成21年1月5日は経過した。Bは，Aに対し，平成21年4月3日の第1回口頭弁論期日において，時効を援用するとの意思表示をした。」である。

270

5 正しい。

　権利の承認は時効の更新事由である（152条1項）。時効の更新は，時効の効果の発生を阻止する事由であるから，更新事由の存在については，時効の効果を争う者に主張立証責任がある。したがって，時効更新事由である権利の承認に該当する事実の主張は，消滅時効の抗弁に対する再抗弁となる。

文献 試験対策講座2章7節②【1】

8編 総合問題

Memo

No.	請 求	□ 月 日
086	予H30-38	□ 月 日
		□ 月 日

抗弁に関する次のアからオまでの各記述のうち，誤っているものを組み合わせたものは，後記1から5までのうちどれか。

ア．10年の時効取得を原因とする土地の所有権移転登記手続を求める訴えの請求原因に対する「原告は，占有開始の時に当該土地の所有権を有しないことを知っていた。」との主張は，抗弁である。

イ．売買契約に基づく動産の引渡しを求める訴えの請求原因に対する「原告が被告に対して代金の支払をするまで当該動産の引渡しを拒絶する。」との主張は，抗弁である。

ウ．消費貸借契約に基づく貸金返還を求める訴えの請求原因に対する「金銭の交付が贈与契約に基づくものであったから，金銭の返還請求権は発生しない。」との主張は，抗弁である。

エ．所有権に基づく土地の明渡しを求める訴えの請求原因に対する「原告は，他の第三者に対して当該土地を売り，所有権を失った。」との主張は，抗弁である。

オ．保証契約に基づく保証債務の履行を求める訴えの請求原因に対する「主債務者が保証契約書を偽造した。」との主張は，抗弁である。

1．ア　イ　　2．ア　エ　　3．イ　ウ　　4．ウ　オ　　5．エ　オ

19章

総合問題

273

8編　総合問題

No. 086　　正解　4

いずれも要件事実の基本的知識であるから，正確におさえよう。

ア　正しい。

　抗弁とは，請求原因事実と両立し，被告が証明責任を負う事実をいう。10年の時効取得（民162条2項）を原因とする土地の所有権移転登記手続を求める訴えの請求原因事実は，①ある時点で当該土地を占有していたこと，②①の時から10年経過した時点で当該土地を占有していたこと，③占有開始時に善意であることについて無過失であることを基礎付ける評価根拠の事実，④援用権者が相手方に対し時効援用の意思表示をしたことである。そして，占有者の「善意」については，民法186条1項は「占有者は，所有の意思をもって，善意で，平穏に，かつ，公然と占有をするものと推定する」としているため，主張責任が転換され，取得時効の成立を争う被告が，原告の悪意を主張・立証すべきこととなる（暫定真実）。したがって，被告は悪意の抗弁を主張立証できる。本件における「原告は，占有開始の時に当該土地の所有権を有しないことを知っていた。」との主張は，この反対事実を主張するものであり，抗弁に当たる。

イ　正しい。

　売買契約に基づく動産の引渡しを求める訴えの請求原因事実は，原告が被告との間で売買契約を締結したことである。そして，売買契約は双務契約であり，双務契約の当事者間の公平を図るために同時履行の抗弁権（533条）が認められている。代金の支払いと動産の引渡しは，売買契約から生じた相対する債務であるため，同時履行の関係にある。したがって，「原告が被告に対して代金の支払をするまで当該動産の引渡しを拒絶する。」との主張は，抗弁である。

ウ　誤り。

　消費貸借契約に基づく貸金返還請求の請求原因事実は，①原告が被告との間で金銭の返還の合意をしたこと（返還約束），②原告が被告に対し金銭を交付したこと（要物性），③原告が被告との間で弁済期の合意をしたこと，④弁済期が到来したことである。そして，消費貸借契約に基づく貸金返還請求に対し，「金銭の交付が贈与契約に基づく」との主張は，請求原因の1つである消費貸借契約を否定しており，請求原因事実と両立しない。したがって，当該主張は，抗弁ではなく，積極否認（理由付き否認，相手方の主張と両立しない事実を積極的に述べて，相手方の主張を否定する陳述のこと）である。

エ　正しい。

　所有権に基づく土地の明渡しを求める訴えの請求原因事実は，①原告が当該土地を所有していること，②被告が当該土地を占有していることである。そして，本記述における「原告は，他の第三者に対して当該土地を売り，所有権を失った。」との主張は，過去の一時点において原告が当該土地を所有していたことを前提として，それ以降に第三者が当該土地の所有権を承継取得したことにより，原告が

当該土地の所有権を喪失したという実体法上の効果（権利の消滅）を主張するものであり，抗弁に当たる。

オ　誤り。

保証契約に基づく保証債務の履行を求める訴えの請求原因事実は，①主たる債務の発生原因事実，②被告が原告との間で①の債務を保証するとの合意をしたこと，③被告の②の意思表示が書面によることである。そして，「主債務者が保証契約書を偽造した。」との主張は，②の保証の合意を否定するものであるから，抗弁ではなく，積極否認である。

文献 試験対策講座２章７節

19章

総合問題

275

伊藤　真（いとう・まこと）**プロフィール**

1958年　東京に生まれる
1981年　司法試験合格
1982年　東京大学法学部卒業
　同年　司法研修所入所
1984年　弁護士登録。その後弁護士活動をするとともに受験指導を開始
1995年　伊藤真の司法試験塾（現，伊藤塾）塾長として司法試験の受験指
　　　　導に専念。

　現在は，予備試験を含む司法試験や法科大学院入試のみならず，法律科
目のある資格試験や公務員試験を目指す人たちの受験指導をしつつ，弁護
士として，「一人一票実現国民会議」及び「安保法制違憲訴訟」の発起人
となり，社会的問題にも積極的に取り組んでいる。
（一人一票実現国民会議URL　https://www2.ippyo.org/）
主　著　伊藤真が選んだ短答式一問一答1000［全8巻］（法学書院），伊藤
　　　　真試験対策講座シリーズ，伊藤真ファーストトラックシリーズ，
　　　　伊藤真の条文シリーズ，伊藤真の判例シリーズ，試験対策問題集
　　　　短答，同　論文，同　予備論文（以上，弘文堂），伊藤真の法律入
　　　　門シリーズ，明日の法律家へ（以上，日本評論社）など

伊藤塾
〒150-0031　東京都渋谷区桜丘町17-5　☎03（3780）1717
https://www.itojuku.co.jp/

司法試験・予備試験
伊藤　真の速習短答過去問　民事訴訟法〔第3版〕

2017年10月30日　初　版第1刷発行	
2019年3月20日　第2版第1刷発行	（定価はカバーに
2020年2月10日　第3版第1刷発行	表示してあります）

監修者　伊　　藤　　　　真

発行者　北　原　曉　彦

発行所　株式会社　**法　学　書　院**

東京都文京区目白台1-8-3
郵便番号　112-0015
電　話　（03）3943-1721（代表）
　　　　（03）3943-1221（編集）
FAX　（03）3943-2030
振替口座　00160-3-81699
http://www.hougakushoin.co.jp

〈製版〉株式会社エディット　〈印刷〉大盛印刷株式会社　〈製本〉有限会社 井上製本所

©2017　Makoto Itō, Printed in Japan
★乱丁・落丁本は本社にお送り下さい。お取り替え致します。

ISBN 978-4-587-22687-9

Ⓡ〈日本複製権センター委託出版物〉
本書の全部または一部を無断で複写複製（コピー）することは，著
作権法上での例外を除き，禁じられています。本書から複写する場
合は日本複製権センター（03-3401-2382）に連絡して下さい。

伊藤 真 監修
司法試験・予備試験
伊藤真の速習短答過去問〔第3版〕

各A5判

憲　　法	2200円	行　政　法	2300円
民　　法	3700円	民事訴訟法	2400円
刑　　法	3400円	以下続刊	
商　　法	2300円	刑事訴訟法	

●合格のためには絶対落とせない問題を，速攻で習得できる短答式過去問題集。通称「ソクタン」!! さらに解説だけでなく，重要事項の要点整理や周辺知識も併せて掲載！2020年4月施行の改正法に合わせ内容を見直した。

- ●受験者の8割が正解した問題を体系別に配列
- ●受験者の6割以上が正解した選択肢を基本知識として整理
- ●合格するために必要不可欠な知識を厳選して図表化

伊藤 真 監修
伊藤 真が選んだ
短答式一問一答1000

各四六判

憲　　法 [第2版]	2800円	行　政　法 [第3版]	2400円
民法I [総則・物権/親族・相続] [第3版]	2700円	商　　法 [第4版]	2600円
民法II [債権総論/債権各論] [第3版]	2500円	民事訴訟法 [第2版]	2500円
刑　　法 [第3版]	2800円	刑事訴訟法 [第3版]	2300円

●司法試験，司法試験予備試験，法科大学院入試に合格するため選び抜かれた1000問を収録！

- ●厳選した伊藤塾オリジナル問題を中心に，司法試験の過去問も加え体系別に配列した一問一答集！
- ●問題・解説を見開き形式で掲載。見やすいレイアウト
- ●全解説に主要基本書の参照ページを表記

▶表示価格は本体価格です